Viel Freude beim Lesen,
wünscht Dir Deine Schwägerin Rosa.

Karl Heinz Schmitt / Peter Neysters  —  Jeder Tag voll Leben

Karl Heinz Schmitt
Peter Neysters

# Jeder Tag voll Leben

## Das Buch fürs Älterwerden

Mit Bildern
von Walter Habdank

Kösel

ISBN 3-466-36459-0
© 1996 by Kösel-Verlag GmbH & Co., München
Printed in Germany. Alle Rechte vorbehalten
Druck und Bindung: Kösel, Kempten
Umschlag: Elisabeth Petersen, München
Umschlagmotiv: Walter Habdank, Roter Mohn, 1991 (vgl. S. 212a)
Layout: Ilse Weidenbacher, München

1  2  3  4  5 · 00  99  98  97  96

Gedruckt auf umweltfreundlich hergestelltem Werkdruckpapier
(säurefrei und chlorfrei gebleicht)

# Inhaltsverzeichnis

Liebe Leserinnen, liebe Leser     9

**Kapitel 1**
Jeder Mensch hat seine eigene Geschichte –
Die vielen Gesichter des Alters     13

    Das Alter hat viele Gesichter – Das Alter ist jung – Die verschiedenen Alter – Wandel des Alters

**Kapitel 2**
Die gute alte Zeit? –
Alter in der Geschichte der Völker     35

    Bei den Naturvölkern – Schutzregeln für Ältere – Nähe zu den Göttern – In Afrika – In Asien – In Indien – Bei den Griechen und Römern – Bei den Germanen – Vom Mittelalter zur Neuzeit – Im 19. Jahrhundert

**Kapitel 3**
»Alt wie Methusalem« – Biblisches Alter     55

    Im Alten Testament – Liebe zum Leben – Mutter und Vater ehren – Im Neuen Testament

**Kapitel 4**
Dem Sinn auf der Spur – Glaubend älter werden     67

    Unsere Glaubensgeschichte im Wandel – Hoffnungen und Verunsicherungen – Der Glaube der älteren Menschen – Gott im eigenen Leben – Rückschau – Dunkle Zeiten – Schuld – Fragen nach dem Sinn – Vertrauen auf Gott – Mit Hoffnung leben – Befreiung aus Einsamkeit – Glaubensregeln als Lebensregeln – Gebetsregeln

**Kapitel 5**

Von wegen Ruhestand –
Abschied von der Erwerbsarbeit 107

 Von der Vollbeschäftigung in die Beschäftigungslosigkeit – Vom Ruhestand zum Un-Ruhestand – Lernen und genießen – Aus Gastarbeitern werden Rentner – Unruhe in der Ehe – Tips zur Vorbereitung auf die Pensionierung

**Kapitel 6**

In die Jahre kommen –
Frauen und Männer im Alter 133

 Das Alter ist weiblich – Frauen und Männer erleben das Alter anders – Die Armut ist weiblich – Frauen- und Männerbilder in der Gesellschaft

**Kapitel 7**

Miteinander leben – Lieben im Alter 153

 Zufrieden miteinander älter werden – Eheprobleme – Neue Liebe – Liebe kann sterben – Zärtlichkeit und Sexualität im Alter – Hochzeitsjubiläen – Spät gefreit – Unverheiratet zusammenleben oder heiraten?

**Kapitel 8**

Alt und jung – Die Beziehung der Generationen 187

 Familiengeschichte(n) – Die gute alte Zeit? – Nähe und Distanz – Was heißt Oma und Opa? – Großeltern als Miterzieher

**Kapitel 9**

Nichts bleibt, wie es ist – Lernen im Alter  209

Was das Leben lehrt – Lernen: mit Veränderungen fertig werden – Geistige Leistungsfähigkeit im Alter – Lebensweisheit – Starrsinn vermeiden – Wer rastet, der rostet – Selbsthilfe – Anregungen und Aktivitäten – Tips zur Lebensfreude

**Kapitel 10**

Einen alten Baum verpflanzt man nicht – Wohnen im Alter  235

Wunsch nach Selbständigkeit – Alleinleben und Vereinzelung – Einsamkeit und Vereinsamung – Schritte aus der Isolierung – Sicher wohnen durch Hilfe von außen – Wohnortwechsel – Wohnen bei den Kindern? – Andere Wohnmöglichkeiten

**Kapitel 11**

Für sich sorgen – Geistig und körperlich fit bleiben  265

Essen und Trinken – Kochen mit Pfiff – Bewegung – Lachen ist gesund – Fernsehen und Gespräche – Kleider machen Leute

**Kapitel 12**

Das »liebe Geld« – Finanzielle Vorsorge und Erbschaftsregelungen  283

Alt und sparsam? – Geld und mitmenschliche Beziehungen – Klare Verhältnisse schaffen – Das Haus bestellen – Sein Testament machen

**Kapitel 13**

Wenn der Körper nicht mehr will ... –
Krankheit und Pflege im Alter  297

> Mit körperlichen Veränderungen rechnen – Gesundheitsbewußte Lebensführung – Pflegebedürftig, aber kein Pflegefall – Zuhause oder im Heim? – Gewalt gegen Pflegebedürftige – Die Kosten

**Kapitel 14**

»Das Zeitliche segnen« –
Leben im Angesicht des Todes  319

> Abschied – Vom Wert des Lebens – Ängste – Hilft der Glaube? – Menschenwürdig sterben – Sterben ist oft ein langer Weg – Hilfe beim Sterben – Klagen und Trauern – Beim Tod der Partnerin oder des Partners – Leben nach dem Tod – Woher die Hoffnung?

**Kapitel 15**

Mein Gott, wie die Zeit vergeht ... –
Vom Umgang mit der Zeit  355

> Zeit neu entdecken – Zeit haben – Sich mit der Ver-gangenheit aussöhnen – Die Gegenwart nutzen – Sich der Zukunft öffnen – Vom Ziel der Zeit

Anhang  371

> Gebete – Adressen

Quellenverzeichnis  409

# Liebe Leserinnen, liebe Leser!

Wir, die Autoren, entwickelten gerade unsere ersten Vorstellungen für dieses Buch, als uns folgender Brief in die Hände fiel:

*Werter Nachwuchs!*

*Immer wieder muß ich mich wundern, wie Ihr über die »Alten« redet. Nein, nein, werter Nachwuchs, ich will Euch gar nicht unterstellen, daß Ihr böse über die »Alten« redet. Das wäre ungerecht. Ihr redet über die »Alten« so, als ob sie alle gleich wären, als ob man sie nach einem Rezept behandeln könnte, damit sie einen zufriedenen Lebensabend haben. Und das finde ich einfach unglaublich uneinsichtig! Wir »Alten« sind ja schließlich keine Hunderasse, die man – so oder so – zu versorgen hat, um ein befriedigendes Ergebnis zu erzielen.*

*Ihr »Mittleren« und Ihr »Jungen« wollt ja auch nicht alle über einen Leisten geschlagen werden. Jeder von Euch hält sich für ein unverwechselbares Exemplar der Rasse Mensch und meint – zu Recht –, daß er andere und ganz spezielle Bedürfnisse habe als seine Mitmenschen.*

*Wir »Alten« sind aber in noch viel größerem Maße unverwechselbare Exemplare. Einfach deshalb, weil wir schon viel länger als Ihr am Leben sind und uns daher auch viel mehr Eigenheiten zugelegt haben. Trotzdem wollt Ihr uns alle in ein und dieselbe Schublade stopfen. Ihr wißt, was wir »Alten« brauchen, was uns guttut, was wir denken, wo wir nicht mehr »mitkommen«, und wie es uns geht! Ihr wißt, sozusagen, besser Bescheid über uns als wir selber! Ihr sagt zum Beispiel: »Die Alten gehören nicht in Heime!« Und: »Die Alten brauchen eine Aufgabe im Leben!« Werter Nachwuchs, es gibt alte Menschen, die eine Aufgabe im Leben brauchen, um zufrieden zu sein, und es gibt alte Menschen, die sich so einer*

*Aufgabe nicht mehr gewachsen fühlen. Es gibt alte Menschen, die in einem Heim kreuzunglücklich wären, und es gibt alte Menschen, die sich in einem Heim wohl fühlen. Es gibt alte Menschen, die unheimlich verzagt sind und sich nichts mehr zutrauen, und es gibt alte Menchen, die – wie man so sagt – der Welt noch ein Bein ausreißen wollen. Es gibt alte Menschen, die von der »heutigen Zeit« nichts wissen wollen, und es gibt alte Menschen, die dem Fortschritt wesentlich aufgeschlossener gegenüberstehen als mancher junge Kerl. Es gibt sogar alte Menschen, die – auch wenn Ihr das nicht glauben wollt – ein viel üppigeres Liebesleben haben, als viele von Euch »Mittleren«. Und was die Fähigkeit zum klug Denken betrifft, ach, werter Nachwuchs, da sind Euch auch manche alte Menschen weit überlegen. Es ist nämlich nicht jeder alte Mensch so verkalkt, wie Ihr das anzunehmen beliebt!*
*Seid also so freundlich und holt uns »Alte« aus Euren Schubladen heraus. Redet ein bißchen weniger über uns und ein bißchen mehr mit uns.*

*Christine Nöstlinger*

Diese Mahnung saß! Etwas über 50 Jahre alt, gehören wir für viele sicher auch noch zum Nachwuchs, sehen und fühlen wir uns von Tag zu Tag aber auch schon mehr »den Älteren« verbunden. »Redet ein bißchen weniger über uns und ein bißchen mehr mit uns!« Dieser Aufforderung wollten wir deshalb – soweit dies in einem Buch möglich ist – nachkommen.

Ähnlich wie in unseren vorhergehenden Büchern für das Leben in der Familie (*Durch das Jahr – durch das Leben,* das wir mit anderen verfaßten), für das Leben zu zweit (*Zeiten der Liebe*), die Bewältigung von Tod und Trauer (*Denn sie werden getröstet werden*) möchten wir uns in ein Gespräch mit Ihnen, den Leserinnen und Lesern, begeben. Ein Gespräch, in dem wir uns von den unterschiedlichsten Lebensgeschichten älterer Menschen anregen lassen, in dem wir uns von Gedichten und Bildern nachdenklich stimmen lassen, in dem wir uns über Möglichkeiten der Lebensgestaltung im Alter informieren lassen, den Umgang mit der Zeit, das Leben zu zweit oder allein, über Möglichkeiten des Wohnens, Ideen sich geistig und körperlich fit zu halten usw. Es sollte ein wirkliches Handbuch entstehen, das man eben hin und wieder zur Hand nimmt. Man kann es nicht lesen wie einen Roman. Die eine wird darin blättern und sich anregen lassen, der andere wird darin hoffentlich wichtige Informationen finden.

Wir haben dieses Handbuch zunächst sicher auch für uns selber geschrieben: im Blick auf das eigene Älterwerden und in der Erwartung, selber etwas von den Lebenszeugnissen älterer Menschen zu lernen.

Wir hoffen aber auch, daß Sie, die Leserinnen und Leser, in diesem Buch Anregungen und Hilfen finden

❐ bei Ihren Ängsten und Befürchtungen vor und in Ihrem Alter,
❐ bei der Suche nach einer sinnvollen Gestaltung des Lebens im Alter,
❐ für Ihre Hoffnung, daß auch ein Leben im Alter lebenswert ist,
❐ für den Glauben, daß Gott Sie auch im Alter trägt.

Vor allem aber hoffen wir, Sie darin zu bestätigen, daß sich auch ein Leben im Alter lohnt.

»Jeder Tag voll Leben: voll Hellem und Dunklem. Jeder Tag ist hoffentlich immer auch lebenswert. Und wenn die Kräfte nachlassen, wenn alles einmal aufhört? – Glaube, Liebe, Hoffnung, die vergehen hoffentlich nicht! Unser Wunsch: immer wieder und gerade auch im Älterwerden zu glauben, zu lieben *und* zu hoffen!«

Solches Zutrauen verbindet die Jungen mit den Älteren, es ist aber auch ein Zeugnis der Alten für die Jungen.

Und wenn Sie beim Lesen und Blättern Ideen und Anregungen weitergeben, eigene Erfahrungen, die Ihnen wichtig werden, erzählen wollen, wenn Sie sich über etwas ärgern oder freuen, dann teilen Sie dies uns doch mit. Schreiben Sie an den Verlag (Kösel-Verlag, Flüggenstraße 2, D-80639 München).

So könnten wir mit Ihnen im Gespräch bleiben und voneinander lernen.

Ihre                    *Karl Heinz Schmitt / Peter Neysters*

Kapitel 1

# Jeder Mensch hat seine eigene Geschichte

## Die vielen Gesichter des Alters

*Alt werden* möchten alle, *alt sein* will niemand, so behauptet es zumindest der Volksmund. Älter werden – ja, aber dabei altern? Die meisten Menschen wollen im Alter jung bleiben und sind um ein jugendliches Aussehen bemüht. Die Alten von heute sind Junggebliebene. Denn alt sein gilt vielen als Makel, und Alterung wird als Abstieg, Erstarrung, Vergreisung gebrandmarkt.

> ## Alt werden
>
> ■ Alt sein – ein Makel? Die Medien gaukeln uns das ständig vor. Nur Jugendlichkeit habe ihren Wert. Also lügen wir in die eigene Tasche, erfinden beschwichtigende Vokabeln, zum Beispiel »Senior«, weil's so flott klingt. Man ist so alt, wie man sich fühlt! Oder gar »Jungalter«, ein mehr als gespreizter Begriff. Da sagen mir die respektlos-witzigen Wortschöpfungen junger Leute eher zu: Grufti – Komposti. In ihnen schwingt heiteres Annehmen der alten Generation dennoch mit. Oder gar solche Slogans: Slow-gos, No-gos, Never-come-backs! Sinngemäß übersetzt: Langsamgeher, Nichtmehrgeher, Niemehrzurückkehrer! Ist das so unrichtig gesehen? Realistisch eingeschätzte Zustände, denen kein Mensch entkommt? Sinn und Wert des Alters und Alterns? Geduldiges Verharren; Weitergeben von Erfahrungen; Wissen um die Endlichkeit; und – hoffentlich! – lächelnde Milde im Urteil über vergangene eigene Torheiten oder zukünftige der Nachwachsenden.
>
> Alfred Müller-Felsenburg

In unserer technisierten Welt altert kaum mehr etwas, vielmehr verbraucht es sich und wird mit der Zeit unbrauchbar. Was nutz- und wertlos geworden ist, wird ausgetauscht und ersetzt. So funktioniert der wirtschaftliche Kreislauf!

»Wer braucht mich noch?« oder »Zu was bin ich noch von Nutzen?« – das sind auch die besorgten Fragen vieler Menschen, die ihr Alter an Faktoren wie Arbeit und Leistung, Kosten und Nutzen festmachen. Die Furcht vor dem Altern erklärt sich auch durch solche oder ähnliche Lebenseinstellungen. Und auch die Angst vor Überalterung der Gesellschaft gründet in den Vorurteilen, die Wachstum und Entwicklung allein der Jugend vorbehalten.

> »Wenn ein alter Mensch stirbt, ist es,
> als ob eine ganze Bibliothek verbrennt.«
>
> Spruch aus Afrika

So versuchen wir, dem Alter ein Schnippchen zu schlagen, das eigene Alter zu überlisten. »Man ist so alt, wie man sich fühlt« – heißt es. Oder: »Ich gehe doch nicht zu den alten Leuten«, sagt der 70jährige und schlägt einen großen Bogen um die Altentagesstätte.

---

### »Ich fühle, ich bin jünger als mein Lebensalter.«

Bejaht wurde diese Aussage

- unter den 18- bis 35jährigen zu 30 Prozent
- unter den 36- bis 45jährigen zu 46 Prozent
- unter den 46- bis 55jährigen zu 50 Prozent
- unter den 56- bis 65jährigen zu 63 Prozent
- unter den über 65jährigen zu 69 Prozent

---

Der Schweizer Schriftsteller Max Frisch geht in seinem »Tagebuch 1966–1971« in ähnlicher Weise auf die Stellung zum Alter ein. Er meint, daß der alte Mensch der Gegenwart durch Bescheinigungen gelobt werde, daß er noch vergleichsweise jung sei, geradezu noch jugendlich. Die Achtung stütze sich immer auf ein »noch« (*noch* aktiv, *noch* geistig rege usw.), und daher gelte der Respekt in Wahrheit nie dem Alter, sondern dem Gegenteil: daß jemand trotz seiner Jahre *noch* nicht senil sei.

> »Das Alter ist wie eine Woge im Meer.
> Wer sich von ihr tragen läßt,
> treibt obenauf.
> Wer sich dagegen aufbäumt,
> geht unter.«
>
> Gertrud von Le Fort

Mit 92 Jahren verstarb der jahrzehntelange Publikumsliebling Heinz Rühmann. Seine Worte aus der Talkshow »Gottschalk« (RTL) klingen nach:

· · · · · · · · · · · · · · · · · · · · · · · · · · · · · · · ·

»Das Alter ist ein Segen. Ich bin dem lieben Gott dankbar. In den letzten Jahren habe ich Dinge erlebt, die ich so nicht kannte. Ich sehe eine Blume oder eine Rose anders als früher. Bin hellhöriger, merke neue Töne. Man wird auch gläubiger. Ich habe das Gefühl, gelenkt und geführt zu werden. Ich hatte große Angst vor dem Altwerden. Heute kann ich Ihnen nur eines sagen – werden Sie alt, es lohnt sich.«

· · · · · · · · · · · · · · · · · · · · · · · · · · · · · · · ·

Menschen brauchen Lebensziele und ein gewisses Maß an Lebensoptimismus – auch im fortgeschrittenen Alter. Es muß immer noch etwas zu erreichen, gewinnen, zu verwirklichen geben. Es kommt weniger darauf an, wie *alt* man wird, vielmehr *wie* man alt wird. »Es gilt, nicht nur dem Leben Jahre zu geben, sondern den Jahren Leben«, meint die Altersforscherin Ursula Lehr. Dann ist trotz altersbedingter Grenzen und Einbußen erfülltes Leben bis ins hohe Alter möglich.

# Das Alter hat viele Gesichter

So viele Menschen, so viele Alter! Das Alter schreibt mit jedem Menschen seine ganz persönliche (Lebens-)Geschichte. Das Alter hat viele Gesichter, das Alter kennt zahllose Namen, so zum Beispiel…

❒ der 32jährige Leistungssportler, der im Kreis der Jungen schon ganz »schön alt« aussieht,
❒ die 38jährige Spätgebärende, die – »in Ihrem Alter?« – noch ein Kind zur Welt bringt,
❒ die knapp 40jährige Frau in Marokko oder anderswo, die aufgrund der fast unmenschlichen Lebens- und Arbeitsbedingungen wie eine 70jährige aussieht,
❒ der 54jährige Vorruheständler, der sich zu früh »zum alten Eisen« zugehörig zählt,
❒ die 60jährige Pensionärin, die die ganze Welt bereist und alle (Alters-)Grenzen zu sprengen scheint,
❒ der 65jährige Gastarbeiter aus der Türkei, der sich kaputtgearbeitet hat und nicht um Jahre, sondern um Jahrzehnte gealtert erscheint,
❒ die 73jährige Frau, die sich »als spätes Mädchen« noch einmal jung verliebt und auf althergebrachte Vorbehalte ihrer Kinder stößt,
❒ der 80jährige Mann, der unter der Last des Alters zum Pflegefall geworden ist,
❒ die 90jährige Frau, die ein »begnadetes Alter« erreicht hat und nur noch von einem Wunsch besessen ist: 100 Jahre alt zu werden.

Was wir beim Namen nennen können, verliert die Macht über uns, so lehrt uns die Weisheit der Märchen. Deshalb ist es gut, das Alter beim Namen zu nennen, es nicht durch verharmlosende Worte zu besänftigen. Wer sein Alter verleugnet, fühlt sich wirklich alt. Wer zu seinem Alter stehen kann – zu jeder Zeit seines Lebens –, braucht nicht vor sich und seinem Alter davonzulaufen. Er ist für das Alter gerüstet und bleibt hoffentlich rüstig bis ins hohe Alter.

*Zwischen den Altern*

*Lauf, hol dich ein*
*und sieh dir ins Gesicht.*
*Du warst es lange nicht.*
*Jetzt kannst du's sein.*

*Peter Härtling*

# »Ich war in meinem Leben schon mal älter«
## Spätgebärende mit 38

Allein schon der Begriff »Spätgebärende«. Ich hätte es mir demnach also eher überlegen sollen ... Freunde und Kollegen reagieren überrascht. Wieso willst du denn jetzt noch ein Kind? Und dann die Risiken, mit Ende 30! Oder: Toll, wirklich mutig, daß du dir das noch zutraust – *in deinem Alter*.

Selbstverständlich findet es jedenfalls kaum einer. Außer dem Gynäkologen – der macht Mut: bis Mitte 40 kein Problem. Erleichterung. Die aber gleich wieder gedämpft wird: Ich sollte es mir möglichst bald überlegen, in dem Alter klappt es nämlich nicht immer gleich mit dem Schwangerwerden ... Immer wieder das Alter, die biologische Uhr, die unwiderruflich abläuft. Ich bin 38. Zum erstenmal fühle ich mich alt.

Zu alt für ein Kind? Ich spreche mit »älteren Müttern« über ihre Erfahrungen – Frauen zwischen 37 und 45. Beruf: Psychologin, Journalistin, Lehrerin, Medizinerin, Angestellte:

*»Wenn mein Sohn 20 sein wird, werde ich 62 sein. Und das ist schon – bei aller Freude, die ich jetzt habe – etwas, das mich beschäftigt.«*

*»Mit den alten Eltern, denke ich, daß das sicherlich auch Vorteile hat. Ich bin gelassener und ruhiger und habe einen Teil Lebenserfahrung, die mir hilft, mit dem Kind zurechtzukommen.«*

*»Ich muß das auch erst annehmen für mich selbst: Ich als 42jährige bekomme ein Kind, während meine Nachbarin, die 50 ist, gerade ihr Enkelkind bekommt ...«*

»Risikoschwangere« – früher war man das bereits mit 30. Sind solche Grenzsetzungen nicht ein wenig willkürlich?

In der Regel gehen immer noch »die Alarmglocken los«, wenn sie eine ältere Mutter vor sich haben. Befunde werden eher als Komplikation bewertet, die Ärzte greifen eher ein als bei jüngeren Frauen – aber nicht in allen Fällen sei das notwendig. Spätgebärend gleich alt, gleich verbraucht?

*»Jetzt zur Zeit fühle ich mich gar nicht so alt, muß ich sagen: Ich war in meinem Leben schon mal älter ...«*

# Innerlich bin ich immer noch nicht weg

——— Was zählt, ist die Altersgrenze ———

»Ich wäre ein schlechter Vertreter gewesen, wenn ich das Geschäft nicht gemacht hätte«, sagt der Fernmeldetechniker Franz C. mit einem Augenzwinkern. Seit Beginn dieses Jahres ist der Vierundfünfzigjährige im betrieblichen Ruhestand. Im Sommer 1994 hatte Franz C. beinahe unter der Hand erfahren, daß die Stuttgarter Bosch-Gruppe das Eintrittsalter für Frühpensionäre schon auf 54 Jahre und sieben Monate gesenkt hatte, um den vorgesehenen Personalabbau einhalten zu können. Lange Zeit war er hin- und hergerissen zwischen Gehen und Bleiben. »Ich hätte nie und nimmer

aufgehört, denn meine Arbeit hat mich immer begeistert.« Auch stand seine Stelle überhaupt nicht zur Disposition.
Doch die Konditionen waren für den Fernmeldetechniker zu verlockend. So habe er schließlich auf ein konkretes Angebot gedrängt, um noch in den Genuß des üppigen Sozialplans zu kommen. Das starre Raster des Großkonzerns half ihm dabei: »Die haben weder auf Schönheit noch auf Qualifikation geguckt, *sondern nur auf die Altersgrenze.*« Der Vierundfünfzigjährige ist überzeugt, den richtigen Zeitpunkt gewählt zu haben. »Ich habe einen guten Absprung erwischt.«
Im Vorruhestand hat Franz C. genügend zu tun. Seit einem Jahr schon baut er den Speicher seines Hauses aus. Dieser Arbeit kann er sich nun nach Lust und Laune widmen. Dennoch fällt ihm die Abnabelung schwer. »Innerlich bin ich immer noch nicht weg.« Gerne hätte er den Abschied noch ein wenig hinausgezögert. Das Loch, das er hinterlasse, sei schließlich so schnell nicht zu stopfen, meint der Fernmeldetechniker und verweist auf die Erfahrungen, die er in den vergangenen 34 Jahren erworben hat.

# Nicht mehr nach Hause
## Die erste Generation der »Gastarbeiter« kommt ins Alter

Hüseyin G. und seine Frau Fatima hatten eigentlich nur vier Jahre bleiben wollen. Jahr um Jahr haben sie dann drangehängt, weil ihre Verwandten zu Hause in den Bergen »immer noch mehr Geld wollten«. Land wurde gekauft, ein Haus gebaut, noch mehr Land erworben, dann mußte der Onkel noch einen Ochsen kaufen, und so ging es weiter. In Istanbul hatten Hüseyin und Fatima eine Zweitwohnung. Alles sei für die Rückkehr vorbereitet, doch sie können nicht zurück. Er holt einen Ausweis hervor; der 57jährige ist seit sieben Jahren zu hundert Prozent schwerbeschädigt und erwerbsunfähig. »Herz operiert, jetzt Batterie drin«, sagt er. Er sei auf die ärztliche Versorgung in Deutschland angewiesen.

Der 60jährige Kosan J. ist zu fünfzig Prozent schwerbeschädigt und seit acht Jahren im Vorruhestand. »Bronchien krank«, sagt er. Kosan J. lebt seit 1968 in Deutschland, hat unter anderem im Bergbau und in einem Kaltwalzwerk gearbeitet. Nur knapp zwanzig Jahre lang hat er Beiträge zur Rentenversicherung gezahlt, seine Rente ist daher sehr gering. »Nur 900 Mark, soviel wie Sozialhilfe, warum?« Auch er wollte ursprünglich wieder zurück in die Heimat. Doch seine Kinder, vier Töchter und ein Sohn, sind hier heimisch geworden und obendrein erfolgreich: Sie haben studiert, Wirtschaftswissenschaften und Informatik.

> ■ Von den 6,5 Millionen Ausländern in Deutschland sind derzeit nur 300 000 sechzig Jahre und älter. Doch schon in zehn Jahren rechnet man mit einer Million. Ausländische alte Menschen sind als Gruppe mit besonderen Problemen bislang weitgehend unbeachtet geblieben. Ihre Renten sind niedrig, ihr Rechtsstatus ist oft unsicher, ihr Gesundheitszustand ist schlecht, unter ihnen gibt es viele Arbeitslose und schon unter den 50- bis 60jährigen auch viele Frührentner und Invaliden. Hinzu kommen Sprachprobleme, Diskriminierung und zunehmende Vereinzelung. Ein Drittel der über 65jährigen und zwei Drittel der über 75jährigen Migranten sind ledig, verwitwet oder geschieden; die meisten leben in Einpersonenhaushalten. Die Klischeevorstellung von der Großfamilie muß also revidiert werden; auch die Vorstellung, für die alten Gastarbeiter würden schon deren Kinder sorgen. Das wird nämlich künftig immer seltener möglich sein. Sie betrachten sich am Ende eines Arbeitslebens in der Fremde als gescheitert. Daß sich all ihre Träume und Wünsche, die sie vor Jahrzehnten mit dem Aufbruch aus der Heimat verbanden, nicht erfüllt haben, können viele nicht verkraften.

# Ohne Dach über dem Kopf
## Anton, 64

Wenn man nichts mehr zu tun hat, ist die Frage: »Was machst Du eigentlich morgen?« ziemlich müßig. Anton kann darauf nur mitfühlend grinsen: Na, watt soll ich schon machen? Morgen ist wie gestern, ist wie heute. Er sagt das nicht verzweifelt, sondern ganz einfach, so als sei die Antwort tatsächlich schon ganz normal. Anton ist wohnungslos: ein Penner, wie manche sagen, die es nicht besser wissen. Seine Tage vergehen mit Kaffeetrinken, durch die Fußgängerzone stromern, Schnaps trinken, herumsitzen, rauchen, einen Schlafplatz suchen. Wenn man keine Wohnung hat, bekommt die Frage: »Wo schläfst Du eigentlich heute?« ganz schnell eine ganz eigene Wucht.
Wohnungslose sind Opfer. Sie sind Opfer dieser Gesellschaft, deren Leistungsdruck sie aus dem Weg gedrückt hat. Anton beispielsweise hat sein Leben lang gearbeitet, 37 Jahre für die Rente geklebt. Er hatte eine Familie, ein Auto, eine Arbeit als Kolonnenschieber auf dem Bau – trotzdem läuft er seit zehn, elf Jahren aus der Spur, lebt er seit drei Jahren auf der Straße. Ob erst das Trinken kam und dann die mißtrauische Welt, oder ob es umgekehrt war; ob die neun Monate Knast damals fair oder einfach nur ein Justizirrtum waren – wer kann das heute noch wissen?
Wenn Anton sagt, er habe Angst, alleine am Busbahnhof zu sitzen, dann ist das mehr als die Klage über ein Dasein, das in 64 Jahren viele Ängste – Angst vor der Entdeckung des Saufenmüssens, vor dem Verlust der Stelle, vor der Wohnungskündigung – kennengelernt hat. Diese Angst vor dem Busbahnhof geht tiefer, weil sie eine existentielle Gefahr umfaßt. Mitten in der Stadt liegt dieser Ort im Abseits, ein Treffpunkt von Kriminellen, Junkies, Drop-Outs. Sie sind keine gute Gesellschaft, auch nicht für Wohnungslose: wegen fünf Mark sind hilflos Betrunkene hier schon zusammengetreten, niedergestochen worden.
An manchen Tagen fängt Anton mit dem gutmütigen Gesicht, Anton

mit den tabakbraunen Pranken, manchmal an zu träumen. Dann träumt er von seiner Rente, die mit 65 fällig wird; 2000 Mark pro Monat. »Davon kann man leben«, sagt er sich laut vor, »damit kann man weg von diesem Leben.« Nach Spanien will er, in die Gegend von Tarragona, dort will er seine letzten Jahre verbringen.

»Wartet's ab«, erzählt er dann den anderen Trebegängern »nächstes Jahr hau' ich hier ab.« Er sagt es und lächelt in sich hinein, als hinge an diesem Versprechen ein Geheimnis, das größer ist als er selbst. 2000 Mark im Monat und immer Sonne und warmer Wind, ein Haus in den Bergen, und keine Angst mehr. Davon kann Anton träumen, selbst dann, wenn die anderen gleich wieder sticheln und sagen, vergiß es, Du bist doch im Leben noch nicht aus Buer herausgekommen.

# Im Altenheim
## ──────── Friedrich K., 92 ────────

Zuerst hat er mir Prügel angedroht: »Leg dich da auf die Bank, kriegst erstmal was hinten drüber.« Pause. »Haben wir auf der Zeche immer gemacht mit den Anfängern.« Und da erst entwarnte er mit einem Lächeln. Die Geschichte sieht ihm ähnlich: »Ich hatte auf der Zeche immer Jungs, denen ich was zu sagen hatte.«

Geboren wurde Friedrich K. 1902, in einem ostpreußischen Dorf. Die Eltern starben früh. 1914 nahm ihn ein Onkel mit nach Essen. Wenig später fing der junge Fritz auf der Zeche an. Über Tage, unter Tage. 1928 heiratete Fritz K. Seine Elfriede hatte sich eigentlich einen Förster vorgestellt, erzählt er, weil sie bei einer Förstersfamilie »in Stellung« gewesen war. »Ich wär' auch gerne Förster geworden ...« Aber der Weg zum Traumberuf erschien Fritz zu lang und ungewiß; er blieb bei seinem Brotberuf, weil's vernünftig war.

Ein stolzer Bergmann ist Friedrich K. trotzdem geworden, man hört es, wenn er von den Schächten und Stollen spricht, die er ins Gestein getrieben hat. Friedrich K. war 42 Jahre unter Tage. Sein Leben war Arbeit. Sogar in der freien Zeit: Er hat ein Stück Land gehabt, Kaninchen, Hunde, ein Pony gar. Ein bißchen Förster ist er doch geworden. Und immer hat er gebastelt: Spielzeug für Söhne und Enkel, Ställe, Holzvögel für den Schützenverein. Immer akkurat. Wenn er davon spricht, endet er meist mit einer Handbewegung: als striche er zufrieden übers wohlgeratene Produkt.

»Fritz?« – »Wat is?« – »Ich kann nicht aufstehen.« Friedrich K. erzählt das so trocken wie immer. Seine Frau hatte einen Schlaganfall erlitten. Ende des gewohnten Rentnerlebens. Eine Weile konnte das Paar zu Hause bleiben, dann mußte sie ins Altenheim. Er ging mit ihr, vor über 15 Jahren. Fritz K. macht keine großen Worte drum. Andere erzählen, wie sehr er sich damals um seine Frau gekümmert habe.

Er ist nach ihrem Tod im Heim geblieben; er hatte entschieden, daß das nun sein Zuhause war. Gleich hat er Arbeit gesucht (ohne Lohn); er fand sie im Heim-Garten, zum Entsetzen aufmüpfiger junger Männer, die als »Haus-und-Garten-Zivis« dem zackigen alten Mann zuarbeiten sollten.

Im Garten arbeitet er nicht mehr. Das hat, unter anderem, natürlich mit seinem Alter zu tun. Nach über 30 Jahren »Ruhestand« muß Fritz K. lernen, das Wort wörtlich zu nehmen. Leicht fällt ihm das nicht, obwohl er jetzt zuweilen sogar Bedauern erkennen läßt darüber, daß die Arbeit so viel Zeit seines Lebens eingenommen hat. Andererseits – wenn er vom Umbau des Heims berichtet, von den fixen Handwerkern, dann hört man wieder: Ob einer arbeiten will und was er kann, das zählt noch immer.

# Das Alter ist jung

Alte Menschen gab es schon immer, aber noch zu keiner Zeit in so großer Zahl wie heute. Während noch um die Jahrhundertwende nur 5% der Bevölkerung über 60 Jahre alt waren, sind es heute bereits 21% – und werden es um die Jahrtausendwende schon 26% und im Jahr 2030 sogar 35 bis 40% sein. Immer mehr Menschen werden immer älter: Der Anteil der über 70-, 80-, 90- und über Hundertjährigen wächst ständig. Unsere Gesellschaft muß sich auf eine völlig veränderte Altersstruktur mit immer weniger jungen und immer mehr älteren Menschen einstellen.

## Raucherin bis 117
### J. Calment ist weltältester Mensch

Jeanne Calment ist der älteste Mensch aller Zeiten. Mit 120 Jahren und 238 Tagen überlebte sie den 1986 gestorbenen bisherigen Rekordhalter, den Japaner Chigechiyo Izumi. Nach amtlichen Dokumenten hat Madame Calment 1875 im südfranzösischen Arles das Licht der Welt erblickt.

Den Maler Vincent van Gogh hat sie als ausgesprochen unhöflichen

**Zur Person**
Jeanne Calment

Menschen kennengelernt und den Eiffelturm noch als Baustelle erlebt. Erst mit 117 Jahren hat die rüstige alte Dame das Rauchen aufgegeben. Portwein und Schokolade zählt sie aber noch immer zu ihren täglichen Lastern. Mit 100 Jahren war Jeanne Calment noch Fahrrad gefahren, doch seit fünf Jahren ist sie nach einem Beinbruch an den Rollstuhl gefesselt.

Ihre eigene Familie – selbst ihren Enkel – hat die lebenslustige Dame längst überlebt. Ihr Mann starb vor 73 Jahren. Die geistig immer noch wache älteste Erdbewohnerin hatte schon zum letzten Geburtstag über 10.000 Glückwunschschreiben erhalten. Seit längerem interessieren sich Wissenschaftler für das Geheimnis ihrer Langlebigkeit.

Sie habe einzigartige Gene, erklären Ärzte das hohe Lebensalter der Französin. Ihr Patentrezept für ein langes Leben: *lächeln.*

In weniger als einem Jahrhundert wird sich die Bevölkerungspyramide in Deutschland auf den Kopf gestellt haben. Statt 35 Prozent Kinder und Jugendliche im Jahr 1950, wird es im Jahr 2040 wohl nur noch 18 Prozent geben. Und statt 15% Anteil der Älteren, 90 Jahre später 34 Prozent.

Das Alter ist jung. In früheren Jahren war die Lebenserwartung viel begrenzter. Der alte Mann, der zufrieden auf der Bank vor dem Haus seine Pfeife raucht; die alte Frau, die sich in Küche und Garten auf vielerlei Weise nützlich macht – beide Bilder sind ein Mythos aus der heilen Welt der Großfamilie. Die Wirklichkeit sah meist anders aus: Die Menschen starben relativ früh. Und wer alt wurde, kam »aufs Altenteil«, nur selten beachtet – mitunter eher verachtet: ein unnützer Esser mehr im Kampf ums nackte Überleben.

# Die verschiedenen Alter

Der Kreis der Alten umfaßt heute dreißig und mehr Jahrgänge. Die Lebenserwartung von etwa 35 Jahren vor hundert Jahren stieg auf etwa 73 Jahre für Männer und auf etwa 79 Jahre für Frauen heute – mehr als eine Verdoppelung der Lebensspanne innerhalb eines Jahrhunderts! Wer heute in den (Vor-)Ruhestand tritt, hat noch gut ein Viertel seines Lebens vor sich, weit über 20 Jahre.

## Länder mit der höchsten Lebenserwartung

| *79 Jahre* | *78 Jahre* | *77 Jahre* | *76 Jahre* |
|---|---|---|---|
| Japan | Kanada | Norwegen | Deutschland |
| Hongkong | Schweden | Österreich | |
| Island | Schweiz | Spanien | |
| | Australien | USA | |
| | Frankreich | Zypern | |
| | Griechenland | | |
| | Niederlande | | |

Die großen Altersunterschiede machen eine Unterteilung in verschiedene Altersgruppen notwendig. Der Alterssoziologe L. Rosenmayr unterscheidet vier:

| | |
|---|---|
| die »älteren Menschen« | (60 bis unter 75 Jahre) |
| die Alten | (75 bis unter 90 Jahre) |
| die Hochbetagten | (90 Jahre und älter) |
| die Langlebigen | (100 Jahre und älter) |

Die »neuen Alten« sind die jüngste Errungenschaft unserer Zeit. Und mit ihrer Zahl wächst auch ihr Selbstbewußtsein. In ihren Ansprüchen und in ihrer Lebenspraxis sind sie mit früheren »Altersgenossen« nicht mehr vergleichbar. Sie sind mobiler und unternehmungslustiger geworden; aktive Lebens- und Freizeitgestaltung sind gefragt. »Neue Werte«, wie Unabhängigkeit, Selbstverwirklichung, persönlicher Erfolg, Durchsetzungsvermögen usw., kennzeichnen heute die Lebensqualität vieler älterer Menschen. Altern bedeutet mehr denn je Wachsen und Reifen. Solange wir leben, verändern und entwickeln wir uns. Es ist an der Zeit, daß wir das Alter an seinen eigenen Maßstäben messen und seine real erfahrbaren Werte, Stärken und Chancen benennen.

## Interview

Wenn er kommt, der Besucher,
der Neugierige, und dich fragt,
dann bekenne ihm,
daß du keine Briefmarken sammelst,
keine Kakteen züchtest,
daß du kein Haus hast,
keinen Fernsehapparat,
keine Zimmerlinde.
Daß du nicht weißt,
warum du dich hinsetzt und schreibst,
unwillig, weil es dir kein Vergnügen macht.
Daß du den Sinn deines Lebens
immer noch nicht herausgefunden hast,
obwohl du schon alt bist.
Daß du geliebt hast, aber unzureichend,
daß du gekämpft hast,
aber mit zaghaften Armen.
Daß du an vielen Orten warst,
aber ein Heimatrecht hattest an keinem.
Daß du dich nach dem Tod sehnst
und den fürchtest.
Daß du kein Beispiel geben kannst als dieses:
Immer noch offen.

Marie Luise Kaschnitz

Menschen altern auf verschiedene Weise. Altwerden ist kein einheitlicher Prozeß. Im Gegenteil: Gerade im Alter gibt es unterschiedliche, ja mitunter sogar gegensätzliche Entwicklungen. Je älter Menschen sind, desto mehr unterscheiden sie sich voneinander:

- Die einen unternehmen Reisen in die ganze Welt, die anderen bleiben am liebsten zu Hause
- Die einen finden und pflegen neue Hobbys, die anderen sitzen gelangweilt zu Hause herum
- Die einen gehen unter Menschen, die anderen vereinsamen zunehmend
- Die einen sind voller Lebensoptimismus, die anderen scheinen mit ihrem Leben abgeschlossen zu haben
- Die einen sind voller Hunger auf das »Noch-Nicht-Erlebte«, die anderen trauern dem »Nicht-Mehr-Erreichen-Können« nach.

Die Entwicklung im Alter hängt sowohl vom individuellen Altern des Körpers und seiner Organe als auch von der Lebenssicht, der Lebensweise und der Lebensperspektive des einzelnen ab. Entscheidend ist, die verbleibende Lebenszeit nicht nur im Rückblick auf Vergangenes zu verbringen, sondern im Vorblick auf Zukünftiges kreativ zu gestalten.

## »Wie geht's?«
### Nachgefragt bei über 80jährigen

Leoni S., 85, unverheiratet, alleinstehend; »Ich hab g'rad gevespert. Mir geht's gut. Mein Geburtstag neulich war sehr feierlich: Erst kam ich in die Zeitung – und dann ein Wahnsinns-Echo. So viele haben angerufen, so viele geschrieben, der Bürgermeister, der Pfarrer, die Nachbarn. – Nein, gestern konnten Sie mich nicht anrufen, da bin ich immer beim Altenclub, da bin ich nie daheim. Montags bis mittwochs betreue ich meine vier Großneffen und -nichten bei denen zu Hause. Die sind noch klein, die darf man nicht aus den

Augen lassen: Was sie nicht sollen, machen sie am liebsten. Am Donnerstag bin ich manchmal ganz kaputt, und den Rest der Woche erhole ich mich in meiner eigenen kleinen Wohnung. Sonntags mache ich die »Fahrt ins Blaue« oder besuche Freunde mit der Eisenbahn.«

. . . . . . . . . . . . . . . . . . . . . . . . . . . . . . . .

Günther T., 80, Verlagskaufmann, verheiratet: »Ach Gott, nicht gut. Ich war im Krankenhaus, aber nicht stationär. Ich hatte ja noch eine Attacke, keine so heftige wie neulich. Es war ein leichter Gehirnschlag, aber ich habe noch Glück gehabt. Ich kann auf sein, muß mich aber schonen. Autofahren darf ich nur ganz kurze Strecken. Auch den Geburtstag meiner Frau konnten wir nicht feiern. Unsere Urlaubsreise mußte ich absagen. Wir hatten schon gebucht.«

. . . . . . . . . . . . . . . . . . . . . . . . . . . . . . . .

Carola S., 81, Krankenschwester, verwitwet, keine Kinder. Lebt in einem Altenpflegeheim auf dem Land, 40 km von der Stadt entfernt, in der sie mit ihrem verstorbenen Ehemann wohnte. Früher half sie anderen resolut. Jetzt ist sie nicht mehr imstande, allein für sich zu sorgen. Dazu hat auch der Alkohol beigetragen. Die Rente ist ungewöhnlich hoch, reicht aber kaum, um den Pflegeheimplatz zu bezahlen. Pflegekosten in den vergangenen neun Monaten: 45.000 DM. Carola ist fixiert, damit sie nicht aus dem Bett fällt. Diagnose: desorientiert.

. . . . . . . . . . . . . . . . . . . . . . . . . . . . . . . .

Norbert H., 81, Angestellter, verheiratet: »Schön, daß Sie anrufen. Ich packe gerade einen Koffer für unsere Pfingstreise. Wir fahren mit unseren Kindern und Enkeln nach Südfrankreich, nach Beziers, und gondeln von dort mit einem kleinen Hausboot über Flüsse und Kanäle. Zwei Wochen lang Kapitän sein wollte ich immer schon mal. Aber jetzt muß ich Schluß machen, sonst schaff' ich's nicht mehr auf die Bank.«

. . . . . . . . . . . . . . . . . . . . . . . . . . . . . . . .

Anita H., 88, unverheiratet: »Mir könnte es viel schlechter gehen – wenn ich so an meine Nachbarinnen im Altenheim denke. Aber ich will nicht angeben: Ich kann auch nicht mehr alles so besorgen wie früher. Ich bin auf, kann lesen, mich unterhalten. Leider erzählen die anderen dauernd von ihren Krankheiten, da kann man halt nichts machen. Ja, vor einem Jahr, da hab ich noch in meiner Wohnung gewohnt. Das Mofa habe ich beim Einzug ins Heim einer Dame geschenkt. Ich hab's ja nicht mehr angekriegt und hier brauch' ich's nicht. Jetzt hab' ich eine Kröte im Hals: Das ist immer, wenn ich lang nicht gesprochen habe. Rufen Sie doch wieder mal an, ich höre gern, wie's Ihnen allen geht.«

Ludwig R., 83, Geistlicher im Ruhestand, wohnt im Altenheim: »Es geht wieder so einigermaßen. Erst hatte ich mir ja im Herbst den Oberschenkelhals gebrochen und war im Krankenhaus und in einer Kurklinik. Dann, im März, als ich gerade wiederhergestellt war, bin ich hier in meinem Zimmer gestürzt – und dachte: du lieber Himmel, nicht schon wieder, ausgerechnet an meinem Geburtstag. Aber ich kann an meinen Gehstöcken bei schönem Wetter schon wieder draußen spazierengehen. Vor allem, wenn es überall so schön blüht und duftet.«

Elisabeth M., 86, verwitwet, verpackt, frankiert und verschickt alle zwei Wochen den Gemeindebrief von St. Stefanus – seit 40 Jahren: »Daß ich noch so gut beieinander bin, dafür kann ich nichts. Das ist eine Gnade des Himmels. Mit 35 hab' ich meinen Mann im Krieg verloren – dann war's aus mit der Liebe: das Kind an der einen Hand, meine Mutter an der anderen, Haus und Hof verloren. Wir haben alles wieder aufgebaut. Mein Lebtag war's mir nie langweilig, und so schön wie heute habe ich's noch nie gehabt. Was ich mache, wenn der Gemeindebrief künftig mal von einem Verlag verschickt wird? Dann leb' ich halt privat.«

# Wandel des Alters

Von *den* Alten zu reden, ist ebenso wenig zulässig wie von *der* Jugend zu sprechen. Die Entwicklungen im Alter sind vielfältig und vielschichtig und von individuellen Bedingungen und Vorgaben abhängig. Dennoch zeichnet sich ein grundsätzlicher Strukturwandel des Alters ab, der grob skizziert mit folgenden Begriffen umschrieben werden kann:

1. Die *Verjüngung des Alters* bedeutet, daß traditionelle Alterskriterien, soziale wie biologische, in unserer Gesellschaft Verschiebungen erkennen lassen. Was haben die vierzigjährige »Großmutter« und der neunzigjährige Hochaltrige eigentlich gemein? Auch in der Selbsteinschätzung von »alt« läßt sich eine Verschiebung nach hinten erkennen.

2. Die frühe Entberuflichung der »Alten«: Im Alter wird immer weniger berufsbezogen gearbeitet, denn das durchschnittliche Berufsaustrittsalter bei Männern liegt schon bei 58 Jahren, das der Frauen etwas höher.

3. Die zeitliche *Ausdehnung der Altersphase*, die heute oft bereits 25 Jahre und mehr beträgt: Diese Tatsache macht eine Differenzierung des Alters notwendig. Nur mit Begriffen wie »junge Alte« und »alte Alte« ist da nicht viel erklärt.

4. Die *Feminisierung des Alters*, d.h. die Alten bestehen zu zwei Dritteln oder gar drei Vierteln, je wo man die Grenze zieht, aus Frauen. Das Bild des Alters, aber auch die Problemlagen vor allem der Hochaltrigkeit werden durch Frauen bestimmt (besonders Frauen sind z.B. von Altersarmut betroffen!)

5. Die *Singularisierung des Alters*, d.h. es gibt immer mehr Einzelhaushalte von Menschen; das sind in den alten Bundesländern

inzwischen fast die Hälfte (40%), in einigen Großstädten schon über 50%.
6. Der Trend zur Hochaltrigkeit bedeutet vor allem, daß das *Risiko zur Pflegebedürftigkeit* zunimmt.

Dieser beschriebene Strukturwandel des Alters schafft die folgenden – individuell natürlich unterschiedlichen – Problemlagen: Funktions- und Rollenverluste in Beruf und Familie, Verlust sozialer Kontakte, Schwierigkeiten beim Ausscheiden aus dem Erwerbsleben aufgrund erzwungener Berufsaufgabe, Bedeutungsverlust durch veränderte Familienstrukturen, Isolation, Einsamkeit, Altersarmut, Krankheit, Pflegebedürftigkeit.

## Alter

Über ungeheure Heiden
(Meine Heimat)
will ich gehen.
Werde mich in
Winterspiegeln
(Blinden Himmeln,
blinden Wassern)
Sehn.
Werde spüren,
wie das Alter
in mir wuchern will.
Werde jeder Zelle
morsen,
Daß sie bleiben soll,
wie sie war,
als wir uns sahen:
Satt von Sehnsucht
und von Weisheit voll.

Eva Strittmatter

**Kapitel 2**

# Die gute alte Zeit?

## Alter in der Geschichte der Völker

Die Wertschätzung des Alters war und ist in den verschiedenen Kulturen und Völkern wie auch in der Geschichte der Menschheit über die Jahrhunderte recht unterschiedlich. Da wir nur wenige schriftliche Zeugnisse aus vergangenen Zeiten und fremden Kulturen haben, ist es schwer, ein genaues Bild vom Leben der Alten einst zu bekommen. Einige Grunddaten kennzeichnen aber die Geschichte des Alters in allen Kulturen und Völkern:

- Die Alten machen immer eine Minderheit der Bevölkerung aus.
- Frauen sind unter ihnen relativ stärker vertreten als Männer, insbesondere Witwen treten auffallend hervor.
- Überall erfolgt ein Rollenwechsel im Alter.
- Bei den alten Menschen werden Erfahrungswissen und Erinnerungsvermögen geschätzt.
- Oft haben sie eine große religiöse oder politische Bedeutung.
- Immer hängt das Wohlergehen im Alter entscheidend vom Besitz und Einkommen ab.

Trotz Berücksichtigung dieser Grunddaten kann aber weder eine bestimmte Zeit noch eine besondere Kultur als rundum altenfreundlich oder altenfeindlich betrachtet werden.

»Der Sinn oder Nichtsinn, den das Alter innerhalb einer Gesellschaft hat, stellt diese insgesamt infrage, denn dadurch enthüllt sich der Sinn oder Nichtsinn des ganzen vorhergegangenen Lebens ...
Durch die Art, wie sich eine Gesellschaft gegenüber ihren Alten verhält, enthüllt sie unmißverständlich die Wahrheit – oft sorgsam verschleiert – über ihre Grundsätze und Ziele.«

*Simone de Beauvoir 1977*

Allgemein läßt sich sagen, daß in den Zeiten und Kulturen, in denen eine angehäufte Lebenserfahrung im Umgang mit der Natur und mit bestimmten handwerklichen Fertigkeiten wichtig war, die Alten eine hohe Wertschätzung genossen. In dem Maß jedoch, wie solches Wissen schriftlich gesammelt und weitergegeben werden konnte und im Zuge der Industrialisierung religiöses Wissen, Erfahrung und Weisheit immer weniger gefragt waren, haben die Alten ihre besondere Rolle in der Gesellschaft eingebüßt.

# Alter bei den Naturvölkern

## Ich bin

> Ich bin ein Gefäß,
> geformt
> aus Schichten
> von erfahrenen Leben.

Nora Naranjo-Morse

In früheren Zeiten galten die Alten als gesellschaftliche und religiöse Hüter des Lebens. In einer Welt, die sich kaum veränderte, waren sie Sachkundige des Lebens und Sterbens. Sie hielten im Ahnenkult die Verstorbenen gegenwärtig. In einer landwirtschaftlich geprägten Gesellschaft brachten die Alten ihre Erfahrung mit der Natur ein. Ihre Kenntnisse und Fertigkeiten im Umgang mit den Tieren und den Früchten der Erde, mit Werkzeugen und Waffen, mit den Geistern und Krankheiten waren für die Sippe überlebenswichtig.

## Was ich meinem Sohn sage

> Ich nehme meinen Sohn mit nach draußen
> und zeige ihm einen Baum.
> Lasse ihn die Blätter berühren.
> Dies ist ein Blatt, siehst du.
> Es ist grün, es hat Linien
> und so ist es geformt.
>
> Berühre es.

*Er berührt das Blatt.*
*Der Zweig erzittert unter seiner Berührung.*
*Kleine, stramme Hände greifen heftig und vorsichtig*
*nach dem, was ich ihm zeige.*

*Ich lasse ihn*
*barfuß*
*auf dem Boden stehen.*
*Fühl die Erde! Braune Erde und Kies!*
*Fester Lehm!*
*Darin wachsen Pflanzen nicht gut.*
*Da muß man Sand haben und Blätter, Stäbchen, Dünger.*
*Dann werden Pflanzen auf ihm wachsen.*

*Das ist es, was ich ihm sage.*

Simon J. Ortiz

Allerdings war in solchen Gesellschaften das Leben der Alten in Notzeiten gefährdet, wenn es um das unmittelbare Überleben ging. Dann fielen sie zur Last, denn sie konnten kaum mehr etwas zum Lebensunterhalt beitragen. So finden wir in vielen alten Kulturen auch Zeugnisse einer spürbaren Mißachtung des Alters bis hin zur Altenaussetzung und Altentötung.

# Mißachtung des Alters – Schutzregeln für Ältere

Zu den erschütterndsten Dokumenten der Kulturgeschichte gehören Altentötung, Witwenverbrennung, Altenaussetzung und Vertreibung sowie Altenselbstmord. Vor solch unmenschlichem Umgang mit den Alten haben sich einige Kulturen durch bestimmte Regeln geschützt. So ist die Tabuisierung von Nahrungsmitteln für die Jungen zugunsten der Alten weitverbreitet. Deshalb durften beispielsweise bei den Polareskimos Eier, Eingeweide, Lunge, Leber usw. – als weiche Nahrungsmittel – nur von älteren Frauen, die mindestens fünf Kinder geboren hatten, gegessen werden. So sagte man früher, jedes Kind koste der Mutter einen Zahn. Bei den Omaha-Indianern mußten die Jungen den Alten die besten Happen überlassen mit der Begründung: Sonst drehen die Pfeile ab, die die Jungen bei der Jagd abschießen. Bei den Hottentotten war das Essen eines vom Blitz erschlagenen Schafes für alle gefährlich, außer für die Alten (bequeme Beute).

Schutz der Alten war auch gegeben durch die religiöse Überhöhung der Alten. Man schrieb ihnen »sagenhafte« Fähigkeiten zu. So wurden bei den Eskimos bis zu Beginn dieses Jahrhunderts bestimmte alte Leute für fähig gehalten, Vögel und Robben zu kommandieren, Seelen aus dem Leib zu stehlen und zu lähmen. Man hielt sie für fähig, zum Himmel zu fliegen, auf den Grund der Seen zu tauchen und ihre Haut zu wechseln wie ein Hemd.

Solche Verklärung Älterer zu götterähnlichen Wesen findet sich besonders in der Welt der früher sehr verbreiteten Ahnenkulte. Häufig sind diese mit der Überzeugung verbunden, daß man die toten Ahnen als Ratgeber befragen kann. Die Älteren werden sozusagen als werdende Ahnen verehrt, denen man in absehbarer Zeit zu opfern hat.

# Nähe zu den Göttern

In fast allen Kulturen wird den älteren Menschen eine besondere Nähe zu den Göttern nachgesagt: »Der uralte Held oder die uralte Heldin kontrollierten das Wetter, vertrieben die Hungersnot, verwandelten Steine in Brot, ersannen den Krieg, sangen die ersten Lieder, formulierten die heiligen Riten und brachten Feuer aus der Mitte des Meeres.

Ein alter Mann oder eine alte Frau entwickelten den Tanzrhythmus, entdeckten die Wirksamkeit des Gebets, übten die Heilkunst aus und praktizierten die Verjüngung.

Es waren die Alten, die mit Dämonen und Göttern verkehrten, wilde Tiere, Männer und Frauen verzauberten, große Höhlen als ihre Wohnstätten in Steinklippen bliesen. Ihre legendären Attribute waren Weisheit, Magie, Erfindungssinn und Unverwundbarkeit. In ihrem Rat lag Sicherheit, in ihrem Dienst Erfolg.«

Noch heute findet sich diese Wertschätzung etwa bei den australischen Ureinwohnern. Bis zum heutigen Tage gelten hier die Alten als Seher, Magier, Medizinmänner und Priester, die zwischen den Menschen und der Welt des Unbekannten vermitteln.

## »Wo die Mutter ist, befindet sich das Zuhause«

Wenngleich in den meisten Kulturen alten Männern solche Fähigkeiten zugesprochen werden, so gibt es doch auch frauenorientierte Kulturen, wie etwa bei den Hopi-Indianern, die heute im Süden der USA leben. Hier war die Frau die Besitzerin der Viehherden. Ihre Töchter blieben ihr auch nach der Heirat eng verbunden und deren Gatten unterwarfen sich im allgemeinen ihren Wünschen.

Mit der Auflösung der alten Sippengesellschaften und der Entwicklung einer arbeitsteiligen Gesellschaft entstand eine neue Situation für die Alten. Solange sie Besitz hatten und Vermögen besaßen, konnte sich ihre Wertschätzung noch halten, da sie unabhängig waren von ihrer persönlichen Arbeitskraft und Arbeitsleistung. Viele aber traf im Alter Not und Armut.

## Alter in Afrika

Grundlage des afrikanischen Lebens und Denkens ist die Überzeugung, daß der Ursprung allen Lebens Gott selber ist. Dieses Leben vollzieht sich in einer hierarchischen Ordnung. Ganz oben steht Gott, der Schöpfer und Erhalter des Lebens, darunter folgen die Ahnen, dann die Ältesten der Gemeinschaft, wozu der Familienvater und die Familienmutter, der/die Vorsteher/in der gesamten Sippe bzw. der Häuptling und der König gehören. Je nach ihren Aufgaben in der Gemeinschaft sind sie das Bindeglied zwischen den Lebenden und den Ahnen, die so weiter am Leben teilnehmen.

Die Weitergabe des Lebens im ganzheitlichen Sinne gehört zum höchsten Gebot afrikanischer Tradition. Niemand darf das Leben für sich behalten. Er muß andere Familien- und Sippenangehörige daran teilnehmen lassen. Dies gilt auch für die Verstorbenen: Verstorbene und Hinterbliebene bilden eine Gemeinschaft. Die Lebenden wissen, daß ihr Leben auch von den Verstorbenen und den Ahnen abhängt. In dieser Solidargemeinschaft wurzelt auch die Liebe und Verpflichtung gegenüber den Alten.

Der Segen und das Glück hängen davon ab, ob man den Älteren und Ältesten der Sippengemeinschaft aufrichtige Liebe und Hochschätzung bekundet. Altwerden und Altsein heißen hier »weiser werden«.

»Der Mund eines Greises hat zwar einen schlechten Geruch, aber lügt nicht.«

Aus Zaire

Natürlich sind diese Traditionen im heutigen Afrika höchst gefährdet. Auch hier sind Wissen und Weisheit der Ahnen nicht mehr so sehr gefragt. Zunehmend beeinflussen unsere neuzeitlichen Vorstellungen von Leistung und Erfolg, von Macht und Reichtum das afrikanische Alltagsleben.

Der Hauch der Ahnen

Erlausche nur geschwind
Die Wesen in den Dingen,
Hör sie im Feuer singen,
Hör sie im Wasser mahnen
Und lausche in den Wind:
Der Seufzer im Gebüsch
Das ist der Hauch der Ahnen.

> Die gestorben sind, sind niemals fort,
> Sie sind im Schatten der sich erhellt,
> Und im Schatten der tiefer ins Dunkel fällt.
> Sie sind in dem Baum der dröhnt
> Und sind in dem Baum der stöhnt,
> Sie sind in dem Wasser das sich ergießt
> Wie im Wasser das schlafend die Augen schließt,
> Sie sind in der Hütte, sie sind im Boot:
> Die Toten sind nicht tot.
>
> Birago Diop

# Alter in China – Japan – Asien

Bis in unsere Zeit haben ältere Menschen in Asien einen besonderen Ehrenplatz in der Gesellschaft. In China prägte vor allem *Konfuzius* (551-479 v.Chr.) das Altersverständnis, wie es im folgenden Spruch deutlich wird:

> »Mit 15 Jahren bemühte ich mich um das Studium der Weisheit; mit 30 gewann ich Sicherheit darin; mit 40 hatte ich keine Zweifel mehr; mit 60 konnte mich nichts auf der Welt mehr erschüttern; mit 70 vermochte ich den Wünschen meines Herzens zu folgen, ohne gegen das Sittengesetz zu verstoßen.«

Häufiger kam es sogar vor, daß man sich älter machte, um solche Vorrechte zu erlangen. Die weisen Chinesen sagen in ihrer bilderreichen Sprache, für einen Menschen, der sein siebzigstes Jahr erreicht hat, tue sich das Goldene Tor zum Chrysanthemengarten der Weisheit auf.

In Japan ist die Bedeutung des Alters vor allem im Ahnenkult zu sehen, der auch ein wesentliches Merkmal des Konfuzianismus ist.

Diese Religion gründet auf der Vorstellung, daß erfülltes Leben auf Wissen und Wahrung guter zwischenmenschlicher Beziehung beruht. Maßgebend ist hierbei das Eltern-Kind-Verhältnis. Wenn der Vater oder die Mutter stirbt, werden sie drei Jahre lang von den Kindern mit entsprechenden Trauerritualen geehrt.
In Japan liegt der entscheidende Wendepunkt des Lebens in der Lebensmitte. Hier gibt es »zwei gefährliche Jahre«. Für die Frauen ist es das 33., für Männer das 42. Lebensjahr. In diesem Jahr suchen die Japaner die heiligen Stätten auf, um sich der inneren Ruhe hinzugeben und zur Besinnung zu kommen. Es ist der Höhepunkt ihres Lebens. Sie sind anerkannt und meist finanziell abgesichert. Aber jetzt wandelt sich ihr Status.
Die junge Frau »wird nun zur älteren Frau (Shutume)« – dies bedeutet Schwiegermutter. Als Ehefrau des Familienoberhauptes teilt nun die Shutume mit ihm die Macht über das junge Paar. Sie legt das Haushaltsbudget fest, setzt Maßstäbe für die Erziehung der Enkel und bestimmt sogar den Lebensstil der Familie. Sie ist in ihrem eigenen Haus die Autorität der Familie in allen Fragen der Kindererziehung und des Geschäftes.
Heute werden japanische Männer im Alter von 60 Jahren durch eine traditionelle Zeremonie in den Status der Alten überführt. Meist bleiben sie aber auch nach ihrer Pensionierung noch Teilzeitbeschäftigte ihrer Firma. Denn die Firma ist für viele Japaner neben der Familie die eigentliche Lebenswelt geworden. Deshalb führt ein Ausscheiden aus der Firma oft bei vielen Männern zu Identitätsverlust und Isolation.

> *Hat der Abend auch keine Sonne, so hat er doch Sterne.*
> *Der Abend des Lebens bringt seine eigene Lampe mit.*
> Aus Persien

Die Wertschätzung der Alten beruht im asiatischen Raum auf der engen Bindung an die Sippe beziehungsweise Familie und auf dem Glauben an eine Erfüllung im Jenseits. Von daher gelten als Grundregeln des Verhaltens gegenüber den älteren Menschen:

- Alle jüngeren Familien- bzw. Sippenmitglieder müssen die Älteren respektieren.
- In den Versammlungen müssen die älteren Angehörigen gehört werden.
- Das Alter hat die Weisheit der Erfahrung und des Ausgleichs, die Jugend hat die Unreife des impulsiven Handelns und die Unbesonnenheit der Unschuld.
- Das Urteil der Jugend kann richtig sein, es ist aber selten weise.
- Die Weisheit des Alters ist begründet im Erfahrungswissen, in Tradition und Brauchtum.
- Rituale schützen die Weisheit des Alters. Ein Fluch aus dem Munde eines alten Mannes setzt übernatürliche Kräfte frei, denen entsprechende Strafen folgen.

# Alter in Indien – Hinduismus

Nach hinduistischer Tradition umfaßt das Leben vier Abschnitte:

- Die Einweihung ins Heilige, wenn man nach der Kindheit asketisch im Haus seines Lehrers lebt.
- Die Rückkehr ins Elternhaus und Heirat.
- Die Geburt der Enkel und Sicherung der Nachkommenschaft, um danach eine Zeit als Einsiedler zu leben und sich der Meditation und den Bußübungen hinzugeben.
- Aufbruch des alten Mannes aus seiner Einsiedlerklause, der als heimatloser Wanderer alle irdischen Bindungen hinter sich läßt.

Dieses Ideal des Lebenslaufs eines Hindu wurde natürlich nur von wenigen gelebt. Prägend war und ist bis heute, was über die Verhaltensweise im vierten Lebensabschnitt, dem Alter, gesagt wird.

Denn nach heiligem Gesetz hat sich das Familienoberhaupt, wenn seine Haare sich weiß färben und ihm seine Enkel geboren sind, in eine Waldklause zurückzuziehen und sich von dort vor seinem Tode als Wanderer auf den Weg zu machen. Allerdings halten sich heute nur noch die wenigsten alten Männer an diesen Brauch. Die meisten aber leben auch im hohen Alter recht asketisch in einer Hütte des Familienverbandes oder bewohnen einen separaten Raum im eigenen Haus. Dabei werden die alten Männer als Autoritätspersonen und Lehrer heiliger Traditionen hoch geschätzt.

Anders dagegen ist die Situation der älteren Frauen, vor allem der Witwen. Eine Witwe kann normalerweise nicht wieder heiraten. Sie bleibt in der Familie ihrer Schwiegereltern, von denen sie völlig abhängig ist. Sie lebt asketisch, schläft auf dem harten Fußboden und bekommt einmal am Tag eine einfache Mahlzeit. Meist haben die Witwen ihren Kopf kahl rasiert. Sie müssen enthaltsam leben in der Hoffnung, ihren früheren Ehemann im nächsten Leben wieder heiraten zu können. Sie dürfen auch nicht an Familienfeiern teilnehmen, weil befürchtet wird, ihre Anwesenheit bringe Unglück. Viele Witwen zogen es vor, sich selbst zu opfern und ihrem Ehemann auf dem Scheiterhaufen (zur Leichenverbrennung) zu folgen, um vor einem derart elenden Leben bewahrt zu werden.

Geprägt ist das Leben der Alten von der großen Gelassenheit angesichts des Todes, der als Übergang in die nächste Welt betrachtet wird. Dieser Übergang wird durch das Ritual der Feuerbestattung zum Ausdruck gebracht. Dafür wird schon rechtzeitig Geld und Schmuck gesammelt, um aus dessen Erlös das Begräbnis zu finanzieren.

# Die Alten bei den Griechen und Römern

Die abendländische Einstellung gegenüber alten Menschen ist maßgeblich von zwei Traditionen geprägt: Einerseits von der griechisch-römischen Denk- und Lebensart und andererseits durch das Christentum mit seinen Quellen im Alten und Neuen Testament.

Eine weit verbreitete Meinung über Alter und Altern in Griechenland, legt die besondere Wertschätzung der alten Menschen nahe. Ihr entspricht ein idealisiertes Bild vom Alter: Erfüllt mit Glück und Freude, sind die geistigen Fähigkeiten im Alter besonders ausgeprägt und werden von der Jugend bewundert. Ein solch verklärtes Bild konnte Geschichte machen; es betraf einseitig aber nur die mächtigen und reichen Alten, die als Politiker und Philosophen in hohem Ansehen standen. Die wirkliche Lage der Alten war abhängig von ihrer sozialen Stellung.

Alter, du bist der Feind des Menschengeschlechts, du verwüstet alle Schönheit der Formen, du verwandelst die Kraft der Glieder in Schwerfälligkeit, die Schnelligkeit in Langsamkeit.
Ein langes Leben ist eine mühselige Angelegenheit, oh schweres Alter: Du bringst den Sterblichen nichts Gutes, sondern nur Schmerzen und Übel!
Und dennoch möchten wir Dich alle erreichen und bemühen uns, es zu schaffen. ■

Menander, griechischer Dichter, 300 v.Chr.

Leicht war das Alter für die Wohlhabenden zu bewältigen. Die reichen alten Griechen gingen ins Asklepeion oder Sanitoria als letzter Zufluchtsstätte. Das waren Stätten der gesundheitlichen Genesung und Lebensverlängerung, geprägt durch den medizinischen Kult des Gottes Äskulap.

Die Römer schufen Genesungsheime für angesehene Alte. Sie bauten Ruhestandssiedlungen für die pensionierten Militärs und für hohe Staatsbeamte an den heißen und trockenen Nordküsten von Afrika. Das Leben der weniger begüterten alten Griechen war durchaus belastet und gefährdet. So erklärt sich, daß der große Philosoph Plato in seinem späteren Werk über den Staat und die notwendigen Gesetze auf die besondere Verpflichtung gegenüber den alten Menschen hinweist. Die Pflege der Alten müsse geregelt werden, ebenso das Verhältnis der Jugend gegenüber den Alten.
Bestrafung wird für die gefordert, die ihre alten Eltern unzureichend versorgen oder vernachlässigen. Andererseits wird alten Männern und Frauen ein »schickliches Verhalten« angeraten. Ihnen ist es zum Beispiel nicht gestattet, in der Öffentlichkeit zu singen oder zu tanzen.
In Rom galt die Gleichsetzung: *alt=reich=angesehen*. Der Senat war eine Versammlung würdiger Greise, die die Politik des Reiches bestimmte. Im Hause regierte der »pater familias«. Die Ehrfurcht und der extreme Gehorsam gegenüber den Alten waren bedingt durch ihre Macht, die ihnen ihr Amt bzw. ihre Rolle in Haus und Familie gaben. Sie behielten die finanziellen Geschäfte und die politische Macht bis zum letzten Atemzug in ihren Händen.

> Nicht jeder Wein, aber auch nicht jeder Mensch
> wird durch das Alter sauer.
>
> Cicero

Das Alter selber aber wird als eine Last empfunden.
Der römische Schriftsteller und Politiker Cicero muß sich persönlich nach seiner Verdrängung aus der Politik und dem Tod seiner geliebten Tochter mit der »Last des Alters« auseinandersetzen. Er will sie aber mit Weisheit tragen. Er nennt vier Gründe, die das Alter eher als ein Unglück erscheinen lassen:

1. Es verwehrt uns in zunehmendem Maße, Großes zu leisten.
2. Es entkräftet den Körper.
3. Es nimmt uns fast jede Sinnenfreude.
4. Es ist dem Tode nahe.

Demgegenüber möchte er sich aber an älteren Menschen orientieren, die über das Alter nicht klagen, sondern durch Übung und Mäßigung auch im hohen Alter etwas von der früheren Kraft zu bewahren versuchen. Dazu ist allerdings Betätigung des Geistes notwendig, um die eigenen Interessen zu entdecken und weiterzuentwickeln. Nach Cicero Überzeugung ist der mürrische, verdrießliche, jähzornige und eigensinnige oder geizige Alte nicht deshalb so, weil er alt geworden ist, sondern weil er in seinem ganzen Leben schon so war.

> »Was kann so absurd sein, wie der Wunsch,
> um so mehr Reisegeld zu haben, je kürzer der Weg wird,
> den man noch zu machen hat?«
>
> Cicero

# Alter bei den Germanen

Bei unseren Vorfahren stoßen wir auf deutliche Anzeichen eines beginnenden Generationenkampfes. Der Wert des Menschen sinkt mit seinem Alter. Gleichzeitig mit der Wertschätzung kriegerischer Tugenden in den Auseinandersetzungen und Kriegen mit den Römern, erfolgt eine Entwertung der Alten, die nicht mehr zum Kampf fähig waren. Der Tod als Krieger und Held gilt als ehrenvoll; der Tod durch Altersschwäche eher als schändlich.
Diese Haltung gegenüber den Alten verändert sich im Zuge der Christianisierung. Einerseits sehen sich die Jungen durch das Gebot der Nächstenliebe verpflichtet, auch für die Alten und Schwachen zu sorgen. Andererseits aber wird das Ideal der Jugend, vor allem des tatkräftigen Mannes, noch theologisch untermauert. So tritt im frühen Mittelalter zunehmend die Verehrung des *Sohn*-Gottes – Jesus Christus – in den Mittelpunkt, und nicht mehr wie früher des *Vater*-Gottes.

Man könnte etwas salopp sagen, es kam zu einem theologischen Generationenwandel vom »alten Gott« zum »jungen Gott«: Wo der Sohn Gottes stärker als der Vater-Gott verehrt wird, gerät auch der menschliche Sohn in eine höhere Wertschätzung als der menschliche Vater.

# Vom Mittelalter zur Neuzeit

Verallgemeinernd kann man sagen, daß in weit höherem Maße als in Griechenland und Rom die Lebensqualität der Alten von ihrer Standeszugehörigkeit, dem Vermögen und der Macht abhing. In den unteren Schichten der Bauern, Knechte, Mägde, Handwerker und Bürger waren die Alten bei nachlassenden Kräften oft hilflos dem Hunger ausgesetzt. Wenn sie Glück hatten, fanden sie Hilfe bei Bruderschaften oder in den wenigen Spitälern.
Gegensätze des Alters werden deutlich in zwei Bildern jener Zeit, dem Bild des »weisen Alten« aus der Oberschicht und dem »Elendsgreis« aus der Bauernschicht. Der eine weise und angesehen, wie er in den Sagen und Märchen aus dieser Zeit auftritt, der andere abgearbeitet und mager wie ein Skelett – ein Bild des Elends.
So werden die Alten des Mittelalters meist als bemitleidenswerte oder gar lächerliche Gestalten dargestellt. Nur eine kleine Oberschicht erfreute sich eines guten Lebens. Vor allem in den Städten bildete sich unter den Angehörigen der unteren Schichten, zumal den Witwen, eine Altersarmut heraus.
So schreibt der Nürnberger Handwerker und Dichter Hans Sachs 1576:

> »Welches war das elendste Tier auf der ganzen Erde?« –
> »Das ist ein armer alter Mann, der all seines freien Mutes
> beraubt ist, überfallen durch lange Zeiten mit einer Anzahl von
> Gebrechlichkeit.«

In besonderer Weise traf das Altwerden noch einmal die Frauen. Hexe und Altsein – »alte Hexe« – wurden nahezu synonym. Albrecht Dürers Kohlezeichnung seiner alten Mutter von 1514 zeigt uns eine Frau mit von Furchen zerrissener Stirn und gesträubten Brauen, die auf ein von Arbeit, Ängsten und Mühen reich gefülltes Leben zurückblickt und vor sich auf den Tod schaut. Dürer selbst schreibt zu diesem Bild: »Das ist Albrecht Dürers Mutter. Dy was 63 Jahr und ist verschieden im 1514 Jahr am Erchtag vor der Kreuzwochen um zei gen Nacht ... Diese meine frumme Mutter hat 18 Kinder tragen und erzogen, hat oft die Pestilenz gehabt, viel andrer schwerer und merklicher Krankheit, hat große Armut gelitten, Verspottung, Verachtung, höhnische Wort, Schrecken und große Widerwärtigkeit, noch ist sie nie rochselig gewest ... Und in ihrem Tod sach sie viel lieblicher, dann do sie noch das Leben hätt.«

Das Menschenbild des Mittelalters war geprägt von einem bestimmten Bild des Lebens. Man verglich den Menschen mit einer Pflanze, der ebenso wie diese alle Wachstumsphasen durchläuft. In einem Volksspruch wird dies auf die Formel gebracht:

10 Jahre: ein Kind
20 Jahre: Witz und Sinn
30 Jahre: ein erwachsener Mann
40 Jahre: Wohlgetan
50 Jahre: Stille stahn
60 Jahre: ein weiser Mann
70 Jahre: wieder abgetan
80 Jahre: an Krücken gehang
90 Jahre: der Kinderspott
100 Jahre: Gnade dir Gott

Wenn hier der Lebenslauf des Mannes geschildert wird, so ist dies ein deutlicher Hinweis darauf, daß das Leben der Frau im Alter noch weniger geschätzt wurde. Während alte Männer trotz aller Bosheit noch relativ würdevoll dargestellt und geschildert werden, wird bei den Frauen die körperliche Gebrechlichkeit in den Vordergrund gerückt. Auf den Bildern der Zeit sitzt die Greisin oft in einem Krankenstuhl und unübersehbar steht der Nachttopf davor. Die 90jährige wird lächerlich gemacht, wenn sie angeblich nur von Wollust schwärme und vom Geld der reichen jungen Männer träume. In einem Kalender aus dem Jahre 1614 steht voll Zynismus über die 100jährige:

»Hundert Jahr, soll sie gern sterben, auf daß sich freuen all ihre Erben.«

Bis in die jüngere Zeit ist dieses Bild der trotteligen Alten erhalten geblieben, etwa in dem Volkslied:

> »Hab mein Wagen vollgeladen
> voll mit alten Weibsen.
> Als wir in die Stadt nein kamen,
> fingen sie an zu keifen.
> Drum lad ich all mein Lebetage
> nie alte Weibsen auf mein Wagen.«

# Alter in der bürgerlichen Gesellschaft des 19. Jahrhunderts

Mit der Industrialisierung im 19. Jahrhundert begann ein neues Kapitel in der Geschichte des Alters. Zu Beginn führte die Härte der Arbeit in den Fabriken und die hohe Bevölkerungszunahme in den Städten zu einer Verelendung im Alter. Die Mehrpersonen- und Generationenhaushalte wurden ebenso wie die alten Verwandtschaftsbeziehungen aufgelöst. Gerade alte Menschen, soweit man überhaupt ein höheres Lebensalter erreichte, waren oft verlassen und mittellos. So kam es zu ersten staatlichen Altersfürsorgen mit einzelnen Pensionssystemen für Witwen und Invaliden, die die Alterssituation ein wenig milderten. Jedoch blieben Altersvereinsamung und Alterselend das Kennzeichen des industriellen Fortschritts. Dabei muß allerdings berücksichtigt werden, daß im 19. Jahrhundert der Anteil der über 60jährigen an der Gesamtbevölkerung nur 5% betrug und die durchschnittliche Lebenserwartung bei 46 Jahren lag. Von daher wurde die Altersfrage kein öffentliches Problem.

**Kapitel 3**

# »Alt wie Methusalem«

## Biblisches Alter

Wenn wir von »biblischem Alter« sprechen, meinen wir ein sehr hohes Alter – wie es die Erzväter und Patriarchen in der Bibel erreicht haben sollen. Offensichtlich wurden diese uralt: Adam zeugte mit 130 Jahren einen Sohn und wurde 930 Jahre alt (Genesis 5,3). Seth, sein Sohn, erreichte 912 Jahre, Enosch lebte 905 Jahre, Kenan wurde 910 Jahre und Methusalem sogar 967 Jahre. »Alt wie Methusalem« ist geradezu zu einem Sprichwort geworden.

Die Menschen schienen fast ewig zu leben. Erst nach der Sintflut, so heißt es in der Bibel, lebten die Menschen nicht mehr so lange – als Strafe Gottes?

Nun können wir diese Zahlen nicht als reale Zeitangaben ansehen. Dahinter steht vielmehr die Wunschvorstellung zur Zeit des Alten Testamentes, ein möglichst langes und erfülltes Leben zu haben. Die realistische Lebenszeit ist wohl eher in Psalm 90,10 zum Ausdruck gebracht, wenn es dort heißt:

> Unser Leben währt siebzig Jahre,
> und wenn es hoch kommt, sind es achtzig.
> Das Beste daran ist nur Mühsal und Beschwer,
> rasch geht es vorbei, wir fliegen dahin.

# Alter im Alten Testament

Das Alter im Alten Testament ist nicht mehr geprägt vom Ahnenkult der alten Religionen Asiens oder Afrikas. Die Alten werden nicht deshalb wertgeschätzt, weil sie eine besondere Nähe zu den Toten und damit auch zum Göttlichen haben und gleichsam göttliche Verehrung genießen. Vielmehr ist das Alter eine Gabe Gottes. Doch wird das Altwerden durchaus realistisch gesehen, geprägt von Krankheiten und Schwächen. So erzählt die Bibel vom alten Isaak, der seinen Tod nahen fühlt, daß »seine Augen erloschen waren« (Genesis 27,1). Von Mose, der 120 Jahre alt war und nicht mehr in den Kampf ziehen kann (Deuteronomium 31,2). David, »alt und hoch betagt« (1 Könige 1,1), ist nicht mehr in der Lage, die Nachfolge selbst zu regeln. Das Alter kennt eben auch böse und freudlose Tage, wo der Schritt zu wanken und die Stimme zu zittern beginnt, wo der Mensch keinen Geschmack mehr finden kann »an dem, was er ißt und trinkt« (2 Samuel 19,36).

Dennoch hängt der Israelit an seinem Leben. Ein erfülltes Leben – wie Abraham – möchte man erreichen:

> 175 Jahre wurde Abraham alt, dann verschied er.
> Er starb in hohem Alter, betagt und lebenssatt.
>
> (Genesis 25,7)
>
> Der Herr hatte ihn mit allem gesegnet.
>
> (Genesis 24,1)

Das Leben ist eine Gabe Gottes. Gott sichert dem Leben Dauer. Seinem Willen, dem göttlichen Willen, ist zu folgen. Wer Gott gehorcht und nach seinem Willen lebt, der wird leben. »Sucht mich, dann werdet ihr leben«, sagt der Prophet Amos (Amos 5,4), und Mose verkündet feierlich: »Achte auf seine Gesetze und seine Gebote, auf die ich dich heute verpflichte ... damit ... du lange lebst in dem Land, daß der Herr, dein Gott, dir gibt« (Deuteronomium 4,40).

Im Buch der Sprüche heißt es: »Achte auf meine Gebote, damit du am Leben bleibst« (7,2) oder »Mein Sohn, bewahre meine Gebote in deinem Herzen! Denn sie vermehren die Tage und Jahre deines Lebens und bringen dir Wohlergehen« (3,1).

Ein anschauliches Bild des Alterns finden wir im Buch der Prediger. In bildreicher Sprache wird hier das Altern des Menschen beschrieben (siehe Seite 60).

Denk an deinen Schöpfer in deiner Jugend,
ehe die bösen Tage kommen und die Jahre sich nahen,
da du wirst sagen:
»Sie gefallen mir nicht«;
ehe die Sonne und das Licht,
Mond und Sterne finster werden
und Wolken wiederkommen nach dem Regen, –
zur Zeit, wenn die Hüter des Hauses zittern [= Hände]
und die Starken sich krümmen [= Beine]
und müßig stehen die Müllerinnen,
weil es so wenige geworden sind [= Zähne],
und wenn finster werden,
die durch die Fenster sehen [= Augen],
und wenn die Türen an der Gasse sich schließen
[= Isolation],
daß die Stimme der Mühle leiser wird [= Verlust der Kraft, der Arbeit]
wenn man erwacht vom Vogelsang [= Schlaflosigkeit]
und alle Töchter des Gesangs sich neigen [= Gehör];
wenn man vor Höhen sich fürchtet
und sich ängstigt auf dem Wege [= Furcht],
wenn der Mandelbaum blüht [= weißes Haar]
und die Heuschrecke sich belädt [= schwerfälliger Gang]
und das Verlangen sich nicht mehr regt [= Impotenz];
denn der Mensch fährt dahin, wo er ewig bleibt,
und die Klageleute gehen umher auf der Gasse [= Tod].

*Prediger 12,1-5*

Hier zeigt sich eine realistische Sicht des Alters. Der Mensch ersehnt zwar, alt zu werden, weiß aber sehr wohl um die Lasten und Belastungen des Alters. Er will den Schwierigkeiten des Alters nicht entgehen, er bittet vielmehr um Gottes bleibende Gegenwart auch in Zeiten des Alters.

> »Verwirf mich nicht in meinem Alter, verlaß mich nicht, wenn ich schwach werde. Auch im Alter, Gott, verlaß mich nicht, und wenn ich grau werde«.
> (Psalm 71,9.18)

Die Menschen in der Bibel lieben das Leben. Sie betrachten es aber immer auch als eine Gabe Gottes. Trotz aller Härten und Beschwernisse wird das Alter als etwas Gutes betrachtet. Es ist gut, weil es Teil des von Gott geschaffenen Lebens ist. Es ist gut, weil Gott auch hier gegenwärtig ist. Deshalb auch die Aufforderung im Psalm:

> »Lehre uns bedenken, daß wir sterben müssen, lehre uns unsere Tage zählen, auf daß wir klug werden«.
> (Psalm 90,10.12)

Die Tage unseres Lebens sollten wir nicht einfach verstreichen lassen. Jeder einzelne Tag ist zu zählen und bewußt wahrzunehmen; kein Tag sollte versäumt werden. Jeder Tag ist ein Geschenk Gottes. Je älter ein Mensch ist, um so mehr hat er sich im Glauben an Gott und im Leben nach seinem Willen bewährt. Das Leben der Alten ist Zeichen der Gegenwart Gottes.
Ihre Aufgabe ist es, den Segen Gottes, die Weisheit, den Willen und die Gebote Gottes an die junge Generation weiterzugeben. Als Zeugen des Weges mit Gott, als maß-geblliche Menschen, sind sie Wegweiser für die Jugend in die Zukunft.

# Ehre deine Mutter und deinen Vater

»Ehre deinen Vater und deine Mutter, damit du lange lebst in dem Land, daß dein Herr, dein Gott, dir gibt« (Exodus 20,12). Und in einer anderen Formulierung des Alten Testamentes heißt es: »Jeder von euch soll Mutter und Vater fürchten« (Leviticus 19,3).
Fürchten bedeutet hier »ehrfürchten«, achten. Auffallend ist, daß die Mutter vor dem Vater genannt wird. Vielleicht deshalb, weil die Mutter, etwa als Witwe, in der damaligen Gesellschaft stärker bedroht und gefährdet war als der Vater.
Das vierte Gebot ist kein Gehorsamsgebot für Kinder gegenüber den Eltern, sondern eben ein *Ehrgebot*. Es richtet sich vor allem an das Familienoberhaupt und gehört zu den erstrangigen nach den drei »göttlichen« Geboten. Es hat eine große Bedeutung für das menschliche Zusammenleben. Wo Menschen in der Gesellschaft nur einen Platz haben, wenn sie mächtig sind, sich ihre Stellung selbst erkämpft haben und sich behaupten können, da sind die Machtverhältnisse das Bestimmende. Der Stärkste hat den ersten Platz, der Schwache den letzten, unabhängig von seinem menschlichen Wert. Die Ehrung der älteren Menschen aber bedeutet eben die Anerkennung ihrer Würde, die sich nicht aus ihrer eigenen Leistung und Machtstellung ergibt. Die Grundlage solcher Stellung ist vielmehr die Wertschätzung jedes Menschen als Ebenbild Gottes. Gerade das hohe Alter ist eine Offenbarung der Güte Gottes. Den Alten schuldet man Dankbarkeit, weil sie das Leben Gottes weitergegeben haben. Ehren und achten bedeutet hier, den Alten das Geschuldete geben und ihnen den gebührenden Platz inmitten der Gemeinschaft einzuräumen. Diese Grundeinstellung läßt ein menschliches, anerkennendes und achtendes Miteinander entstehen.
Offensichtlich aber war ein solches Gebot schon im alten Israel notwendig, weil es damals bereits unmenschliches Verhalten gegenüber alten Menschen gab. So kam es vor, daß ein Sohn seinen Vater oder seine Mutter schlug oder schmähte (vgl. Deuteronomium 27,16). Hier gilt die Warnung, wer den Vater mißhandelt oder die Mutter wegjagt, ist ein »verkommener, schändlicher Sohn« (Sprüche 19,26).

Im Alten Testament ist die Sehnsucht der Menschen nach einem möglichst langen und glücklichen Alter in Gesundheit und Zufriedenheit unüberhörbar. Jedoch erkennen und spüren auch die Menschen dieser Zeit bereits die Belastungen und Gebrechen des Alters. Dies führt damals schon zur zweifelnden Frage, ob Gott sie denn nun im Alter verlassen habe? Ob sie etwas falsch gemacht hätten in ihrem Leben und deshalb von Gott mit Krankheit und frühem Tod bestraft würden? Fragen, die uns bis heute bedrängen. Warum wird dieser so alt und stirbt jene so jung? Warum leben die guten Menschen nicht länger als die bösen? Kann das der Wille Gottes sein?

> »Ein ehrenvolles Alter besteht nicht in einem langen Leben und wird nicht an der Zahl der Jahre gemessen. Früh vollendet, hat der Gerechte doch ein volles Leben gehabt.«
> (Weisheit 4,8.13)

Als Menschen vermögen wir nicht, Gott zu durchschauen. Wir können dankbar annehmen, wenn er uns ein langes Leben schenkt. Wir dürfen aber auch ehrlich fragen und klagen, wenn das Leben im Alter beschwerlich wird. Hier bleibt oft nur das klagende und fragende Gebet: Warum mein Gott?
Es fällt auf, daß die Geschichte Gottes mit seinem Volk im Alten Testament mit einem alten, kinderlosen Ehepaar beginnt: *Abraham und Sarah* (vgl. Genesis 12ff.). Menschlich gesehen ohne Hoffnung, noch Nachkommen zu haben. Sie erwarten nichts mehr von der Zukunft, können das von Gott geschenkte Leben nicht weitergeben. So gehen sie dem Tod entgegen. Da kreuzt eine Verheißung von Leben ihren Weg (Genesis 16,7ff.). Gott in der Gestalt eines Engels kündigt Sarah an, daß sie einen Sohn gebären wird. Und so erfahren sie Gott, der ihnen trotz ihres hohen Alters noch neue Lebenshoffnung in einem Kind schenkt.

# Alter im Neuen Testament

Die Altersstruktur in der Gesellschaft Israels zur Zeit Jesu kennen wir nicht sehr genau. Die durchschnittliche Lebenserwartung wird nicht allzu hoch gelegen haben. Offensichtlich gab es nur wenige alte Menschen und Greise. Über das Alter und seine Wertschätzung wird im Neuen Testament nicht ausdrücklich gesprochen, noch weniger als im Alten Testament. Vielleicht aber wird am Beispiel des Lebens und des Verhaltens einiger alter Menschen, die uns im Neuen Testament begegnen, etwas von jenem Gott deutlich, der sich schon im Alten Testament als ein Freund des Lebens gezeigt hat.

Im Neuen Testament begegnet uns ein Ehepaar: *Elisabeth und Zacharias* (Lukas 1,5-2,52). Auch sie alt und kinderlos, obwohl sie beide so lebten, wie es in den Augen Gottes recht ist (1,6). Da werden sie von einer Gottesbegegnung überrascht. Gott trifft, in der Gestalt eines Engels, den alten Zacharias: »Deine Frau Elisabeth wird dir einen Sohn gebären, dem sollst du den Namen Johannes geben« (1,13). Zacharias kann es kaum glauben. Ihm verschlägt es buchstäblich die Sprache, er verstummt. Auch Elisabeth und Zacharias erfahren den Gott, der das Leben will. Die Zunge von Zacharias löst sich erst im Jubel über diesen Gott des Lebens wieder.

Und schließlich begegnet uns in der Bibel ein weiteres altes Paar: *Hanna und Simeon* (Lukas 2,21-40). Fromm sind sie und gerecht. Von Hanna heißt es, sie sei eine Prophetin gewesen. In jungen Jahren verheiratet, nun aber Witwe und schon 84 Jahre alt. Sie hält sich ständig im Tempel auf und dient Gott Tag und Nacht mit Fasten. Simeon, ebenso gerecht und fromm, wird zur gleichen Zeit in den Tempel geführt, als Maria das Kind Jesus in den Tempel bringt, um es dem Herrn zu weihen, »gemäß dem Gesetz«. Simeon und Hanna erfahren die Erfüllung ihres Lebens. Zwei alte Menschen haben die »Lebensfülle« Jesu als erste erkannt. Und Simeon bringt seinen Glauben öffentlich zur Sprache mit einem Lied (vgl. Seite 65).

Ich denke an die vergangenen Tage,
sinne nach über alle deine Taten,
erwäge das Werk deiner Hände.

Ich breite die Hände aus
und bete zu dir;
meine Seele dürstet nach dir
wie lechzendes Land.

Herr, erhöre mich bald,
denn mein Geist wird müde;
verbirg dein Antlitz nicht vor mir,
damit ich nicht werde wie Menschen,
die längst begraben sind.

Laß mich deine Huld erfahren
am frühen Morgen;
denn ich vertraue auf dich.
Zeig mir den Weg, den ich gehen soll;
denn ich erhebe meine Seele zu dir.

Psalm 143,5-9

»Nun läßt du, Herr, deinen Knecht,
wie du gesagt hast, in Frieden scheiden.
Denn meine Augen haben das Heil gesehen,
das du vor allen Völkern bereitet hast,
ein Licht, das die Heiden erleuchtet,
und Herrlichkeit für dein Volk Israel.«

(Lukas 2,29-32)

Offensichtlich sind alte Menschen in besonderer Weise empfänglich für die Erfahrung jenes lebenschaffenden Gottes. Sie sind seine ersten Boten und Zeugen.

Im Neuen Testament jedoch sind Älterwerden und Alter nicht mehr ein Verdienst oder gar eine Belohnung dafür, das Gesetz und den Willen Gottes genau erfüllt zu haben. Alter ist vielmehr ein freies Geschenk Gottes, in dem Menschen neue Hoffnung schöpfen können für sich, für ihr Leben und für die Zukunft. Auch wenn alle Realität dagegen spricht, daß es noch eine Zukunft gibt, weil man hinfällig, krank und müde geworden ist: Gott kann neue Lebenshoffnung schenken – wenn auch nur für einen Augenblick.

# Alte Witwen

Den verwitweten älteren Frauen wird in der Spur des Alten Testamentes auch im Neuen Testament eine besondere Aufmerksamkeit zuteil. Nach damals geltendem Gesetz ist die Frau dem Mann nicht ebenbürtig. Frauen können nicht als Zeugen auftreten; sie dürfen nicht im Gottesdienst mitwirken. Oft werden sie im Haus abgesondert, wenn männlicher Besuch kommt. Manch frommer Jude dankt im täglichen Gebet Gott dafür, daß er ihn nicht als Frau erschaffen hat. Anders dagegen Jesus: Er spricht mit Frauen, führt Lehrgespräche mit ihnen, läßt sich selbst mit »unreinen Frauen« ein. Auf dem Hintergrund dieser neuen Einstellung gegenüber Frauen ist auch die besondere Aufmerksamkeit gegenüber den doppelt benachteiligten älteren Witwen zu verstehen. Sie waren weitgehend rechtlos, ohne

Schutz des Mannes und oft verarmt. So wird in den ersten Gemeinden sehr bald ein besonderes Amt eingerichtet: das *Witwenamt*.

»Als Witwe soll eine solche ins Verzeichnis eingetragen werden, die nicht weniger als 60 Jahre alt geworden ist« (Timotheus 5,9). Die Witwe ist nach diesem Zeugnis das erste besoldete Amt in der Gemeinde. Neben dem Gebet und der Fürbitte waren Hausbesuche bei alten Menschen ihre wichtigsten Aufgaben.

> »Die wirkliche Witwe und Vereinsamte
> hat ihre Hoffnung auf Gott gesetzt
> und verharrt in Bitten und Gebeten Tag und Nacht«.
>
> (1 Timotheus 5,5)

Was von den Witwen erwartet wird, gilt mehr oder weniger für jeden altgewordenen Christen. Er ist demnach in der Kirche nicht ohne Aufgabe, sondern er hat ein Amt, dessen Ausübung wichtiger ist als manche nach außen hervortretende Aktivität: das Gebet. Dieser Glaube und diese Hoffnung gaben den Älteren immer wieder die Kraft, durchzuhalten bis zum Ende, das doch ein Anfang ist:

> »Jünglinge werden müde und matt,
> Jungmannen straucheln und fallen, doch die auf Jahwe hoffen,
> erhalten stets neue Kraft,
> es wachsen ihnen Flügel wie dem Adler:
> Sie laufen und werden nicht müde,
> sie gehen und werden nicht matt«.
>
> (Jesaja 40,30f; vgl. Psalm 103,5; Ijob 33,25)

**Kapitel 4**

# Dem Sinn auf der Spur

## Glaubend älter werden

## Lieba Jott,
## bei Dir war't schön

Manchmal sitz ick janz allene
inne Kirche vor'n Altar
und denn denk ick, ob mein Leben
übahaupt wat Jutet war? –
Ick bin siebzich, kann noch loofen,
kann noch kieken, kann ma koofen,
wat ma irjendwie jefällt –
mir jeht's jut uff diese Welt!
Wie ick neulich da so sitze
uff de harte Kirchenbank,
muß ick an die andan denken,
die janz arm sind und ooch krank,
die janz einsam sind und weenen;
denn für die, da jibt's kaum eenen,
der se mal an't Herze drückt
oder mit een Wort bejlückt.
Lieba Jott, ick weeß, jetz frachste,
ob ick det nich ändan kann.
Hör ick richtich, Du, wat sachste?
Ick wär doch der richtje Mann,
der trotz siebzich manch
een'n Armen
könnte doch durch Dein Erbarmen
noch een bißken Glück bescher'n,
det se nicht noch mehr entbehr'n ...?

> Du kiekst runta von Dein Kreuze
> mitten in mein Herze rin,
> weil De weeßt, det ick noch imma
> so een bißken gläubich bin.
> Und nu willste, det ick jehe
> und nach alte Leute sehe
> und se helfe, froh zu sein –
> nich nur durch Dein Wort allein –,
> nee, ooch Taten willste sehen,
> jedenfalls, det denk ick mir,
> wird schon noch durch mir
> jeschehen,
> wenn't nich jeht, dann saar ick's Dir.
> Liebe Jott, jetz jeh ick wieda,
> untaweechs, da sing ick Lieda,
> det De weeßt, bei Dir war't schön,
> so mach's jut –
> uff Wiedasehn!

*Ein Gedicht in Berliner Mundart*

Der Glaube ist immer geprägt von der eigenen Lebensgeschichte und der Herkunft, der Kindheit und Jugend, dem Ehepartner und der Familie, von Menschen, die mir etwas bedeutet haben und noch bedeuten, von den Ereignissen in Gesellschaft und Kirche. Manche erinnern sich noch gut, wie sie in der Schule oder im Konfirmandenunterricht das Sonntagsevangelium, den Katechismus oder die Psalmen auswendig lernen mußten.

# Unsere Glaubensgeschichte und die Geschichte unserer Welt

## Vieles war selbstverständlich

Das Gebet am Morgen und Abend, vor und nach dem Essen war in vielen Familien eine gute Tradition. Es gab eine klare Ordnung in Elternhaus, Kirche und Schule. Katholische Christen hielten sich an die Kirchengebote: das Sonntagsgebot, das Freitagsgebot, die Fastenzeit, das Nüchternheitsgebot vor dem Empfang der Kommunion. Evangelische Christen kannten den strengen und oft langen Katechumenen- und Konfirmandenunterricht, Bibel- und Hauskreise, Predigt und Abendmahlsgottesdienste.
All dies war meist selbstverständlich und wurde auch widerspruchslos übernommen, selbst wenn es nicht immer leichtfiel.

## Nationalsozialismus und Krieg

Dann kamen die Zeit des Nationalsozialismus und der Krieg. Zunächst betraf dies zwar nicht unmittelbar den eigenen Glauben. Bald aber mußte man sich zunehmend rechtfertigen, wenn man katholisch oder evangelisch war und in der Kirche mittat. Der Ehemann und Vater war im Krieg, und als Frau und Mutter stand man alleine, oft mit mehreren Kindern. Und dann die Zerstörung, die Evakuierung, die Vertreibung – manchmal fand man nur noch in der Kirche Halt.

## Von vorne anfangen

Nach dem Krieg war die Kirche oft die einzige Organisation, die noch intakt war. Mitten in den Trümmern hatten viele das Beten wieder gelernt. Es hatte die Menschen schon in den Luftschutzkellern und in den Schützengräben zusammengeschweißt, Katholiken und Protestanten ohne Unterschied.
Und die Gottesdienste waren gut besucht. Das »1000jährige Reich« war vorbei, und viele fanden einen neuen Zugang zu Glaube und Kirche. Mit dem Wohlstand aber ließ die Bindung zur Kirche nach. Auch die Solidarität untereinander schwand.
Zunehmend kümmerte sich jeder nur noch um sich selbst. Die Politik, das Radio und später das Fernsehen, die Entwicklung der Wirtschaft, die Sorge um eine gute Ausbildung der Kinder beeinflußten zunehmend das eigene Leben und das der Familien. Auch in der Kirche ging es nicht mehr fraglos weiter. Die ökumenische Zusammenarbeit stagnierte, obwohl durch die zunehmende Zahl konfessionsverbindender Ehen die Notwendigkeit einer Annäherung immer drängender wurde.

## Das Konzil – Papst Johannes XXIII.

Einen unerwarteten Aufbruch brachte in der katholischen Kirche das 2. Vatikanische Konzil. Johannes XXIII., jener einfache, gütige, eher bäuerlich wirkende Papst, kündigte 1962 ein neues Konzil in der Kirche an. Das letzte Konzil lag fast 100 Jahre zurück. Eine große Überraschung und zugleich eine Hoffnung für viele gläubige Christen! Johannes selber war zu dieser Zeit bereits 76 Jahre alt. Es ging ihm nicht um seine Person. Er lebte vielmehr nach dem Motto: »Johannes, nimmt dich nicht so wichtig!« Er wollte für frischen Wind in der Kirche sorgen.
Als ihn ein hoher Prälat im Vatikan fragte, warum um Himmels Willen er ein Konzil ankündigen wolle, ging er zum Fenster und

stieß es auf: »Ecco!« Die Kirche sollte sich der Welt neu öffnen, auch wenn der Sturm der Zeit innerhalb der Kirche Wirbel erzeugen würde. Papst Johannes XXIII. glaubte an das Gute in der Welt, und deshalb wandte er sich gleich zu Beginn des 2. Vatikanischen Konzils gegen alle Unheilspropheten:

In der täglichen Ausübung unseres apostolischen Hirtenamtes geschieht es, daß bisweilen Stimmen solcher Personen unser Ohr betrüben, die zwar von religiösem Eifer brennen, aber nicht genügend Sinn für die Beurteilung der Dinge, noch ein kluges Urteil walten lassen. Sie meinen nämlich, in den heutigen Verhältnissen der menschlichen Gesellschaft nur Untergang und Unheil zu erkennen. Sie reden unabläßlich davon, daß unsere Zeit im Vergleich zur vergangenen dauernd zum Schlechteren abgeglitten sei. Sie benehmen sich so, als hätten sie nichts aus der Geschichte gelernt, die eine Lehrmeisterin des Lebens ist, und als sei in den Zeiten früherer Konzilien, was die christliche Lehre, die Sitte und die Freiheit der Kirche betrifft, alles sauber und recht zugegangen. Wir aber sind völlig anderer Meinung als diese Unglückspropheten, die immer das Unheil voraussagen, als ob die Welt vor dem Untergang stünde.

*Papst Johannes XXIII.*

Bald darauf starb Johannes XXIII. an Krebs. Noch kurz vor seinem Tod tröstete er seinen ärztlichen Freund: »Nun gut. Gottes Wille soll geschehen! Aber seien Sie nicht traurig, weil meine Koffer gepackt sind. Ich bin bereit zu gehen.«
Das Konzil wurde weitergeführt. Sein Nachfolger, Paul VI., beendete es 1965.
Es folgte eine Zeit großer Hoffnung und eines spürbaren Aufbruchs in der katholischen Kirche, aber auch eine Zeit starker Verunsicherung. Manches wurde in Frage gestellt, beispielsweise im Bereich der Sexualität oder auch der Autorität des kirchlichen Amtes. Die Freiheit des Gewissens bekam ein großes Gewicht. Kirchliche Institutionen und Weisungen mußten sich einer heftigen Kritik unterziehen.

Der Frühling der Kirche jedoch blieb eine Hoffnung. Trotz Liturgiereform nahm die Beteiligung am kirchlichen Leben ab. Die Beichtpraxis ließ fast ganz nach. Eine gewisse Resignation kam auf. Manche machten dafür geradezu das Konzil verantwortlich.

Auch in der evangelischen Kirche gab es in dieser Zeit manche ermutigenden Aufbrüche wie auch manche bitteren Enttäuschungen. Ein großes politisches Engagement durch Denkschriften und Mitarbeit in der Friedensbewegung sowie ein innerkirchliches Ringen um Bekenntnis und Schriftauslegung setzten ein. Doch auch hier schien bald eine gewisse Stagnation einzutreten.

Seit der Vereinigung der beiden deutschen Staaten hat sich die Stellung der Kirchen und der Christen in unserer Gesellschaft noch einmal verändert. Glaube ist für viele – und das gilt ebenso für die Schweiz und Österreich – eine Privatangelegenheit geworden. Unsere Gesellschaft ist kaum mehr christlich zu nennen. Wir zählen heute zum Beispiel in Deutschland ungefähr ein Drittel katholischer Christen, ein Drittel evangelischer Christen und ein Drittel Konfessionsloser.

---

**Kirchenaustritte**

Im Jahr 1985 traten in der Bundesrepublik 215.000 Menschen aus der Kirche aus. Für das Jahr 1995 wird für ganz Deutschland mit einer Zahl von ca. 600.000 gerechnet. Trotz derart steigender Kirchenaustritte gehören in den westlichen Bundesländern noch immer 85% der Gesamtbevölkerung einer christlichen Kirche an. In den östlichen Bundesländern sind es dagegen nur 29%. In einigen westdeutschen Großstädten (z.B. Hamburg, Berlin) ist aber die Zahl der Kirchenmitglieder auf einen Stand von ca. 50% und darunter gesunken. Und in manchen Bezirken ostdeutscher Städte (z.B. Leipzig, Rostock) liegt die Zahl der Kirchenmitglieder sogar bei nur 5%.

---

*Es heißt, nun gehe es bergab – aber das stimmt nicht.*
*Wir bewegen uns bergauf,*
*und deshalb fällt das Laufen auch so schwer!*

# Der Glaube
# der älteren Menschen

Es hat den Anschein, als sei der Glaube für ältere Menschen erprobt und unerschütterlich. Doch viele sehen sich in ihrem Glauben durchaus angefochten: Was gilt noch? Ist das noch der Glaube, mit dem wir aufgewachsen sind? Manche verstehen Gott und die Welt nicht mehr.

Auch das Alter schützt nicht vor der Glaubenskrise. Wo ist Gott in meinem Leben gewesen? Wo finde ich ihn jetzt angesichts solcher Veränderungen in der Welt?

Der Rückblick auf das eigene Leben und der Ausblick auf eine Zukunft, die nicht immer rosig aussieht, wenn die Gesundheit nachläßt und die Abhängigkeiten größer werden, stellen den Glauben auf eine harte Probe.

Viele ältere Christen fragen sich, was sie denn in der Erziehung ihrer Kinder, die nun erwachsen sind und den Kontakt zur Kirche verloren haben, falsch gemacht haben. Sie leiden unter der religiösen Gleichgültigkeit ihrer Kinder. Oft machen sie sich selbst schwerste Vorwürfe, die ihr Leben zu verdüstern drohen.

Auch im Alter ist man sich seines Glaubens nicht sicher. Wir bleiben unterwegs, solange wir leben, im Hoffen und Zweifeln, in Zuversicht und Enttäuschung, mit Fragen und Antworten.

# Gott in der eigenen Lebensgeschichte entdecken

Wenn wir noch einmal zurückschauen auf das eigene Leben, kann uns manches wieder neu bewußt werden. Sicherlich fühlen sich einzelne gelegentlich von Gott und der Welt verlassen. Aber gab es nicht auch frohe Zeiten und erfüllte Jahre, wo wir die Nähe Gottes geradezu spürten? In manchen Krisen hat es geholfen, sich einfach im Gebet Gott anzuvertrauen. Nicht selten erwiesen sich solche Krisen im nachhinein als eine glückliche Fügung.

»Früher war alles besser« – ist oft von alten Menschen zu hören. Aber sehe ich nicht vieles von »früher« auch verklärt, weil es inzwischen gut bewältigt worden ist? Gott sei Dank erinnern wir uns häufiger der glücklichen Momente in unserem Leben als der leidvollen. Vielleicht kann man es so sagen: Früher war nicht alles besser, aber in einem gewissen Sinn war *ich* früher besser, offener, neugieriger, aufnahmefähiger, erwartungsvoller, leistungsfähiger ... Warum nicht weiter so, wenn es die Kräfte zulassen?

Vielleicht nehmen Sie sich selber einmal die Zeit, Ihre eigene Lebens- und Glaubensgeschichte nachzuvollziehen. Eine Hilfe kann dabei sein, wenn Sie auf einem Blatt Ihr Leben als eine Kurve zeichnen mit den Höhen und Tiefen und dabei Ereignisse als Punkte eintragen, die Sie besonders in Ihrem Leben und Ihrem Glauben beeinflußt haben.

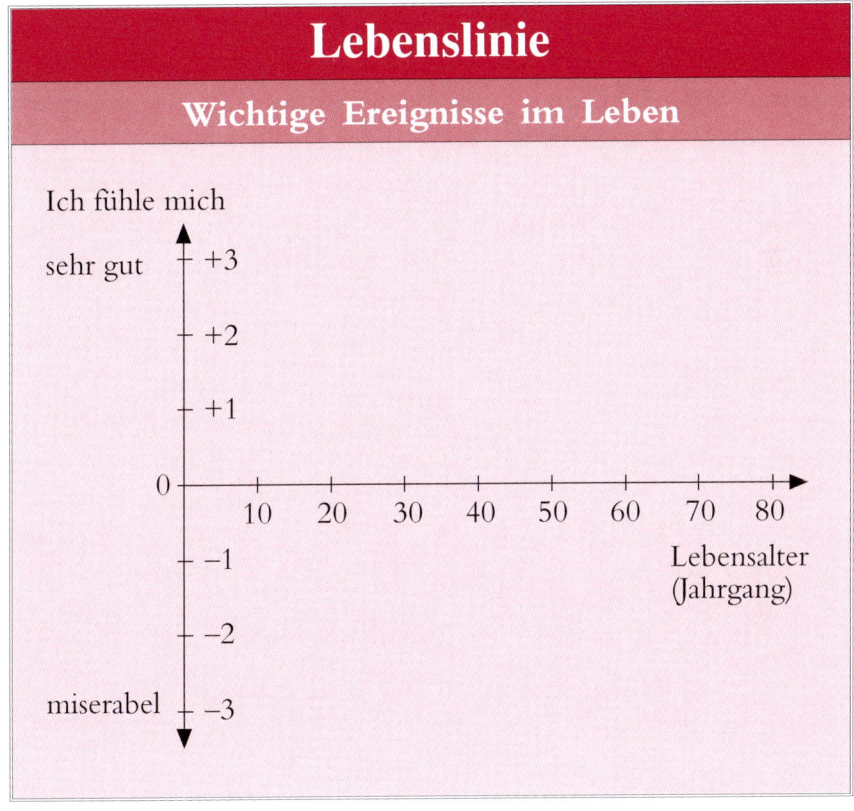

# Rückschau halten

Die Vergangenheit ist nicht einfach fort. Sie ist der Stoff, aus dem unser eigenes Leben ist. Ältere Menschen möchten deshalb gerne erzählen, auch wenn sie Jüngeren damit auf den Nerv gehen. Dennoch sollten sie das Erzählen nicht lassen – untereinander und auch der jüngeren Generation gegenüber. Allerdings sollte es kein moralisierendes Erzählen sein nach dem Motto: Seht, wie wir gelebt und was wir gemacht haben, so solltet auch ihr leben!
Das Erzählen im Alter, das Erzählen des Lebens ist vielmehr ein freilassendes Erzählen, ein absichtsloses Erzählen, bei dem die Vergangenheit gegenwärtig wird, ohne zum Anspruch, zur Last und Belastung zu werden.
Alles Leben lebt von der Erinnerung. So auch der Glaube! Er lebt von der Erinnerung an Leben, Sterben und Auferstehung Christi. Nur weil wir uns daran erinnern dürfen, können wir heute Christinnen und Christen sein. Der Wert einer Gesellschaft hängt davon ab, wie weit wache Erinnerung in ihr gefördert und zugelassen wird. Das gilt für die Geschichte der Welt, eines Volkes wie für die eigene Lebens- und Glaubensgeschichte.

## Dunkle Zeiten

Zum erinnernden Erzählen gehört auch das Dunkle und Belastende in unserem Leben. Manches, was uns betroffen, uns vielleicht im nachhinein reicher gemacht hat: Krankheit, Mißlingen, Verluste ... Mitunter gibt es noch schmerzende Wunden und nicht geheilte Verletzungen. Diese führen oft zu Bitterkeit und Verhärtungen und verdüstern das jetzige Leben.

*Wer gelitten hat*
*wird verstehen können*
*wer verwundet ist*
*wird heilen können*
*wer geführt ist*
*wird weisen können*
*wer getragen ist*
*wird tragen können*

*Martin Gutl*

# Nichts verdrängen

Das Verdrängen gelingt im Alter nicht mehr so leicht, weil wir uns zunehmend mit uns selbst und unserem eigenen Leben beschäftigen müssen. Es geht jetzt darum, auch Unangenehmes zuzulassen und es nicht wie einen Bazillus im Inneren weiterwirken zu lassen. Gerade im Glauben könnten wir auch die dunkle Vergangenheit unseres Lebens annehmen. Ich kann das Schlimme, was mir zugefügt wurde, nicht einfach vergessen, ich kann auch nicht alles verstehen. Bei manchem weine ich noch heute, wenn ich die Menschen vor mir sehe, die mir Verletzungen zugefügt haben: die Eltern, der Partner, Verwandte, Kollegen. Christen können und dürfen das alles im Gebet vor Gott hintragen, klagend, bittend oder auch dankend. Das Gebet kann helfen, besser damit umzugehen.

# Lob des Alters

> Selig seid ihr,
> wenn das Leben euren Blick
> geschärft hat, ohne daß ihr
> mißtrauisch geworden seid.

Selig seid ihr,
wenn ihr den Torheiten der Zeit
die Stirn geboten habt,
ohne daß ihr hart geworden seid.

> Selig seid ihr,
> wenn ihr euren Mund den Klagen
> verschlossen habt, ohne daß
> ihr bitter geworden seid.

Selig seid ihr,
wenn ihr alt zu werden versteht,
ohne daß ihr Menschen von gestern werdet.

> Selig seid ihr,
> wenn ihr eure Enkel lehrt,
> Gott zu lieben, ohne daß ihr
> mit dem Zeigefinger droht.

Selig seid ihr,
wenn ihr eure Söhne liebt,
ohne daß ihr
eure Schwiegertöchter kränkt.

> Selig seid ihr,
> wenn ihr nicht von der Vergangenheit lebt,
> sondern für die Zukunft,
> die Gott euch schenkt:

Freut euch!
Ihr werdet das Himmelreich besitzen.

Gerhard Eberts

## Schatz an Bildern

Der Dichter Hermann Hesse hat Rückschau im Alter gehalten. Er hat dabei Quellen der Kraft, der Geduld und der Freude entdeckt – trotz aller Beschwerden:

Jeder weiß, daß das Greisenalter Beschwerden bringt und daß an seinem Ende der Tod steht. Man muß Jahr um Jahr Opfer bringen und Verzichte leisten. Man muß seinen Sinnen und Kräften mißtrauen lernen. Der Weg, der vor kurzem noch ein kleines Spaziergängchen war, wird lang und mühsam, und eines Tages können wir ihn nicht mehr gehen. Auf die Speise, die wir zeitlebens so gern gegessen haben, müssen wir verzichten. Die körperlichen Freuden und Genüsse werden seltener und müssen immer teurer bezahlt werden. Und dann alle die Gebrechen und Krankheiten, das Schwachwerden der Sinne, das Erlahmen der Organe, die vielen Schmerzen, zumal in den oft so langen und bangen Nächten – alles das ist nicht wegzuleugnen, es ist bittere Wirklichkeit. Aber ärmlich und traurig wäre es, sich einzig diesem Prozeß des Verfalls hinzugeben und nicht zu sehen, daß auch das Greisenalter sein Gutes, seine Vorzüge, seine Trostquellen und Freuden hat. Wenn zwei alte Leute einander treffen, sollten sie nicht bloß von der verfluchten Gicht, von den steifen Gliedern und der Atemnot beim Treppensteigen sprechen, sie sollten nicht bloß ihre Leiden und Ärgernisse austauschen, sondern auch ihre heiteren und tröstlichen Erlebnisse und Erfahrungen. Und deren gibt es viele.

Wenn ich an diese positive und schöne Seite im Leben der Alten erinnere und daran, daß wir Weißhaarigen auch Quellen der Kraft, der Geduld, der Freude kennen, die im Leben der Jungen keine Rolle spielen, dann steht es mir nicht zu, von den Tröstungen der Religion und Kirche zu sprechen. Dies ist die Sache des Priesters. Wohl aber kann ich einige von den Gaben, die das Alter uns schenkt, dankbar mit Namen nennen. Die mir teuerste dieser Gaben ist der Schatz an Bildern, die man nach einem langen Leben im Gedächtnis trägt und denen man sich mit dem Schwinden der Aktivität mit ganz anderer Teilnahme zuwendet als jemals zuvor.

Menschengestalten und Menschengesichter, die seit sechzig und siebzig Jahren nicht mehr auf der Erde sind, leben in uns weiter, gehören uns, leisten uns Gesellschaft, blicken uns aus lebenden Augen an. Häuser, Gärten, Städte, die inzwischen verschwunden sind, sehen wir unversehrt wie einst, und ferne Gebirge und Meeresküsten, die wir vor Jahrzehnten auf Reisen gesehen, finden wir frisch und farbig in unserem Bilderbuche wieder. Das Schauen, das Betrachten, die Kontemplation wird immer mehr zu einer Gewohnheit und Übung, und unmerklich durchdringen die Stimmung und Haltung des Betrachtenden unser ganzes Verhalten. Von Wünschen, Träumen, Begierden, Leidenschaften gejagt, sind wir, wie die Mehrzahl der Menschen, durch die Jahre und Jahrzehnte unseres Lebens gestürmt, ungeduldig, gespannt, erwartungsvoll, von Erfüllungen und Enttäuschungen heftig erregt – und heute, im großen Bilderbuch unseres Lebens behutsam blätternd, wundern wir uns darüber, wie schön und gut es sein kann, jener Hast und Hetze entronnen und in die vita contemplativa gelangt zu sein. Hier, in diesem Garten der Greise, blühen manche Blumen, an deren Pflege wir früher kaum gedacht haben. Da blüht die Blume der Geduld, ein edles Kraut, wir werden gelassener, nachsichtiger, und je geringer unser Verlangen nach Eingriff und Tat wird, desto größer wird unsere Fähigkeit, dem Leben der Natur und dem Leben der Mitmenschen zuzuschauen und zuzuhören, es ohne Kritik und mit immer neuem Erstaunen über seine Mannigfaltigkeit an uns vorüberziehen zu lassen, manchmal mit Teilnahme und stillem Bedauern, manchmal mit Lachen, mit heller Freude, mit Humor …

Wenn die ganz jungen Leute mit der Überlegenheit ihrer Kraft und ihrer Ahnungslosigkeit hinter uns her lachen und unsern beschwerlichen Gang, unsere paar weißen Haare und unsere sehnigen Hälse komisch finden, dann ergötzen wir uns daran, wie wir einst, im Besitze der gleichen Kraft und Ahnungslosigkeit, ebenfalls gelächelt haben, und kommen uns nicht unterlegen und besiegt vor, sondern freuen uns darüber, daß wir dieser Lebensphase entwachsen und ein klein wenig klüger und duldsamer geworden sind. ∎

Warum sollten die Alten nicht mehr beten, als sie es während des früheren Lebens getan haben? Es ist dumm und gemein, jedwede Altersfrömmigkeit bei andern oder bei sich selbst verdächtigen und entlarven zu wollen als feiges Zu-Kreuz-Kriechen eines schwach gewordenen Menschen, der jetzt schnell noch »fromm« werden will. Solche letztlich verlogenen und feigen Gestalten der Altersfrömmigkeit gibt es gewiß auch. Aber eben nicht nur. Warum dürfte man im Alter nicht noch reifer, weiser und darum eben auch frömmer werden dürfen? Warum müßte ein Mensch auf jener früheren religiösen Entwicklungsstufe, die vielleicht sehr infantil geblieben ist, stehenbleiben? Bloß damit man sich nicht eingestehen müsse, noch dazugelernt zu haben und manches desavouieren zu müssen, was man früher für richtig gehalten hat? Der Umstand, daß man vielleicht vieles, was man früher getan hat und jetzt kritisch betrachten muß, äußerlich nicht mehr ändern kann, ist noch kein Grund, auf seinem alten Standpunkt zu beharren, da auch dieses, was von uns nicht mehr geändert werden kann, von der unbegreiflichen Güte und Macht Gottes immer noch verwandelt werden kann. Im Alter soll man ruhig den Mut haben, frömmer zu werden. ■

*Karl Rahner*


# Und wenn ich mich schuldig weiß?

Altwerden heißt dabei auch, die dunklen Seiten des eigenen Handelns zu sehen, das, was ich selbst falsch gemacht habe, wo ich selbst andere verletzt habe, wo ich selbst schuldig geworden bin. Auch darin trägt mich mein Glaube. Ich darf wissen, daß Gott mich gerade dort liebt, wo ich versagt habe. Denn Gott ist ein Gott der Sünder, der Schuldigen. Er ist ein fehlerfreundlicher Gott.

Das Pferd macht den Mist in dem Stall, und obgleich der Mist Unsauberkeit und üblen Geruch an sich hat, so zieht doch dasselbe Pferd denselben Mist mit großer Mühe auf das Feld; und daraus wachsen der edle schöne Weizen und der edle süße Wein, die niemals so wüchsen, wäre der Mist nicht da. Nun, dein Mist, das sind deine eigenen Mängel, die du nicht beseitigen, nicht überwinden noch ablegen kannst, die trage mit Mühe und Fleiß auf den Acker des liebreichen Willens Gottes in rechter Gelassenheit deiner selbst. Streue deinen Mist auf dieses edle Feld, daraus sprießt ohne allen Zweifel in demütiger Gelassenheit edle, wonnigliche Frucht auf. ■

Johannes Tauler

# Perspektivenwechsel

Es ist wie beim Spielbrett des Dame-Spiels. Man kann die weiße Fläche sehen und auf ihr schwarze Felder, man kann eine schwarze Fläche sehen und auf ihr weiße Felder. Es kommt auf die Sichtweise an, ob ich den Grund meines Lebens für hell und licht halte oder für dunkel und schwarz.

Zum Alter gehört offensichtlich eine gewisse Form der Resignation, die den notwendigen Abschied von Menschen und Dingen, die wichtig waren, überhaupt erst ermöglicht. Für den glaubenden Menschen hat diese Resignation allerdings noch eine andere Seite: Weil du glaubst, darfst du auch gelassen Abschied nehmen von all denen, die bisher mit dir gezogen sind und von all dem, was dein Leben erfüllte. Du darfst es auch zulassen, daß dein Lebensweg von der Straße der weiterlaufenden Geschichte abbiegt oder sich gar in das finstere Licht verliert; denn auch dort lebt Gott.

»Als du noch jung warst, hast du dich selbst gegürtet und konntest gehen, wohin du wolltest. Wenn du aber alt geworden bist, wirst du deine Hände ausstrecken und ein anderer wird dich gürten und dich führen, wohin du nicht willst.«

(Johannes 21,18)

Dies sagte Jesus zu Petrus, als er gerade seinen tiefen Glauben bekannt hatte, und forderte ihn dann auf: »Komm, folge mir nach«.
Lange Zeit im Leben glaubt jeder Mensch, selber der alleinige Urheber seiner eigenen Lebensgeschichte zu sein. Er hält sich für den Hauptdarsteller seines Lebens. Durch die vielfältigen Erfahrungen des Lebens spüren gerade ältere Menschen, daß sie keineswegs die Hauptrolle spielen und schon gar nicht die Erfinder des eigenen Lebens sind. Hinter unserer Lebensgeschichte steht ein anderer: Gott selbst ist der Urheber. Unsere Geschichte läßt sich nur im Zusammenhang mit seiner Geschichte verstehen.
Diese Erkenntnis gelingt um so leichter, je mutiger man sich zu einem genauen Blick auf das Altern durchringt. Denn im Alter wird meist deutlich, daß das Leben nicht nur eine Erfolgsgeschichte ist. Wenn wir unsere Lebensgeschichte in Verbindung mit der Geschichte Gottes sehen, wie sie uns in der Bibel überliefert ist, können wir darauf vertrauen, daß unser Leben ein gutes Ende findet. Dort ist die Rede von Gott als Liebe, als dem Mittelpunkt der Welt. Er haucht mir das Leben ein, weil er es will, und so lebe ich Tag für Tag – nicht durch mich selbst.
Was am Ende gilt, ist Gottes Zusage, daß er mich nicht verläßt und daß das Leben nicht einfach in Nichts aufhört, sondern seine Erfüllung findet im Reich Gottes.

# Bis ins Alter

Ja, ich will euch tragen
bis zum Alter hin.
Und ihr sollt einst sagen,
daß ich gnädig bin.

Ihr sollt nicht ergrauen,
ohne daß ich's weiß,
müßt dem Vater trauen,
Kinder sein als Greis.

Stets will ich euch tragen
recht nach Retterart.
Wer sah mich versagen,
wo gebetet ward?

Denkt der früheren Jahre,
wie auf eurem Pfad
euch der Wunderbare
immer noch genaht.

Ist mein Wort gegeben,
will ich es auch tun,
will euch milde heben:
ihr dürft stille ruhn.

Denkt der vorigen Zeiten,
wie, der Väter Schar
voller Huld zu leiten,
ich am Werke war.

Laßt nur euer Fragen,
Hilfe ist genug.
Ja, ich will euch tragen,
wie ich immer trug.

Jochen Klepper

# Eine bleibende Frage nach dem Sinn des Lebens

Wozu das Ganze? Hat es sich gelohnt zu leben? Hat mein Leben jetzt im Älterwerden noch einen Sinn, oder warte ich nur auf das Ende? Wird es ein ewiges Leben geben? Oder gibt es kein Leben danach? – Wenn man schwer erkrankt ist, werden die Fragen noch bedrängender: »Wozu tauge ich denn noch? Ich falle doch anderen nur zur Last! Warum holt mich Gott nicht zu sich?« Fragen, die gerade im Alter wieder verstärkt oder erstmalig auftauchen.

> Das Wort »Sinn« kommt aus dem Althochdeutschen »Sinnan« und meint: »Reisen, fahren, beistehen, sich um etwas kümmern«. Noch heute sprechen wir auch vom Uhrzeiger-Sinn und wollen damit eine ganz bestimmte Richtung angeben.

Wer den Sinn in seinem Leben sucht, darf weder stehenbleiben noch sich auf sich selbst zurückziehen und verschließen. Er muß vielmehr mit seinen Gedanken, Empfindungen und Hoffnungen unterwegs bleiben. Er muß sich um etwas kümmern und anderen beistehen. Dann kann er im wahrsten Sinne des Wortes er-fahren, wozu sein Leben noch gut ist. Und dies kann der einzelne nicht alleine tun, da er sonst nur einen eigenen Sinn findet und eigen-sinnig wird. Wer den Sinn sucht und finden will, kann es nur mit anderen tun. Dem Glaubenden bietet sich auf diesem Weg in der Gemeinschaft der Christinnen und Christen Jesus Christus als Sinn-Signal an.

## Altern

Vergebliches Warten
durch die Jahrzehnte
ich lese auch jetzt die aufgesparten
Bücher nicht
seh die Bilder nicht an
keine Musik ertönt anders
vorsichtig löse ich
ein um die andere
Schale der Zwiebel
und lasse sie fallen:
Hoffnung Weisheit
trügerische
Flucht durch lebens-
lange Landschaften
bis ich lerne
zurück in die Startlöcher
wo ich begann
von Tag zu Tag
als Kind
Gefahr
gefährtenlos
zu überstehn

Margarete Hannsmann

# »Wer glaubt, der zittert nicht«

Angst wird nicht selten zum Lebensbegleiter älterer Menschen. Die Angst begründet sich in existentiellen Sorgen und Nöten: die Angst und Sorge, ob das Geld reicht für eine mögliche Pflege im hohen Alter, die Angst vor schwerer Krankheit und dem Verlust der geistigen Fähigkeiten und Selbständigkeit, die Angst schließlich auch vor dem Tod.

Die Angst kann sich aber auch im Rückblick auf das Leben einstellen. Angst, etwas falsch gemacht, versagt zu haben oder sogar schuldig geworden zu sein. Bei manchen rührt sich auch die Angst vor einer möglichen Rechenschaft vor dem Herrn.

Der gute Papst Johannes XXIII. hat in seinem Alter einmal gesagt: »Wer glaubt, der zittert nicht.« Er meinte damit nicht, daß Glaubende keine Angst hätten. Vielmehr wollte er zum Ausdruck bringen, daß wir uns von der Angst nicht unterkriegen lassen müssen. Natürlich macht auch ein gläubiger Mensch sich Sorgen. Aber im Glauben vertrauen wir darauf, daß Gott uns nicht allein läßt.

In einem Gebet des Alten Testamentes, dem Psalm 71, hat alles seinen Platz, die Klage und die Bitte, das Lob und der Dank. Ein Gebet voller Vertrauen auf Gott, gerade im Alter:

> Gott, die Zuflucht bis ins Alter
>
> Herr, ich suche Zuflucht bei dir.
> Laß mich doch niemals scheitern!
> Reiß mich heraus und rette mich in deiner Gerechtigkeit,
> wende dein Ohr mir zu und hilf mir!

Sei mir ein sicherer Hort,
zu dem ich allzeit kommen darf.
Du hast mir versprochen zu helfen;
denn du bist mein Fels und meine Burg.
Mein Gott, rette mich aus der Hand des Frevlers,
aus der Faust des Bedrückers und Schurken!
Herr, mein Gott, du bist ja meine Zuversicht,
meine Hoffnung von Jugend auf.
Vom Mutterleib an stütze ich mich auf dich, /
vom Mutterschoß an bist du mein Beschützer;
dir gilt mein Lobpreis allzeit.
Für viele bin ich wie ein Gezeichneter,
du aber bist meine starke Zuflucht.
Mein Mund ist erfüllt von deinem Lob,
von deinem Ruhm den ganzen Tag.
Verwirf mich nicht, wenn ich alt bin,
verlaß mich nicht, wenn meine Kräfte schwinden.
Denn meine Feinde reden schlecht von mir,
die auf mich lauern, beraten gemeinsam;
sie sagen: »Gott hat ihn verlassen. /
Verfolgt und ergreift ihn!
Für ihn gibt es keinen Retter.«
Gott, bleib doch nicht fern von mir!
Mein Gott, eile mir zu Hilfe!
Alle, die mich bekämpfen,
sollen scheitern und untergehn;
über sie komme Schmach und Schande,
weil sie mein Unglück suchen.
Ich aber will jederzeit hoffen,
all deinen Ruhm noch mehren.
Mein Mund soll von deiner Gerechtigkeit künden /
und von deinen Wohltaten sprechen den ganzen Tag;
denn ich kann sie nicht zählen.
Ich will kommen in den Tempel Gottes, des Herrn,
deine großen und gerechten Taten allein will ich rühmen.

*Gott, du hast mich gelehrt von Jugend auf,
und noch heute verkünde ich dein wunderbares Walten.
Auch wenn ich alt und grau bin,
o Gott, verlaß mich nicht,
damit ich von deinem machtvollen Arm der Nachwelt künde, /
den kommenden Geschlechtern von deiner Stärke.*

Psalm 71

# Im Alter auf Gott vertrauen

Der Psalm 71 ist ein Gebet, von dem wir mit Sicherheit sagen können, daß es von einem alten Menschen gesprochen wird. Ein Mensch, der sein Leiden und seine Hoffnung vor Gott bringt. Der Lobpreis Gottes hat ihn sein ganzes Leben begleitet. Klagend, bittend, dankend und lobend steht er im Alter vor Gott. Er beklagt das Nachlassen seiner Kräfte und die Verfolgung durch Feinde. Er fleht um Gottes Beistand in seinem physischen, psychischen und sozialen Leid. Der Beter sieht sich aber auch verpflichtet, Gottes Walten, Gerechtigkeit und Stärke den nachkommenden Generationen weiterzusagen. Er hat die absolute Zuversicht: Gott wird auch ihn aus der Sphäre des Todes erretten.

Wer so betet, tritt nicht vor Gott mit seinen Leistungen, mit den Erfolgen seines Lebens, auch nicht mit seinen guten Tagen und religiösen Pflichterfüllungen. Vor Gott brauchen wir nichts vorzuweisen. Er ist kein Buchhalter. Er nimmt uns an, so wie wir sind und wie wir unseren Weg mit ihm gegangen sind – und er mit uns. Er nimmt uns an mit all dem, was wir nicht getan, was wir falsch gemacht, wo wir versagt haben und schuldig geworden sind. Er nimmt uns an mit unseren Schwächen und Krankheiten, mit den Wunden und Narben, die uns andere und wir anderen zugefügt haben.

Der Herr versorgt mich.
Warum sollte ich mir Sorgen machen?
Wenn die Lichter verlöschen und es dunkel wird,
wenn ich einsam bin, wenn ich krank bin
und den Tod fürchte –
wenn ich schuldig bin vor dir, Herr,
und deine Hand verloren habe,
fürchte ich doch nicht, dich zu verlieren.
Denn du bist bei mir.
Dein Kreuz tröstet mich,
das Zeichen, daß du mich liebst,
daß du mir nahe bist und daß ich dir gehöre.

Der Herr versorgt mich.
Was soll ich mir Sorgen machen?
Ich bin sein Gast in seinem Haus,
mehr noch: sein Freund und sein Kind.
Die Tür ist offen, solange ich lebe.
Und wenn ich sterbe,
ist sein Haus für mich bereit.

*Nach Psalm 23*

## Mit der Hoffnung leben

Aber die Hoffnung, spricht Gott, die erstaunt mich. Selbst mich. Sie ist wirklich erstaunlich. Daß sie sehen, diese armen Kinder, wie alles geschieht, und glauben, morgen werde es besser gehen. Das ist erstaunlich und wahrlich das größte Wunder unserer Gnade.
Und ich bin selber darüber erstaunt. Und meine Gnade muß wirklich von einer erstaunlichen Kraft sein ...
Was mich erstaunt, spricht Gott, ist die Hoffnung. Das wundert mich über die Maßen. Diese kleine Hoffnung, die nach so gar nichts aussieht. Dieses kleine Mädchen Hoffnung.

Charles Péguy

# Anregungen zum Nachdenken – gegen manche Mut- und Hoffnungslosigkeit:

❏ Was gibt Ihnen Hoffnung? Erfahren Sie Trost?

❏ Wie beurteilen Sie Gelingen und Scheitern auf Ihrem Lebensweg? Was bleibt von dem, was Sie getan, gedacht, gefühlt, geliebt haben?

❏ Fragen Sie sich: Was habe ich erreicht? Was war bisher gut an meinem Leben? Was schlecht? Wo bin ich gescheitert? Woran messe ich meine Lebensqualität? Was ist mir besonders schmerzlich, wenn ich an die verpaßten Chancen meines Lebens denke? Worauf schaue ich mit besonderem Stolz zurück? Wonach schaue ich nun aus?

❏ Was war oder ist in Ihrem Leben »Leben füllend«?

❏ Worüber müßten Sie klagen und trauern? Was macht es Ihnen so schwer, das zuzulassen?

# Ein solcher Glaube befreit auch aus der Einsamkeit

Einsamkeit kann sehr bedrückend sein. In mancher Phase unseres Lebens haben wir die Einsamkeit gesucht und sie auch nötig gehabt. Im Alter jedoch wird sie oft zu einer Last und Qual. Dies um so mehr, wenn die geliebte Partnerin oder der geliebte Partner gestorben ist und die Kinder ihr eigenes Leben leben. Gegen solche Formen der Einsamkeit kann jeder Mensch, auch der ältere, etwas unternehmen, soweit es die körperlichen und geistigen Kräfte noch zulassen. Der altgewordene Theologe und Arzt Albert Schweitzer gab dazu folgenden Rat:

> Schafft euch ein Nebenamt, ein unscheinbares,
> womöglich ein geheimes Nebenamt.
> Tut die Augen auf und sucht,
> wo ein Mensch ein bißchen Zeit,
> ein bißchen Teilnahme,
> ein bißchen Gesellschaft,
> ein bißchen Fürsorge braucht.
> Vielleicht ist es ein Einsamer, ein Verbitterter,
> ein Kranker, ein Ungeschickter,
> dem du etwas sein kannst.
> Vielleicht ist's ein Greis, vielleicht ein Kind.
> Wer kann die Verwendungen alle aufzählen,
> die das kostbare Betriebskapital,
> Mensch genannt, haben kann!
> An ihm fehlt es an allen Ecken und Enden.
> Darum suche, ob sich nicht eine Anlage
> für dein Menschentum findet.
> Laß dich nicht abschrecken,

wenn du warten oder experimentieren mußt.
Auch auf Enttäuschungen sei gefaßt.
Aber laß dir ein Nebenamt,
in dem du dich als Mensch an Menschen ausgibst,
nicht entgehen.
Es ist dir eines bestimmt, wenn du nur richtig willst.

Albert Schweitzer

# Glaubensregeln – Lebensregeln

Nicht müde werden,
sondern dem Wunder
leise
wie ein Vogel
die Hand hinhalten.

Hilde Domin

Ein Leben aus dem Glauben fliegt einem nicht zu. Man muß selber etwas dafür tun. Die Grundregel dafür ist uns im Neuen Testament gegeben, im Dreifachgebot der Liebe:

**Liebe** zu sich selbst.
    **Liebe** zum Nächsten.
    **Liebe** zu Gott.

# Leg mein Gesicht frei

Leg mein Gesicht frei, mach mich schön
Wer mich entlarvt hat, wird mich finden.
Ich hab Gesichter, mehr als zwei,
Augen, die tasten vor im Blinden.
Herzen aus Angst, die vor Angst vergehen.
Leg mein Gesicht frei, mach mich schön.

Leg mein Gesicht frei, mach mich schön.
Wer sich entlarvt sieht, wird gefunden
und wird ganz neu sich selbst verstehn,
wird leben, offen, unumwunden
und nirgends hin verloren gehn.
Leg mein Gesicht frei, mach mich schön.

Huub Oosterhuis

# Sich selber lieben

Es klingt recht einfach, fällt aber vielleicht am schwersten: sich selber in der vorfindlichen Situation anzunehmen mit der eigenen Lebensgeschichte, mit Stärken und Schwächen, mit dem, was gelungen und mißlungen ist, mit den körperlichen Möglichkeiten, die man noch hat, mit den geistigen Fähigkeiten, die vorhanden sind. Ja sagen zu uns selber, dies können wir letztlich nur tun, weil Gott zu uns ja sagt.

## Unser Geheimnis

Herrgott, du und ich, wir haben ein Geheimnis.
Das Altwerden bringt einiges mit sich,
was Spaß macht.
Ja, richtig Spaß.
Wir müssen uns nicht mehr von der Welt plagen lassen.
Die Leute übersehen uns.
Wir brauchen nicht mehr den Schein zu wahren,
sondern können auf kindliche Freuden zurückgreifen,
zusehen, wie eine Spinne ihr Netz webt.
Vor einem Licht Schattenbilder an die Wand werfen.
Den Hinterhof wie Neuland erforschen.
Statt einer richtigen Mahlzeit
Apfelkompott mit Sahne essen.
Trödeln.
Die ganze Nacht wach bleiben. Sterne zählen.
Statt eine Gesellschaft zu besuchen,
zu Hause bleiben und mit einem alten Freund Schach
spielen.
Einen verrückten Hut tragen.
Warum hast Du mir nicht verraten, daß das Altwerden
neben allem,
was ich daran so hasse, auch manches Vergnügliche
mit sich bringt?
Ich weiß, ich weiß.
Weil ich es nicht geglaubt hätte.

Elise Maclay

# Andere lieben

## Ein Brief eines Altbischofs

*Liebe betagte Mitmenschen!*

*So bin ich also einer von Euch geworden und freue mich, Euch ein paar Zeilen schreiben zu dürfen.*
*Als ich vom »Fastenopfer« eingeladen wurde, diesen Brief zu schreiben, mußte ich unwillkürlich an zwei Zuschriften denken, die ich im vergangenen Jahr erhalten habe.*

*1. Zu meinem 65. Geburtstag schrieb mir ein Studienfreund: »Ich gratuliere Dir zum Eintritt in das Metall-Zeitalter: Gold im Herzen, Silber auf dem Haupt und Blei in den Gliedern.« Kopf, Glieder, Herz. Ohne lange zu überlegen, fiel mir ein: Das hat etwas zu tun mit dem Thema und Motto 1983 der Hilfswerke Brot für Bruder und Fastenopfer »Schaffe, läbe, teile« – ja, da gibt es Anknüpfungspunkte, Parallelen, Gemeinsamkeiten.*

*Wir leben! Während so manche Weggefährten uns für immer verlassen haben, dürfen wir uns des Lebens, dieser großen Gabe Gottes, erfreuen. Wir leben, wohl etwas anders als vor dem Eintritt ins AHV-Alter – wir leben nach einem neuen Rhythmus, wir leben mit Kopf, mit Vernunft, ohne diese beständige Hast, ohne Streß.*

*Wir arbeiten! Das Alter ist nicht, darf nicht sein, ein »dolce far niente«, ein »süßes (?) Nichtstun«. Wäre es das, würden wir bald einrosten, ein Häufchen Rost sein. Wir legen Hand an, wir setzen die uns verbliebenen Kräfte, Gaben und Talente ein, wir sind tätig so lange und so gut als möglich. Wir tun das, worauf wir früher verzichten mußten, das, was wir vernachlässigt haben, wir dürfen unsere Hobbys pflegen.*

*Wir teilen!* Das Älterwerden darf uns nicht zu Egoisten machen – zu Menschen, die nur an sich denken, die in Gefahr sind, habsüchtig und geizig zu werden, aus Angst, das Ersparte reiche nicht aus für die verbleibenden Lebensjahre. Nein, wir haben ein Herz für die andern, wir nehmen teil an ihrem Leid und lassen sie teilnehmen an unserer Freude und an unseren Gütern.

*2. Als ich einige Monate nach dem 65. Geburtstag mit Erlaubnis von Papst Johannes Paul II. mein Amt als Bischof von Basel niederlegte, schrieb mir jemand: »Sie werden jetzt ›Altbischof‹ oder ›Bischof i.R.‹ sein. Vergessen Sie aber bitte nicht, daß das nicht nur ›Bischof im Ruhestand‹ heißt, sondern auch ›Bischof in Rufweite‹.« Und Ihr, liebe betagte Mitmenschen, seid »Hausfrauen i.R., Fabrikarbeiter i.R., Lehrer i.R. …«. Ist das nicht etwas sehr Schönes, ein herrliches Programm:*

- *Ich bin da, in Rufweite, wenn ich einen Rat, wenn ich etwas von meiner Erfahrung, von der »Weisheit des Alters« weitergeben kann.*
- *Ich bin da, in Rufweite, wenn ich der gehbehinderten Frau von nebenan einen Botengang machen kann.*
- *Ich bin da, in Rufweite, um dem kranken Nachbarn mit meinem Besuch, mit einem Blümchen, mit einem guten Wort, mit einem Lächeln Freude zu bringen.*
- *Ich bin da, in Rufweite, um mit Kopf, Hand und Herz zu helfen, um für andere zu leben, tätig zu sein und mit ihnen zu teilen.*
- *Ich bin da, in Rufweite, wenn die Menschen, meine Brüder und Schwestern in der Heimat und der Zweiten und Dritten Welt, wenn die Pfarrei, die Kirche, das »Fastenopfer« oder ein anderes Hilfswerk mich rufen und um mein Gebet und meine Gabe bitten.*
- *Ich bin einfach da, in Rufweite, wenn man mich braucht, und ich bin dankbar und froh, daß ich noch »brauchbar« bin.*

*Liebe betagte, ältere und weniger alte Schwestern und Brüder, wir leben, wir arbeiten, wir teilen. So ist unser Leben nicht »kopflos«, nicht sinnlos – nein, so hat das Leben »Hand und Fuß«, es hat einen tiefen und reichen Sinn. Es ist beglückend zu wissen: Ich bin zwar nicht unersetzlich, aber ich bin nicht überflüssig – ich darf für andere und mit anderen leben, arbeiten, teilen.*
*Auf meinen Pastoralreisen habe ich manches Altersheim besuchen und an nicht wenigen Zusammenkünften von Betagten teilnehmen dürfen. Wie viele zufriedene, erfüllte, verklärte und glückliche Menschen habe ich so kennengelernt.*
*Ich danke Gott und ich danke Euch für Euer Beispiel, für Euer Glaubenszeugnis, für Euren Lebensmut und Eure Zuversicht. Ich bete für Euch, und ich bitte um Euer Gebet für mich.*

*Ich wünsche Euch ein Herz voll Gold, auch wenn die Haare silbern und die Glieder bleiern sind – und ich grüße Euch als Euer Bruder »in Rufweite«.*

*Anton Hänggi*

Wenn wir voneinander erzählen, entdecken wir ganz neu die Spuren der Liebesgeschichte Gottes im Leben des anderen und im eigenen Leben und können uns gegenseitig bestärken. Jemand hat einmal gesagt: Jeder Mensch ist eine »kleine Bibel«. In jedem Menschen können wir etwas von Gott und seiner Liebe »lesen«. Denn: Gott hat mit jedem Menschen seine ganz persönliche Liebesgeschichte.

# Die Schöpfung lieben

Gott kann auch in der uns umgebenden Schöpfung erfahren werden. Das Alter ermöglicht vielen von uns, die Schönheit der Welt intensiver wahrzunehmen.

Ich wollte gern den Bus nehmen, und dann tat ich es nicht, weil ich nicht das Geld dafür hatte. Das heißt: Ich wollte es nicht dafür ausgeben. Für jemand mit meinen Mitteln ist der Fahrpreis hoch. Ich sagte mir: »Dann laufe ich eben.« Allerdings tat ich es nicht gern, denn ich war ein bißchen müde und stellte es mir langweilig vor, einen Fuß vor den andern zu setzen, vor allem, wenn man den Weg schon hundertmal gegangen ist.
Und dann schickst du diesen Lichtzauber, Herr. Wie schön das war! Der Himmel ganz in Aprikosen- und Goldfarbe getaucht, davor die Bäume als Silhouetten. Innerhalb einer Stunde kreiste und tanzte das Licht, und dann erlosch es, und ein einziger Stern stand am Himmel.
Es wäre nicht genug zu sagen, daß ich froh bin, zu Fuß gegangen zu sein. Und wenn ich überhaupt von deiner Güte und Herrlichkeit sprechen sollte, müßte ich laut jubeln und singen. Ekstase – das verstehen die Menschen nicht bei einer 76jährigen, und so alt bin ich nun einmal. Aber manchmal, lieber Gott, nur zwischen uns beiden, da singe und jubele ich doch – einfach aus Freude am Leben. ∎

Elise Maclay

## Unser Leben – wie ein Baum

Der Baum in meinem Garten – der Baum vor unserem Haus – die Bäume im Wald – der einsame Baum auf dem Feld – seit altersher sind Bäume ein Symbol für das Leben. In vielem ähneln sie dem menschlichen Leben, einem Leben in wachsenden Ringen: sturmumtost wachsen wir wie sie, verwurzelt in der Erde und in den Himmel reichend.

> Ich lebe mein Leben in wachsenden Ringen,
> die sich über die Dinge ziehen.
> Ich werde den letzten vielleicht nicht vollbringen,
> aber versuchen werde ich ihn.

Rainer Maria Rilke

Im Betrachten eines Baumes kann ich vieles auch für mein Leben entdecken. Ab und an nehme ich mir dafür Zeit.

> Herr, wie ein Baum
> so sei vor dir mein Leben,
> Herr, wie ein Baum
> sei vor dir mein Gebet.
>
> Gib Wurzeln mir, die in die Erde reichen,
> daß tief ich gründe in den alten Zeiten,
> verwurzelt in dem Glauben meiner Väter.
>
> Gib mir die Kraft, zum festen Stamm zu wachsen,
> daß aufrecht ich an meinem Platze stehe
> und wanke nicht, auch wenn die Stürme toben.
>
> Gib, daß aus mir sich Äste frei erheben,
> oh meine Kinder, Herr, laß sie erstarken
> und ihre Zweige recken in den Himmel.
>
> Gib Zukunft mir und laß die Blätter grünen
> und nach den Wintern Hoffnung neu erblühen,
> und wenn es Zeit ist, laß mich Früchte tragen.
>
> Herr, wie ein Baum
> so sei vor dir mein Leben.
> Herr, wie ein Baum
> sei vor dir mein Gebet.

Lothar Zenetti

# Gott lieben

Auch die Begegnung mit Gott muß gepflegt werden. Sie findet ihren Ausdruck vor allem im Gebet. Gebet ist sprechender Glaube. Alles, was wir empfinden und spüren, darf darin zum Ausdruck kommen: unsere Klage und Hoffnung, unsere Freude und Trauer, unsere Angst und Zuversicht. Es müssen nicht viele Worte sein. Es können vorformulierte Gebete (vgl. den Anhang in diesem Buch) oder Gebete mit eigenen Worten sein. Manchmal ist auch Schweigen Gebet. Ein guter Ansatz zum Gebet können auch Seufzen, Gedanken und knappe Stoßgebete sein.

> Als mein Gebet immer andächtiger
> und innerlicher wurde, da hatte ich
> immer weniger und weniger zu sagen.
> Zuletzt wurde ich ganz still.
>
> Ich wurde, was womöglich noch ein
> größerer Gegensatz zum Reden ist,
> ich wurde ein Hörer.
>
> Ich meinte erst, Beten sei Reden.
> Ich lernte aber, daß Beten nicht
> bloß Schweigen ist, sondern Hören.
>
> So ist es: Beten heißt nicht sich selbst
> reden hören, beten heißt still werden
> und still sein und warten,
> bis der Betende Gott hört.
>
> Sören Kierkegaard

Eine Form des Gebetes ist die Betrachtung oder Meditation. Vielleicht schauen Sie sich Ihre eigenen Hände an. Was haben diese Hände alles getan und unterlassen? Was haben sie empfangen und verschenkt? Was geben sie mir heute noch für Möglichkeiten?

# Je älter man wird, um so mehr wächst

# Zehn Gebetsregeln

**1**

Nimm dir täglich ein paar Minuten Zeit, um allein in der Stille zu sein. Entspanne Leib, Verstand und Herz!

**2**

Sprich mit Gott einfach und natürlich und erzähle ihm alles, was du auf dem Herzen hast. Du brauchst keine Formeln und fremde Redensarten zu benutzen. Sprich zu ihm in deinen eigenen Worten. Er versteht sie.

**3**

Übe dich im Gespräch mit Gott, wenn du bei deiner alltäglichen Arbeit bist. Mach deine Augen ein paar Sekunden lang zu, wo immer du bist, im Geschäft, im Bus, am Schreibtisch.

**4**

Berufe dich auf die Tatsache, daß Gott bei dir ist und dir hilft. Du sollst Gott nicht immer bestürmen und um seinen Segen bitten, sondern vielmehr von der Tatsache ausgehen, daß er dich segnen will.

**5**

Bete in der Überzeugung, daß deine Gebete sofort über Land und Meer hinweg die, die du liebhast, schützen und sie auch mit Gottes Liebe umgeben.

# in einem die Neigung zu danken.

**6**

Wenn du betest, sollst du positive und nicht negative Gedanken haben.

**7**

Immer sollst du in deinem Gebet feststellen, daß du bereit bist, Gottes Willen anzunehmen, wie er auch sein mag.

**8**

Lege beim Beten einfach alles in Gottes Hand. Bitte um Kraft, dein Bestes zu können, und überlasse das Übrige vertrauensvoll Gott.

**9**

Sprich ein Wort der Fürbitte für die, die dich nicht mögen oder dich schlecht behandelt haben. Das wird dir außerordentlich Kraft geben.

**10**

Täglich sollst du irgendwann einmal ein Gebet für dein Land sprechen und um die Erhaltung des Friedens bitten.

Die einfachste Anweisung lautet: Rede mit Gott so, als ob er hier im Stuhl vor dir säße, als ob er eben ins Zimmer getreten wäre und sagte: Was willst du, daß ich dir tun soll?

**Kapitel 5**

# Von wegen Ruhestand

## Abschied von der Erwerbsarbeit

# ... mir ist angst

*Aus einem Brief:*

*... Der eigentliche Grund meines Briefes ist folgender: Mein Mann wird demnächst fünfundsechzig und hört kurz danach auf mit der Arbeit. »Er geht in Rente«, wie man hier sagt. Mir ist deswegen ganz angst, denn ich kann mir nicht vorstellen, wie es sein wird, wenn er immer in unserer kleinen Wohnung sitzt und nicht weiß, was er tun soll.*

*Vielleicht sagen Sie: »Das ist Ihres Mannes Problem«. Sie haben recht, aber es ist auch mein Problem, denn ich bin seit unserer Heirat, seit 41 Jahren, gewöhnt, daß mein Mann Punkt sieben die Wohnung verläßt und gegen 18 Uhr zurückkommt. Ich bin gewöhnt, daß ich in der Zwischenzeit selbständig handeln muß und kann. Als die Kinder klein waren, war ich voll beschäftigt und dachte oft, wie schön es wäre, wenn mein Mann mehr zu Hause wäre. Später wurde ich immer selbständiger. Ich arbeitete halbtags. Seit zwei Jahren bin ich »in Rente« und zu Hause.*

*Ich halte meinen Haushalt tipptopp in Ordnung, habe Zeit zum Lesen, pflege meine Zimmerpflanzen, gehe in Ruhe einkaufen, stricke und nähe und lade oft meine Freundinnen zum Kaffee ein. Wenn ich Lust habe, koche ich, habe ich keine Lust, lasse ich's bleiben. Wann und ob ich zu Mittag esse, liegt bei mir, und ob ich einen Mittagsschlaf halte oder spazierengehe ebenfalls. In dieser Freiheit fühle ich mich wohl.*

*Jetzt fürchte ich mich vor der Dauerkontrolle und davor, daß ich auch jede aus Interesse gestellte Frage als Kontrolle empfinden werde. »Was liest Du da?« – »Wohin gehst Du?« – »Was machst Du heute nachmittag?« – Vielleicht beantworte ich die Fragen gerne – vielleicht aber werden sie mir fürchterlich auf die Nerven gehen.*

*Ich möchte gern mit meinem Mann über seinen Ruhestand sprechen, möchte wissen, wie er sich ihn vorstellt und wie wir ihn gemeinsam in den Griff kriegen können, aber er geht jedem Gespräch aus dem Weg – manchmal recht lautstark – und behauptet, das hätte alles Zeit, bis es soweit wäre. Ich finde das falsch. Aber was soll ich machen?*
*Gedanken und Gespräche meines Mannes kreisen nur um den Beruf. Und wenn der nun wegfällt?*
*Bitte entschuldigen Sie, daß ich solche Dinge schreibe. Sie sind für mich wichtig. Verstehen Sie, daß ich mir das neue, ganz andere Leben, das auf mich – auf uns! – zukommt, schwierig vorstelle? Daß ich Angst davor habe?*
*Mein Mann hat auch Angst davor, deshalb will er nicht darüber sprechen. Aber das macht alles noch schlimmer. Für ihn ist es sowieso schwerer als für mich, das weiß ich. Ob wir es schaffen werden?*

# Von der Vollbeschäftigung in die Beschäftigungslosigkeit

Er kommt ganz sicher und ist für die meisten Frauen und Männer absehbar – und dennoch überrascht er viele: *der (Vor-)Ruhestand*. Viel zu früh und zu abrupt fällt er über meist völlig unvorbereitete Menschen herein mit folgenschweren Auswirkungen auf ihr Seelenleben. Der Beruf vermittelte die Erfahrung von Wichtigkeit und Gebraucht-Werden, von Anerkennung und Wertschätzung. Er strukturierte die Zeit und gab den Rhythmus von Belastung und Entlastung, von Werktag und Feiertag, von Arbeit und Freizeit vor. Das Leben war »geregelt«. Alles unterlag einem festen Muster.

Und das Muster ist wohlvertraut: Man geht täglich zur Arbeit, erfüllt seine Aufgaben, hat neue Arbeitskollegen, bildet sich fort, kommt beruflich weiter voran – und träumt gelegentlich vom »freien Leben« im wohlverdienten Ruhestand.

Knapp vierzig Jahre geht das so, bis das »plötzlich« alles aufhört: Pensioniert, aus dem Arbeitsleben ausgeschieden oder in den Vorruhestand geschickt. Der Tag der Verabschiedung: eine Flasche Sekt plus CD-Player (»Sie haben ja jetzt Zeit zum Hören«), ein großer Strauß Blumen für die Ehefrau ... Von heute auf morgen von der Vollbeschäftigung in die Beschäftigungslosigkeit – »von Hundert auf Null« – und zugleich entlassen in die Zeitlosigkeit des Lebens, in die Regellosigkeit des Alltags. Den plötzlichen Ausstieg aus dem Berufsleben, den abrupten Übergang in die Untätigkeit empfinden viele Frauen und Männer als Schock.

Arbeit kann süchtig machen, der Beruf zum alleinigen Lebensinhalt werden. Wer mit seinem Beruf verheiratet war, bei dem stellen sich mit dem Ausscheiden aus dem Arbeitsleben Entzugserscheinungen ein. Nicht wenige fallen in ein schwarzes Loch ..., zumal wenn sie unfreiwillig gehen müssen.

. . . . . . . . . . . . . . . . . . . . . . . . . . . . . . . . . . .

»Ich war erstmal total krank«, erinnert sich Ruth G. Drei Wochen lang habe sie bei ihrer Kusine in einem kleinen Dorf verbracht und Tag und Nacht geheult. »Nach dem Tod meines Mannes war das das Schlimmste in meinem Leben«, sagt sie rückblickend. Vor allem das Gefühl, nicht mehr gebraucht zu werden, habe ihr zu schaffen gemacht. »Das war so, als hätte man uns ins Abseits, ins Nichts gestoßen. Sie stehen plötzlich da und denken: Das war jetzt dein Leben. Das alles ist vorbei und zu Ende. Was machst du jetzt eigentlich?«

. . . . . . . . . . . . . . . . . . . . . . . . . . . . . . . . . . .

Rosemarie M. ist es nicht anders gegangen: »Es war ein Knick in meinem ganzen Leben«, sagt sie. »Ich war so niedergeschlagen und fertig, ich traute mich frühmorgens nicht einkaufen zu gehen; denn dann hätten ja alle gemerkt, daß ich keine Arbeit mehr habe. Und arbeitslos zu sein, das war aus meiner Sicht damals asozial. Arbeitslos, das waren Leute, die nicht arbeiten wollten und die sie in der Gosse aufsammeln konnten.«

## Die Deutschen – ein Volk der Frührentner.

■ Diesen Eindruck gewinnt man nicht nur auf Partys und werktags im Freibad, auch ein Blick in die Statistik der Deutschen Rentenversicherungsträger bestätigt das: 1991 waren in der Arbeiter-Rentenversicherung 83 Prozent der in Rente gehenden Männer Frührentner. Von ihnen gehen 43 Prozent wegen Berufs- und Erwerbsunfähigkeit in den Ruhestand und 9,5 wegen Schwerbehinderung; 17,5 Prozent erhielten Altersruhegeld vom 63. Lebensjahr an, und 13 Prozent bekamen Altersruhegeld schon von 60 an, weil sie vorher lange genug arbeitslos waren. In der Angestellten-Rentenversicherung waren 74 Prozent der Zugänge »Frühständler«: Hier kommt die Berufs- und Erwerbsunfähigkeit nicht so häufig vor. Das durchschnittliche Zugangsalter in der gesamten Rentenversicherung liegt für Männer jetzt bei 59,6 Jahren.

Die Arbeit – in der Schöpfungsgeschichte der Bibel noch Strafe Gottes für den erfolgten Sündenfall – bedeutet heute längst keinen Fluch mehr. Im Gegenteil: Sie ist für die meisten Menschen zum Segen geworden. »Segensreich« tätig zu sein, das zeugt von innerer Zufriedenheit, von Selbstwertgefühl und Sozialprestige. Der Arbeitsplatz wird gerade in unserer Zeit wieder neu als »Existenzmitte« gesehen. Arbeit verleiht dem Menschen das Gefühl, gebraucht zu werden, wertvoll zu sein, mitunter sich gar für unersetzbar zu halten.

So geht mit dem Verlust des Arbeitsplatzes gleichzeitig auch ein Stück Lebenssinn und Selbstwert verloren. Vor allem bei Frauen und Männern, die in den Vorruhestand *geschickt* werden und sich als Opfer von Rationalisierungsmaßnahmen (»einfach wegrationalisiert«) erleben, stehen von einem auf den anderen Tag vor dem Nichts. Schließlich war es meist nicht ihre freie Entscheidung, vielmehr spielten arbeits- und konjunkturpolitische Entwicklungen die ausschlaggebende Rolle. Das kann bei den Betroffenen zu einer nachträglichen Entwertung der bisherigen Lebensleistung führen. Die materielle Absicherung bei Vorruhestandsregelungen muß genau bedacht werden. »Sozialverträglich« soll das Finanzielle geregelt sein. Gilt diese »Sozialverträglichkeit« jedoch auch für das soziale Leben in der Ehe, in der Familie, im Freundes-, Kollegen- und Bekanntenkreis?

# Am Leben vorbeigelebt?

»Kurz vor meinem 60. Geburtstag hat mir der Arzt jetzt dringend geraten, mich vorzeitig pensionieren zu lassen. Wegen eines Herzfehlers müsse ich mich unbedingt schonen. Jede Belastung, jede Aufregung könne tödlich sein. Das hat mir einen furchtbaren Schlag versetzt, einen Schock, den ich nicht überwinden kann.

Was mir bisher völlig fremd gewesen ist: Ich werde von Zweifeln geplagt, ob es sich überhaupt gelohnt hat, mich so abzurackern. Mit zähem Fleiß habe ich mich vom Lehrling bis zum Prokuristen emporgearbeitet. Seit Jahren sind mir viele Leute unterstellt. Ich habe wichtige Entscheidungen zu fällen. In all dem gehe ich ganz auf. Wir besitzen zwar ein schönes Haus. Mein Sohn und meine Tochter konnten ohne finanzielle Sorgen studieren. Beide sind heute in gesicherter Position. Aber rückblickend kommt mir schmerzlich zum Bewußtsein, daß mein beruflicher Aufstieg nur auf Kosten meiner Familie möglich war. Meine Frau ist vor zwei Jahren an Krebs gestorben. Unsere Ehe war glücklich. Ich habe versucht, durch noch mehr Arbeit meinen Schmerz zu betäuben. Nachdem mein Sohn auswärts berufstätig ist und nachdem meine Tochter geheiratet hat, bin ich ganz allein in dem großen Haus. Immer habe ich mich für besonders stabil und belastbar gehalten. Für einen, den kein Schicksalsschlag zu Boden werfen kann. Und nun stehe ich vor einem Abgrund. Was bin ich denn ohne meinen Beruf? Krank, nutzlos und einsam werde ich in der großen Wohnung sitzen. Ohne ein Ziel werde ich nur noch auf den Tod warten. Meine Karriere erscheint mir jetzt völlig bedeutungslos. Was könnte mir das Leben noch geben? Was hätte ich denn noch zu erwarten?

Ein religiöser Mensch bin ich eigentlich nie gewesen. Aber jetzt läßt mir die Frage keine Ruhe, ob denn mit dem Tode alles aus ist. Gibt es ein Ziel jenseits dieser Grenzen? Wenn nicht, dann wäre doch alles sinnlos, absurd! Ehrlich gesagt: Ich beneide die Menschen, die einen letzten Halt haben, eine unbeirrbare Hoffnung. Habe ich etwa am Leben vorbeigelebt?«

. . . . . . . . . . . . . . . . . . . . . . . . . . . . . . .

# Vom Ruhestand zum Un-Ruhestand

Ein englischer General wurde pensioniert. Bald fragte man ihn: Wie haben Sie jetzt Ihr Leben eingerichtet? Die Antwort war knapp: Sehr einfach. Ich lasse mir das Frühstück an das Bett bringen, dann lese ich die Todesanzeigen in der Zeitung und, wenn ich nicht drinstehe, stehe ich auf und habe plötzlich viel Zeit.

**Wünsche vor dem Ruhestand ...**

- ☐ Endlich das ganze Jahr über Urlaub!
- ☐ Mein eigener Herr sein ...
- ☐ Nach hartem Arbeitsleben in den wohlverdienten Ruhestand gehen.
- ☐ Viel Zeit für die Enkelkinder haben!
- ☐ Reisen in alle Welt!
- ☐ Nochmal was Neues anfangen ...

**Ängste vor dem Ruhestand ...**

- ☐ Was wird aus meiner Arbeit?
- ☐ Ich verliere mein geregeltes Leben.
- ☐ Viele sterben bald nach ihrer Pensionierung ...
- ☐ Nur noch zu Hause herumsitzen ...!
- ☐ Ohne Kontakt zu Arbeitskollegen.
- ☐ Dann gehöre ich zum »alten Eisen«.

# Und wenn's dann soweit ist ...

**»Ich weiß mit meiner Zeit nichts mehr anzufangen.«**

Ich weiß nicht so recht, was ich mit meiner vielen Freizeit machen soll. In meinem bisherigen Leben war der Zeitablauf total bestimmt vom Beruf: Aufstehen, Haus verlassen, Mittagspause, Feierabend, Schlafengehen.

**»Ich habe jetzt weniger Zeit als vorher!«**

Jeden Tag nur ins Blaue zu leben und auf die Gunst der Stunde zu hoffen, hat mich anfangs krank gemacht. Darum habe ich begonnen, mir immer etwas vorzunehmen für die nächste Woche. So kann ich mich auf etwas freuen.

| »Ich verliere meine Freunde!« | »Ich habe neue/alte Bekannte gefunden« |
|---|---|
| Seit ich nicht mehr zur Arbeit gehe, fehlt mir das Gespräch mit den vertrauten Kollegen. Sie haben so manche schwere Sorge in den letzten Jahren mitgetragen. Wen hab ich jetzt noch? | Plötzlich hatte ich Zeit, alte Bekanntschaften aufzufrischen. Ich konnte Besuche machen und auch mal länger als »übers Wochenende« bleiben. Aus alten Bekannten sind inzwischen neue Freunde geworden. |
| **»Mir fällt die Decke auf den Kopf«** | **»Ich kann jetzt mehr unternehmen«** |
| Jetzt sitze ich tagelang zu Hause rum und habe nichts Rechtes zu tun. Ich möchte mal wieder raus. Mit den Kollegen reden, über Politik und Sport diskutieren, überhaupt mal wieder andere »Luft schnuppern«. | Endlich habe ich auch tagsüber in der Woche Zeit, etwas zu unternehmen: Radfahren, Museum besuchen, ins Kino gehen ... Dieser regelmäßige »Ausflug« tut mir sehr gut, er läßt mich meinen Ruhestand genießen. |
| **»Was bin ich noch wert«** | **»Ich werde noch gebraucht«** |
| Jahrelang fand ich Anerkennung in meinem Beruf. Da konnte ich etwas leisten, das wurde mir bestätigt – und nicht nur in Form des Monatslohns. Wer sagt mir jetzt, was ich wert bin? Was wird aus mir? | Neulich habe ich für den Altenclub unserer Pfarrei einen Tagesausflug organisiert. Alle haben mir nachher bestätigt, daß es eine gelungene Sache war. Das tut mir so richtig gut. |

## Noch ein langes Programm

Ein Kaufmann hatte hundertfünfzig Kamele, die seine Stoffe trugen, und vierzig Knechte und Diener, die ihm gehorchten. An einem Abend lud er einen Freund (Saadi) zu sich. Die ganze Nacht fand er keine Ruhe und sprach fortwährend über seine Sorgen, Nöte und die Hetze seines Berufs. Er erzählte von seinem Reichtum in Turkestan, sprach von seinen Gütern in Indien, zeigte ihm die Grundbriefe seiner Ländereien und seine Juwelen. »O Saadi«, seufzte der Kaufmann: »ich habe nur noch eine Reise vor. Nach dieser Reise will ich mich endlich zu meiner wohlverdienten Ruhe setzen, die ich so ersehne wie nichts anderes auf der Welt. Ich will persischen Schwefel nach China bringen, da ich gehört habe, daß er dort sehr wertvoll sei. Von dort will ich chinesische Vasen nach Rom bringen. Mein Schiff trägt dann römische Stoffe nach Indien, von wo ich indischen Stahl nach Halab bringen will. Von dort will ich Spiegel und Glaswaren in den Jemen exportieren und von dort Samt nach Persien einführen.«

Mit einem träumerischen Gesichtsausdruck verkündete er dem ungläubig lauschenden Saadi: »Und danach gehört mein Leben der Ruhe, Besinnung und Meditation, dem höchsten Ziel meiner Gedanken.« ■

*Nach Saadi*

# Lernen – arbeiten – genießen

Die Pensionierung muß kein Ende sein, vielmehr kann sie den Anfang eines neuen Lebens begründen. Auf die persönliche Gewichtung kommt es an: Viele andere Dinge im Leben sind genau so wichtig – oft sogar noch wichtiger – als die Angelegenheiten und Vorgänge im Berufs- und Arbeitsleben. Für diese anderen Dinge des Lebens gilt es sich, zu interessieren, sich von ihnen aufschließen zu lassen: Im Haus, im Garten, in der Familie, in der Gemeinde, in der Volkshochschule, in fremden Ländern, im heimischen Hobbykeller, in der Altengruppe ... gibt es Lohnendes zu entdecken.

Der Lebensabend, die letzte Phase des Lebens, hat heute einen völlig anderen Stellenwert als früher, so sieht es jedenfalls der Altersforscher Leopold Rosenmayr: Im letzten Drittel des 19. Jahrhunderts – nach der Einführung der Pension für Industriearbeiter – wurde diese Altersphase als eine relativ kurze Zeit *»bezahlter Unbrauchbarkeit«* noch sehr gering geachtet. Bereits zu Anfang des 20. Jahrhunderts kam es zu einer Aufwertung: der Lebensabend als *»wohlverdienter Ruhestand«*. In jüngster Zeit wird dieser Lebensabschnitt beinahe hochstilisiert zur Phase der *»Lebens-Erfüllung«*, ohne daß den betroffenen Menschen, von eher zufälligen oder beiläufigen Hilfen abgesehen, konkrete Anregungen und Inhalte zu einer solchen Erfüllung angeboten werden.

Es entspricht nicht den Bedürfnissen unserer Zeit, zuerst zu *lernen* (Kindheit und Jugend), dann zu *arbeiten* (Erwachsensein) und schließlich zu *genießen* (Alter). Jede einzelne Lebensphase jetziger und zukünftiger Generationen sollte gleichermaßen aus Lernen, Arbeit und Erfüllung bestehen. Bildung und Erprobung, Wissensdurst und Neugier sind folglich nicht mehr allein Vorrecht der Jugend, sondern prägen maßgeblich auch das Alter. »Man lernt nie aus«, sagen wir heute und meinen damit ein lebenslanges, produktives Lernen bis ins hohe Alter.

# Produktivität im Alter

Hans-Peter Tews von der Stiftung Rehabilitation in Heidelberg sieht fünf Formen der Produktivität:

1. Individuelle Produktivität: Aufrechterhaltung der selbständigen Lebensführung.
2. Intergenerative Produktivität: Hilfe Älterer für Jüngere.
3. Intragenerative Produktivität: Alte Menschen helfen Alten.
4. Umfeldproduktivität: Nachbarschaftshilfe, Engagement in der Gemeinde.
5. Gesellschaftliche Produktivität: Berufliches Wissen wird weitergegeben.

Konkrete Hinweise zum Lernen im Alter finden Sie im Kapitel 9, Seite 209 ff.

## In bin genauso kräftig wie vor vierzig Jahren

Drei befreundete alte Männer saßen zusammen und sprachen von den Freuden der Jugend und der Last des Alters. »Ach«, stöhnte der eine: »Meine Glieder wollen nicht mehr, wie ich will. Was bin ich doch früher gelaufen, wie ein Windhund, und jetzt lassen mich meine Beine so im Stich, daß ich kaum mehr einen Fuß vor den anderen setzen kann«. »Du hast recht«, pflichtete ihm der zweite bei. »Ich habe das Gefühl, meine jugendlichen Kräfte sind versickert wie das Wasser in der Wüste. Die Zeiten haben sich geändert, und zwischen den Mühlsteinen der Zeit haben wir uns geändert.« Der dritte, ein Mullah, ein Laienprediger, kaum weniger klapprig als seine Gefährten, schüttelte den Kopf: »Ich verstehe euch nicht, liebe Freunde. Ich kenne das alles von mir nicht, worüber ihr klagt. Ich bin genauso kräftig wie vor vierzig Jahren.« Das wollten ihm die anderen nicht glauben. »Doch, doch«, ereiferte sich der Mullah. »Den Beweis dafür habe ich erst gestern erbracht. Bei mir im Schlafgemach steht schon seit Menschengedenken ein schwerer eichener Schrank. Vor vierzig Jahren habe ich versucht, diesen Schrank zu heben, aber was glaubt ihr, Freunde, was geschah? Ich konnte den Schrank nicht heben. Gestern kam mir die Idee, ich solle einmal den Schrank anheben. Ich versuchte es mit allen Kräften, aber wieder schaffte ich es nicht. Damit ist doch eines klar bewiesen: Ich bin genauso kräftig wie vor vierzig Jahren.«

Persische Geschichte

# Aus Gastarbeitern werden Rentner

»Seit 25 Jahren lebe und arbeite ich hier in Deutschland. Früher hatte ich vor, als Rentner wieder in mein Heimatland zurückzukehren. Da ich dort aber nun fremd bin und meine Kinder in Deutschland leben, bleibe ich hier. Es fällt mir schwer, meinen Ruhestand zu gestalten, da ich weitgehend isoliert bin. Ich getraue mich nicht, Angebote für ältere Menschen wahrzunehmen, da meine Sprachkenntnisse begrenzt sind.«
Antonio B., 65 Jahre

■ Noch sind die Ausländer in Deutschland im Durchschnitt jünger als die Deutschen. Einer Modellrechnung des Bundesinnenministeriums zufolge jedoch wird in den nächsten Jahren der Anteil der über 65jährigen unter den Ausländern stetig zunehmen. 1990 waren 304 000 von ihnen 65 Jahre oder älter. Im Jahre 2010 wird ihre Zahl auf 1 132 000 steigen.

**Ausländer in Deutschland im Durchschnitt jünger als die Deutschen.**

Noch sind die ausländischen Rentner relativ junge Alte, die sich zumeist selber versorgen können. Doch je älter sie werden, desto pflegebedürftiger werden sie auch. Darauf sind die Einrichtungen der Altenhilfe kaum vorbereitet. Eine Umfrage des Essener Zentrums für Türkeistudien unter türkischen und italienischen Ruheständlern ergab, daß die meisten Alten erwarten, von ihren Kindern aufgenommen und versorgt zu werden. Doch auf diese Hilfe können sie nicht immer rechnen. Die Wohnungen sind oftmals zu klein, und die Kinder orientieren sich an deutschen Gewohnheiten. Die Aussicht, in ein Altersheim zu ziehen, aber ist für viele Ausländer eine Schreckensvision.

# Ich lebe hier und ich lebe dort

Wild tanzen die Schneeflocken vor dem Küchenfenster. Große Eiskristalle haben sich an der Scheibe festgesetzt. Seit Tagen herrschen Minusgrade in München, die Menschen laufen dick eingepackt in Wintermänteln, mit Handschuhen und Schals durch die Stadt.
Yasemin schaut auf das Schneetreiben vor ihrem Fenster. »Ich liebe diesen Schnee«, sagte die 66jährige, ohne ihren Blick von den Flocken abzuwenden. Eine ganze Weile sitzt sie so in ihrer Küche – stumm und fasziniert vom deutschen Winter. Yasemin ist eine schöne Frau, sie hat lange blonde Haare, die trotz ihres Alters nicht ergrauen, ein rundes Gesicht und warm blickende Augen. Sie ist ein impulsiver Mensch und strahlt Energie aus.

Und so verliert sie urplötzlich ihr Interesse am winterlichen Wetter, springt von ihrem Stuhl auf und verschwindet im Schlafzimmer. Mit fünf Fotos kehrt sie zurück. »Meine Heimatstadt – Istanbul. Dort habe ich meine Kindheit verbracht.«

Yasemin ist Türkin, sie selbst nennt sich eine »deutsche Türkin«. »Oder bin ich schon eine türkische Deutsche? Das kann wohl niemand so genau sagen.« Fest steht, daß sie 1964 nach Deutschland kam, als Gastarbeiterin der ersten Generation. Drei Jahre wollte die damals 35jährige hier bleiben, ein wenig Geld sparen und damit eine eigene Existenz in ihrer Heimat aufbauen.

Es kam ganz anders – aus drei Jahren wurden 30. Zunächst arbeitete sie in einer Fabrik am Fließband. »Harte Arbeit, aber viel Geld«, beurteilt Yasemin diese Zeit heute nüchtern. Nach drei Jahren lief der Arbeitsvertrag, mit dem ein großer deutscher Konzern sie angeworben hatte, aus. Die junge Frau fand schnell eine neue Arbeit und verspielte damit, ohne sich dessen bewußt zu werden, eigentlich schon ihre letzte Chance, in ihre Heimat zurückzukehren.

. . . . . . . . . . . . . . . . . . . . . . . . . . . . . .

## Vier Gründe zum Hierbleiben

Kaum eine(r) der ausländischen Rentner und Rentnerinnen hatte sich darauf eingerichtet, das Alter in Deutschland zu verbringen. Als sie kamen, wollten sie einige Jahre Geld verdienen und dann wieder heimfahren. Aber der Traum von der Rückkehr in die alte Heimat konnte dann später nicht mehr verwirklicht werden.
Vor allem vier Gründe sind es, die ausländische Rentner und Rentnerinnen zum Hierbleiben bewegen oder gar zwingen:

1. Die Kinder und Enkelkinder sind in der Regel hier aufgewachsen und wollen nicht zurück in das Land, das sie nur von einigen Wochen Urlaub im Jahr kennen. Die Rückkehr bedeutete eine endgültige Trennung von der eigenen Familie.

2. Viele haben über Jahre und Jahrzehnte hin schwere körperliche Arbeit verrichten müssen. Sie fühlen sich gesundheitlich angeschlagen oder sind sogar schwer krank. Sie bleiben in Deutschland wegen der besseren medizinischen Versorgung.

3. Bei den meisten reicht die Rente nicht aus für den Lebensunterhalt, weil sie nicht lange genug in die deutsche Rentenversicherung eingezahlt haben. Von daher sind sie auf die Unterstützung ihrer Kinder oder auf die Sozialhilfe angewiesen.

4. Nicht zuletzt ist ihnen die alte Heimat im Laufe der Zeit fremd geworden. Von den alten Verwandten, Freunden und Kollegen sind viele mittlerweile gestorben, so daß auch die menschlichen Bindungen und Beziehungen spürbar nachgelassen haben oder völlig aufgegeben worden sind.

Die ausländischen Rentner und Rentnerinnen als die erste Generation der sogenannten Gastarbeiter sind bei uns kaum integriert. Sie finden selten Zugang zu sozialen Einrichtungen, da sie nur über geringe Sprachkenntnisse verfügen. Deshalb müssen sie »Orte« haben, wo sie sich mit ihren Landsleuten treffen können. Denn gerade ältere Ausländer suchen das Vertraute: ihre Sprache, Musik und Kultur. Da sie mit zunehmendem Alter weniger mobil werden, reichen Ausländerzentren oder Missionen in der Stadtmitte nicht aus. Hier könnten kommunale und pfarrliche Gemeinden mit ihren Räumlichkeiten »vor Ort« aushelfen und zu Begegnungsstätten werden – zunächst der Ausländer untereinander und dann der ausländischen »Gäste« mit ihren deutschen »Gastgebern«.

# Heimatlos!

Ich bin aufgebrochen, aber nicht angekommen.
Ich bin unterwegs, aber sehe kein Ziel.
Ich bin hier oder dort – gleichgültig wo.
Ich gehöre nirgends hin.
Ich bin fremd, auch mir selbst.

Ich habe verloren.
Meine Herkunft, meinen Weg, meine Zukunft.
Meine Wurzeln.
Ich habe meine Hoffnung, mein Zutrauen,
meinen Mut verloren,
Das Vertrauen, wieder Sinn in meinem
Leben zu sehen.

Ich habe alles verloren.
Ich bin verloren.
Verloren mitten unter Menschen.

Die Sehnsucht bleibt:
Geborgen sein, vertraut sein, angenommen sein.
Leben ohne Angst.
Wieder Frieden finden, auch in mir.
Heimat.

Thomas Broch

■ Ähnlich den ausländischen Rentnern und Rentnerinnen geht es auch immer mehr älteren Menschen aus Deutschland: Sie verbringen ihren Lebensabend fern der Heimat im Ausland. Jedoch mit dem

## Viele deutsche Rentner leben im Ausland

großen Unterschied, daß sie es freiwillig und bereitwillig tun und keine äußeren Umstände sie dazu zwingen.

Die USA und Österreich sind, so das Kuratorium Deutsche Altershilfe (Köln), die beliebtesten Auswanderungsländer deutscher Rentner. Ständig in den USA lebten 1993 insgesamt 17000 Rentnerinnen und Rentner; 14100 waren es in der Alpenrepublik. 8000 Ruheständler erkoren Frankreich, 7800 Kanada, 7200 die Schweiz, 6000 die Niederlande und 4000 Großbritannien zu ihrer Wahlheimat. 95700 Rentner bezogen 1993 ihre Altersrente dauerhaft im Ausland.

Nach der Auswertung des Verbandes der Deutschen Rentenversicherungsträger landete Spanien mit 3600 deutschen Ruheständlern erst auf Platz 8 in der Beliebtheitsskala.

Nicht erfaßt seien Rentner, die zwar im Süden überwinterten, aber ihren ständigen Wohnsitz in Deutschland behielten. 1993 überwiesen die deutschen Rentenversicherungsträger knapp 1 Mrd. DM ins Ausland.

# Wenn es »unruhig« wird in der Ehe ...

Vor allem die Übergangszeit vom Berufsleben in den Ruhestand ist konfliktträchtig und krisenanfällig – auch und nicht zuletzt für die Ehe. Schließlich müssen Mann und Frau zu einem völlig neuen Lebensrhythmus finden. Sie sind nun Tag und Nacht, rund um die Uhr, zusammen. Da wird es um so wichtiger sein, das Gleichgewicht herzustellen zwischen Nähe und Distanz, Beziehung und Entziehung,

Gemeinsamkeit und Selbstand, WIR und ICH. Nähe kann in Übernähe umschlagen und beiden Partnern die Luft zum Atmen nehmen; Distanz kann zur Entfremdung führen und beide Partner sich auseinanderleben lassen. Mann und Frau brauchen ihren eigenen *Raum* – im Doppelsinn des Wortes. Aber sie müssen auch Orte gemeinsamen Tuns und Handelns suchen. Die Balance muß sorgfältig austariert werden!

Wie jede Veränderung löst auch das »neue Leben« in der Ehe zunächst Unsicherheit und Ungewißheit, mitunter sogar Skepsis und Befürchtungen aus. Bisher eindeutig geregeltes Leben wird aufgehoben, vieles will neu geordnet und aufeinander abgestimmt sein. Es gibt eine krankmachende, es gibt aber auch eine heilsame Unruhe. Von welcher Art diese Unruhe sein wird, hängt weitgehend von den Ehepartnern selbst ab.

In den noch verbleibenden rund zwanzig Jahren Ehe können sie so manches tun, was bislang unterbleiben mußte oder in der Hoffnung auf bessere Zeiten zurückgestellt wurde. Nun ist diese Zeit gekommen, wo die Eheleute ausreichend Zeit für sich und füreinander haben und vieles gemeinsam oder auch allein tun können. Das alles gibt dem ehelichen Leben neue Qualität und neue Perspektive. Hier wird Ruhestand nicht zum Stillstand! Hier ufert wohlverdiente Ruhe nicht aus in Langeweile! Hier werden zwei Menschen zwar miteinander alt, aber sie bleiben doch »jung« füreinander!

paar, über 50
daß nur noch eines von beiden
eine weitere lebensphase wird haben
müssen
und sie noch lange nicht kommen
und kurz sein
möge

Ernst Jandl

# Der neue Hausmann

*Mein Mann und ich wurden fast gleichzeitig pensioniert. Da lag nur ein Unterschied von einem Monat dazwischen. Ich muß sagen, in der ersten Zeit fand ich das richtig gut, ich hatte meinen Haushalt im Nu am Morgen fertig und nach dem Mittagessen konnten wir spazierengehen, Mittagsschlaf machen oder auch andere Sachen, wozu wir gerade Lust hatten. Aber nach einiger Zeit wurde mir das langweilig, so ein Haushalt von zwei Personen macht doch nicht mehr viel Arbeit. Früher, als ich alles erledigen mußte, wenn ich aus dem Geschäft kam oder bevor ich hinging, da war es manchmal eine ganz schöne Belastung für mich, und ich hätte mir manchmal gewünscht, mein Mann oder mein Sohn hätten mir ein bißchen dabei geholfen.*

*Aber heute ... heute möchte mein Mann helfen, und mir ist das nicht recht. Was bleibt mir da noch. Dann ist die Arbeit ja noch schneller fertig und immerzu Handarbeiten machen mag ich auch nicht. Und außerdem, wenn ich meinen Mann einkaufen schicke, bringt er mir doch garantiert was Falsches. Nein, da mache ich das schon lieber selbst. Ich habe ihm schon gesagt, er soll sich ein Hobby suchen, damit er auch etwas tun kann.*

. . . . . . . . . . . . . . . . . . . . . . . . . . . . . . . . .

War der Haushalt bisher der Verantwortungsbereich der Frau, so will nun der Mann hier mitbestimmen. Vom Haushalt verstehe ich auch etwas! Vorherrschend ist weniger das neu erwachte Interesse des Mannes an der Hausarbeit, sondern vielmehr ein Ausweg aus dem Gefühl, »nicht mehr gebraucht zu werden«. Aus dem Erwerbsleben ausgeschieden, sucht er nun seine »Macht« durch eine »Vormacht« im Haushalt einzubringen. Damit gerät er aber in Konkurrenz zur »Frau des Hauses«.
Solche oder ähnliche Erfahrungen lassen die Angst vieler Frauen vor der Pensionierung ihrer Männer verständlich erscheinen. Sie alle haben vor dem (Vor-)Ruhestand des Mannes zu ihrem gewohnten Tagesablauf gefunden. Sie konnten über ihre Zeit selbst bestimmen, sich den Tag einteilen im Rhythmus von Arbeit und Entspannung, von Begegnung und Alleinsein, von Hektik und Ruhe. Damit scheint

es in vielen älteren Ehen vorbei zu sein, wenn der Mann nun den ganzen Tag zu Hause ist und mitunter nichts mit sich anzufangen weiß. Die Frau wird dann zur »Unterhalterin« ihres Mannes. Sie muß ihn »bei Laune« halten, ihn irgendwie beschäftigen, ihn spüren lassen, daß er weder nutz- und wertlos noch sein Leben sinnlos geworden ist. Eine undankbare Aufgabe, eine oft mühsame Angelegenheit! Aus dem vermeintlichen Ruhestand kann ein dauernder »Unruhestand« werden!

• • • • • • • • • • • • • • • • • • • • • • • • • • • • • • • •

Sagen Sie einmal, was treibt eigentlich Ihr Mann den ganzen Tag, seit er pensioniert ist? Ach, nichts Besonders. Er geht halt seinen Hobbys nach. So, und was sind seine Hobbys? Nun, zum Beispiel Geschirrspülen, Kartoffelschälen, Einkaufen ...

• • • • • • • • • • • • • • • • • • • • • • • • • • • • • • • •

## Pensionierung – 10 Tips zur persönlichen Vorbereitung

## 1
## Gemeinsam planen

Der neue Lebensabschnitt nach dem Austritt aus dem Erwerbsleben bringt auch für Ihren Lebenspartner und Ihre Angehörigen wesentliche Veränderungen.
Sprechen Sie sich deshalb über Ihre gemeinsame Zukunft aus. Teilen Sie sich Ihre Wünsche, Hoffnungen, Vorstellungen oder auch Befürchtungen mit. Gemeinsam planen kann auch heißen: sich gegenseitig neu kennenlernen.

# 2
# Frühzeitig rechnen

Ein provisorisches Budget, im voraus erstellt, erleichtert das Planen und schützt vor unliebsamen Überraschungen. Wie wird sich das Einkommen nach dem Austritt aus dem Erwerbsleben zusammensetzen, und wie steht es dann mit den Ausgaben? Wissen Sie Bescheid über Ergänzungsleistungen und Beihilfen? Sind Sie und Ihr Lebenspartner ausreichend gegen Krankheit und Unfall versichert?

# 3
# Rechtzeitig fragen bei rechtlichen Fragen

Zögern Sie nicht, sich in rechtlichen Angelegenheiten an Fachleute zu wenden. Vielleicht haben Sie sich auch schon Gedanken gemacht über die Verwendung Ihrer Hinterlassenschaft? Sicher ist es Ihnen ein Anliegen, für Ihre Erben eine klare Situation zu schaffen. Dabei gilt es zu prüfen, ob die gesetzliche Erbfolge Ihren Vorstellungen entspricht. Wenn dies nicht der Fall ist, können durch ein Testament und gegebenenfalls durch einen Ehevertrag gewisse Änderungen vorgenommen werden.

# 4
# Zur Gesundheit Sorge tragen

Altern ist keine Krankheit, sondern ein natürlicher Vorgang. Doch wird das Wohlbefinden im Alter auch damit zusammenhängen, was Sie heute für Ihre Gesundheit zu tun bereit sind. Die goldenen Regeln der vernünftigen Lebensweise lauten: viel Bewegung, dem alternden Organismus angepaßte Ernährung, kontrollierter Genußmittel- und Medikamentenkonsum, Ausgewogenheit zwischen Anspannung und Entspannung. Benutzen Sie die vielen Möglichkeiten zur sportlichen Betätigung wie Turnen, Wandern, Schwimmen, Tanzen in Gruppen. Das erhält die Lebensfreude und bringt neue Kontakte.

# 5
# Wohnen und Haushalten

Tun Sie alles, um die Wohnung oder das Haus und den Haushalt so unfallsicher und praktisch als möglich einzurichten. Und gemütlich soll es sein, denn Sie werden in Zukunft vermutlich viel mehr Zeit zu Hause verbringen. Auch kann sich das Wohlbefinden heben, wenn jeder Bewohner seine eigene Arbeitsecke hat. Erkundigen Sie sich über die Dienste, die in Ihrer Region bei Krankheit oder Behinderung zur Verfügung stehen, z.B. Gemeindekrankenschwester, Hauspflege, Haushilfe, Mahlzeitendienst, Fahrdienst usw. Sollten Sie einen Wohnortwechsel planen, ist u.a. zu klären, ob am neuen Ort diese Dienste vorhanden sind, ob Alters- und Pflegeheime bestehen, ob die Verkehrsverbindungen gut sind und ob sie dort Bekannte und Kontakte haben werden.

# 6
# Mitmenschliche Beziehungen pflegen

Man kann sich das vorher gar nicht so recht vorstellen, aber eines Tages werden die selbstverständlichen Kontakte zu Kollegen, Vorgesetzten, Mitarbeitern, Kunden usw. wegfallen, die mit jedem Arbeitsplatz verbunden sind. Wird Ihnen dann der jetzige Familien-, Freundes- und Bekanntenkreis genügen? Sollten Sie nicht gewisse wertvolle Kontakte vertiefen? Haben Sie Verbindung zu jüngeren Menschen? Es empfiehlt sich auch, jetzt schon nach einem Stammtisch oder einer Kaffeerunde Ausschau zu halten oder nach einer Vereinigung, in der man gemeinsame Interessen pflegen kann.

# 7
# Für Neues offen sein

Viele fragen, wie sie geistig rege bleiben können, wenn die Anforderungen im Familienkreis kleiner werden, diejenigen aus dem Erwerbsleben wegfallen und sich, natürlich bedingt, eine gewisse

Verlangsamung einstellt. Die geistige Leistungsfähigkeit kann durch ständigen Gebrauch beibehalten werden. Darunter versteht man beispielsweise Gespräche führen, Auswendiglernen, für neue Erfahrungen offen sein, Gesellschaftsspiele spielen, Kurse und andere kulturelle Veranstaltungen besuchen, im echten Sinn neugierig sein, lesen und das Gelernte für sich verarbeiten.

## 8
## Seine Neigungen wieder entdecken

Berufs- und Familienpflichten lassen oft eigene Wünsche und Begabungen in den Hintergrund treten, ja sogar vergessen. Nun kommt die Zeit, wo man sich darauf besinnen kann, was man schon immer gerne getan hätte. Welche Interessen lassen sich wieder beleben, welche Liebhabereien ausbauen, was möchten Sie neu aufnehmen? Halten Sie Ausschau nach gleichgesinnten Leuten für den Erfahrungs- und Ideenaustausch.

## 9
## Neue Aufgaben suchen

Das Erwachsenwerden der Kinder und der Austritt aus dem Erwerbsleben bedeuten für viele, daß sie beizeiten nach neuen Aufgaben Ausschau halten sollten, die dem Leben weiterhin Sinn geben können. Oft ist mit einer gewissen Phase des Suchens zu rechnen, bis ein befriedigender Einsatz der persönlichen Fähigkeiten und Kenntnisse in der Familie, der Verwandtschaft, der Nachbarschaft, der Kirchengemeinde, einem Verein, der Partei, einer Interessengruppe, einer sozialen Institution usw. gefunden werden kann.

## 10
## Akzente anders setzen

Die Erwerbstätigkeit ist auf vorzeigbare Leistung ausgerichtet, auf Produktion und auf Ergebnisse. Der neue Lebensabschnitt eröffnet andere Möglichkeiten, er bietet Raum für eine neue Selbstbesinnung.

Die Freude und die Lust am Tun an sich könnten an die Stelle von »Ergebnisse Produzieren« treten. Sich vermehrt Zeit nehmen für Gedanken, Erfahrungen, Empfindungen, andere Menschen, Lebensfragen, führt, zu neuen Einsichten und tieferem Verständnis für Wesentliches. So kann auch die innere Freiheit weiterwachsen, die zur Weisheit des Alters gehört.

Kapitel 6

# In die Jahre kommen

## Frauen und Männer im Alter

# Das Alter ist weiblich

Die Lebenserwartungen sind in den letzten Jahrzehnten deutlich gestiegen: Frauen haben derzeit eine Lebenserwartung von etwa 80 Jahren, Männer von etwa 75 Jahren. Mit zunehmendem Alter wird somit der Anteil der Frauen gegenüber dem der Männer größer. Vielfach sagt man deshalb: »Das Alter ist weiblich«. Dies gilt in jedem Fall heute schon für die über 80jährigen. Von ihnen sind nur ein Drittel Männer und zwei Drittel Frauen.

Kennzeichnend für Frauen über 60 ist jedoch, daß der größte Teil von ihnen alleine lebt. Noch vor 150 Jahren überlebte kaum eine Frau ihren Mann. Heute dagegen überleben sie meist ihre Männer. Von der heutigen Generation der älteren Frauen in Deutschland haben viele ihre Männer vorzeitig im Krieg verloren. Von daher ist der Anteil der verwitweten Frauen im Alter sehr hoch. Von den 60-74jährigen sind noch 80% der Männer verheiratet, aber nur 50% der Frauen. Bei den über 75jährigen sind nur noch 16% der Frauen verheiratet, aber noch 63% der Männer.

# Wenn sie diesen Tango hört

Sie sitzt auf ihrem alten Sofa
aus der Wirtschaftswunder-Zeit
Zwei Glückwunschkarten auf dem Tisch
Dallas ist längst vorbei
Alles Gute zum einundsechzigsten
liebe Omi, Tschüß, bis bald
Die Kinder sind jetzt groß und außer Haus
Die Wohnung ist oft kalt.

Irgendwas hat sie immer zu tun
sie teilt sich die Hausarbeit ein
und jeden Abend schaltet sie ab
und das Fernsehen ein
Das war nicht immer so
erst seit sie allein ist
seit ihr Mann starb
den sie mit feuchten Augen vermißt.

Sie hat so gern getanzt mit ihm
und manchmal, wenn's zu sehr weh tut
legt sie ihre alte Lieblingsplatte auf
und tanzt ganz für sich.

Wenn sie diesen Tango hört
vergißt sie die Zeit
Wie sie jetzt lebt ist weit, weit entfernt
wie ein längst verglühter Stern.

> Aus der Heimat verjagt und vertrieben
> nach Hitlers großem Krieg
> Sie hat kräftig mitbezahlt
> für den deutschen Traum vom Sieg
> Dann der lange harte Wiederaufbau
> für ein kleines Stückchen Glück
> Das lang ersehnte Eigenheim
> Kinder für die Republik.
>
> Die sollten's später besser haben
> deshalb packte sie fleißig mit an
> So blieb ihr oft zu wenig Zeit
> für sich und ihren Mann
> Ein ganzes Leben zusammen
> gelitten, geschuftet, gespart
> Jetzt wär' doch endlich Zeit für mehr
> jetzt ist er nicht mehr da.
>
> Hartmut Engler / Ingo Reidl

# Unterschiedliche Lebensverläufe von Frauen und Männern

Natürlich gibt es keine allgemein gültigen Lebensbiographien. Die Lebensgeschichte eines jeden Mannes und einer jeden Frau ist sehr unterschiedlich. Dennoch lassen sich gerade für die heutige ältere Generation typische Lebensläufe von Frauen und Männern nachzeichnen. Sie sind in der Tat unterschiedlich: typisch weiblich und typisch männlich.

## LEBENSVERLÄUFE VON FRAUEN UND MÄNNERN

### Kindheit + Jugend

Mädchen und Jungen / Junge Frauen und Junge Männer

haben eine Schulausbildung / Berufsausbildung / beginnen in der Regel eine Berufstätigkeit

### Erwachsenenalter

| Frauen | Männer |
|---|---|
| müssen sich entscheiden zwischen | setzen fort ihre |
| Familientätigkeit (unter Verzicht auf berufliche Interessen und Tätigkeiten) ▽ Familientätigkeit *und* Berufstätigkeit (als Doppelbelastung) ▽ Familientätigkeit und Berufstätigkeit im Wechsel (wechselnde Rollen und erlebte Brüche) ▽ Berufstätigkeit (unter Verzicht Mutterrolle/Familienleben) | Berufslaufbahn bzw. Berufsausübung und haben »nebenbei« ihre Familien ▽ ihre Interessen und Hobbys ▽ Vor allem aber geht es um berufliche Kriterien des Weiterkommens wie ▽ Beförderung Karriere Höhere Gehaltsklasse Berufskontakte und anderes mehr |
| »Verzicht« in jedem Fall? | |
| »Halbiertes Leben«? | |

### Alter

| | |
|---|---|
| Alterssicherung? | Alterssicherung |

Kennzeichnend für den Lebenslauf der Frauen ist, daß sie immer wieder Abschied von Vertrautem nehmen und sich mit Neuem zurechtfinden müssen: Geburt der Kinder – Abschied vom Beruf; Auszug der Kinder aus dem Elternhaus – Neuorientierung in der Partnerschaft und Suche neuer Rollen und Aufgaben; Klimakterium – Abschied von der jungen, attraktiven Frau und neue Identitätsfindung; Pflege der Eltern – Aufgabe der Tochterrolle und Übernahme mütterlicher Aufgaben für die altgewordenen Eltern ...

Es fällt deshalb Frauen, die in ihrer Lebensgeschichte schon viele Umbrüche und Veränderungen erlebt und gemeistert haben, in der Regel leichter, mit der Situation im Alter fertig zu werden. Sie haben viele Fähigkeiten erwerben können und müssen, die jetzt notwendig sind: sich einstellen auf neue Lebenssituationen, die Zeit selbständig einteilen, den Tag und die Woche planen, selbstverantwortlich den Haushalt regeln, Kontakte zu anderen aufnehmen, Beziehungen knüpfen und pflegen, nicht zuletzt immer wieder von Altvertrautem und Gewohntem Abschied nehmen.

# Männer: Wenn ich meine Frau nicht hätte

Vielleicht fühlt sich der ältere Mann geschmeichelt, wenn die Gemüsehändlerin hinter der Theke fragt: »Was darf es denn sein, junger Mann?« Denn: die meisten Männer tun sich schwer mit der Annahme ihrer neuen Lebenssituation im Alter, insbesondere dann, wenn sie aus dem Beruf ausscheiden (müssen). Vieles haben Männer jetzt erst mühsam zu lernen. Sie hatten weniger Gelegenheiten, ihr Leben selbstverantwortlich – auch mit den Brüchen in ihrer eigenen Biographie – zu gestalten. Meist waren der Verantwortungsbereich, die Zeiteinteilung, das Beziehungsnetz durch den Beruf gewährleistet. Erst mit der Pensionierung brechen diese Kontakte und Gewohnheiten ab.

Im Unterschied zu älteren Frauen suchen Männer erst jetzt die familiären und sozialen Beziehungen. Vorher konnten sie sich auf die Beziehungs- und Familienarbeit ihrer Frauen verlassen. Frauen lebten die Familie, Männer hatten eine Familie. Frauen lebten Beziehungen, Männer hatten Beziehungen.

Frauen haben meist ein Leben lang private Kontakte gepflegt. Viele Männer dagegen haben dies während ihrer Berufsjahre vernachlässigt und sind deshalb im Alter stärker auf das häusliche Leben fixiert als Frauen. Wobei sich Kontakte zu den anderen Familienmitgliedern, nicht zuletzt zu Töchtern und Schwestern, aufgrund vielfältiger Beobachtungen positiv auf das Wohlbefinden des Mannes auswirken. Viel stärker als Frauen sind Männer im Alter offensichtlich von solcher Zuneigung und erlebter Wertschätzung abhängig.

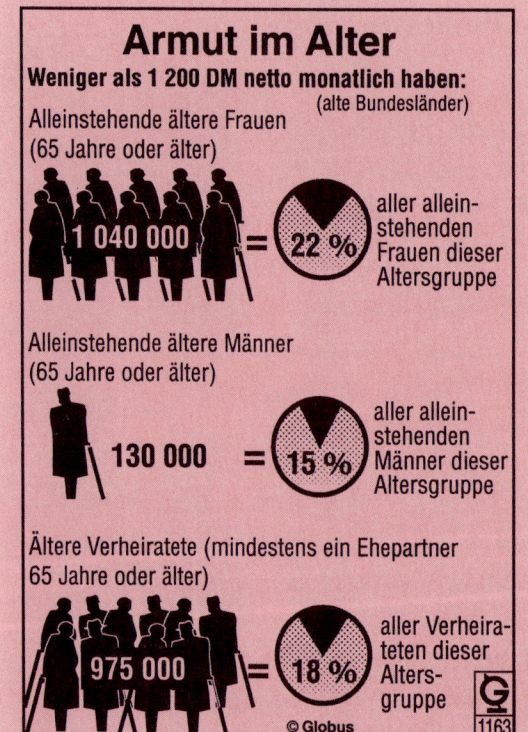

## Die Armut ist weiblich

*Wann beginnt die Armut?*
In Deutschland gilt der Sozialhilfesatz als Armutsgrenze, das sind etwa 1.200 DM monatlich für Alleinstehende. Nach diesem Maßstab ist etwa jeder fünfte Ältere »arm«. Betroffen sind vor allem Frauen, die im Haushalt, für Kinder, für pflegebedürftige Angehörige, in der Landwirtschaft gearbeitet haben.

Sie beziehen keine oder eine geringe Witwenrente. Oft haben sie eine große Scheu, Ansprüche beim Sozialamt geltend zu machen. Armut versteckt sich und wird von Außenstehenden kaum wahrgenommen.

# Die finanzielle Situation

Auch nach der Rentenreform 1992 erhalten in Deutschland die meisten Frauen ihre Rente vorwiegend aus abgeleitetem Anspruch je nach der früheren Erwerbstätigkeit des Ehemannes. Eine Witwe bezieht bei geringem eigenen Einkommen 60% der fiktiven Versichertenrente des verstorbenen Ehemannes. Das mag bei einem ursprünglich hohen Einkommen des verstorbenen Ehemannes als weniger dramatisch empfunden werden, kann aber bei Zugrundelegung eines relativ niedrigen Arbeitslohnes rasch zum Unterschreiten der Armutsgrenze führen.
Ledige Frauen im Rentenalter, die nicht etwa als Alleinerziehende beruflich zurückstecken mußten, haben aufgrund langjähriger Berufstätigkeit zumeist einen ausreichenden eigenen Rentenanspruch. Dagegen hat die jahrzehntelange Arbeit der Kindererziehung und der Haushaltsführung keine entsprechende Rentenzahlung zur Folge. So sind Frauen in besonderer Weise von der Armut betroffen. Ein Schicksal, das nur selten selbst verschuldet oder persönlich verantwortet ist. Fast 25% der alleinstehenden Frauen über 65 Jahre in Deutschland verfügen über weniger als 1200,- DM netto. Meist haben Frauen die Erziehungsaufgaben und die Versorgung und Pflege von Angehörigen im Alter ohne ausreichende soziale Sicherung übernommen. Die seit einigen Jahren gewährten Beiträge für Kindererziehungszeiten, die bei der Rentenberechnung berücksichtigt werden, sind demgegenüber geradezu lächerlich gering.

In Deutschland orientiert sich das System der Alterssicherung am Modell einer lebenslangen ehelichen Gemeinschaft. Wenn dieses Modell jedoch nicht funktioniert, ergeben sich besonders für betroffene Frauen erhebliche Einbußen bei der Alterssicherung. So führen z.B. relativ frühe Berufsaufgabe des Mannes, längere Unterbrechungszeiten während der eigenen Berufstätigkeit, frühe Verwitwung, Scheidung oder Trennung zu einer unzureichenden Versorgung.

Oft können Frauen in ihrem Leben nur zeitweise erwerbstätig sein, und das bei geringeren Verdienstmöglichkeiten gegenüber den Männern. Dies wirkt sich später auf die Rente aus. Ältere Frauen haben bisher keine Lobby. Solche Altersarmut ist nicht nur eine finanzielle Belastung, sie beeinträchtigt nicht selten auch das gesundheitliche, seelische und soziale Empfinden. Denn immer noch führen Schamgefühl und die Angst vor Diskriminierung durch Freunde, Nachbarn und Angehörige dazu, etwa zustehende Sozialhilfe nicht in Anspruch zu nehmen. Untersuchungen haben gezeigt, daß die Befürchtungen und Vorbehalte bei Älteren im ländlichen Raum noch größer sind als in den Städten.

# Schönheit des Alters

Strahlenden Auges
blicken die Kinder zum Himmel.
Heißhungrig greift die Jugend
nach den Äpfeln des Paradieses.
Gierig stürzt der gehetze Mensch
von Genuß zu Genuß,
um nichts zu versäumen.
Doch das Leben speist ihn
mit den Bettelsuppen
der Vergänglichkeit ab,
die ungesättigt lassen.
Würdelose Greise
und altgewordene Backfische wollen
auf dem Rummelplatz der Liebe
immer noch Karussell fahren.
Nur eine alte Zeitungsfrau,
runzlig wie ein verschrumpelter Apfel,
aber mit lachenden Kinderaugen,
hat mir die Schönheit des Alters gezeigt.

Rita Reiners

Was man so sagt

### Der ältere Mann:
➢ eine stattliche Erscheinung
  ➢ ein Herr mit grauen Schläfen
    ➢ kommt in die besten Jahre

### Die ältere Frau:
➢ ist verblüht
  ➢ eine »alte Schachtel«
    ➢ die schönsten Jahre liegen hinter ihr

Nach wie vor werden die Vorstellungen von alten Männern und alten Frauen von unterschiedlichen Leitbildern geprägt. Die Falten im Gesicht, die grauen Haare, der langsamere Gang beim Mann werden als Ausdruck von Erfahrung und Gelassenheit, als anziehende Merkmale einer Altersweisheit betrachtet. Bei der Frau dagegen werden die gleichen Merkmale als Zeichen vergangener Schönheit und Jugend, fehlender Attraktivität und Aktivität gebranndmarkt.

# Frauenbilder und Männerbilder in der Gesellschaft

### »Könnt ihr nicht zu eurer Glatze stehen?«

Damals, als ich mir zum ersten Mal der Tatsache bewußt wurde, daß ich nicht mehr jung war, auf der besagten Treppe leicht außer Atem ... fühlte ich nichts von Weisheit, Tugend, Tapferkeit, nichts von Schutz und helfenden Mächten, sondern ich

schämte mich wie einer, der plötzlich ertappt wird, der eine Blöße an sich entdeckt und versucht, sie zu verbergen.
Ich bin älter, aber ich will es verbergen.
Ich bin, wenn auch noch nicht so plump, wie jene Männer, denen die Haare ausfallen und die sich knapp über dem Ohr einen Scheitel ziehen, um die Blöße ihrer Glatze mit einem geölten oder fettigen Haarstrang zu bedecken.
Ich bin wie jene Männer, die weite Pullover anziehen, um ihren sich rundenden Bauch zu verhüllen. Männer, die ich immer verachtet habe. So wie ich Perückenträger verachte und einen kriminalistischen Blick entwickelt habe, jeden Perückenträger schon auf größere Entfernung zu erkennen.
Könnt ihr denn nicht zu eurer Glatze stehen, würde ich am liebsten zurufen ... Aber auf meine Weise habe ich damals, ... nichts anderes getan als diese Männer.«

*Ezzelino von Wedel*

## »Alte Weiber«?

Diese Unterscheidung von Frauen- und Männerbildern hat ihren Grund in der langen Geschichte einer männlich geprägten Welt. Schon in den Märchen werden alte Frauen häufig als unansehnlich und runzelig beschrieben; sie leben am Rande des Dorfes und der Stadt, in Kammern oder im Wald und verhexen und verzaubern mit ihrem Gift und ihren Eigenarten Menschen. Alte Frauen galten in früheren Zeiten als Traumdeuterinnen, Wahrsagerinnen oder Kräuterweiblein, die Ängste und Abwehr auslösten. Sie waren mächtig und konnten beschwören und verfluchen. Die Begegnung mit einem »alten Weib« war somit höchst gefährlich, besonders am frühen Morgen oder noch schlimmer am Neujahrsmorgen.
So trägt auch die Redensart von der »lustigen Witwe« bis in unsere Tage hinein zur Diskriminierung älterer Frauen bei.
Auch wenn sich das Bild der älteren Frau in unserer Zeit allmählich wandelt, sie stehen immer noch am Rande.

# »Fesche Mannsbilder«?

## »Ältere Herren« oder »alte Männer«?

Ich war imstande, das Alter als eine schöne Jahreszeit zu empfinden. Diesen Eindruck hatte ich vor allem, seitdem ich achtzig Jahre alt geworden war. Ich hatte als Siebziger begonnen, mich als Greis zu sehen; jetzt verstehe ich mich ganz einfach als »alten Mann«, ein wenig, nicht sehr viel allerdings, auch als »älteren Herrn«. (Ich habe zwei Kleidungen für diese beiden Zustände.) Es gibt übrigens einen wichtigen Unterschied zwischen den älteren Herren und den alten Männern. Jene grüßen einander nur, wenn sie einander vorgestellt sind. Die alten Männer dagegen empfinden offenbar eine Grundsolidarität: Sie winken einander oft heimlich und manchmal sogar offen zu, auch wenn sie einander überhaupt nicht kennen. Viel lieber also als ein älterer Herr bin ich ein alter Mann, und ich bereite mich vor, ein sehr alter Mann zu werden, in dem wird der ältere Herr dann wohl ganz verschwunden sein. Ein Senior dagegen bin ich nicht. Der Himmel bewahre die alten Leute davor. Allzu simple unter den Altenbetreuern haben mir den Ausdruck verleidet – er ist ohnehin eine Erfindung der Werbung. ■

*Walter Dirks*

Der alte Mann dagegen wird oft nur in zwei gegensätzlichen Typen dargestellt: einerseits der Erfahrene und Weise und andererseits der Müde und Resignierte. Schon in den Märchen der alten Zeit ist er meist differenzierter dargestellt als alte Frauen. Oft sind sie von adliger Herkunft, erteilen Ratschläge und planen die Zukunft, oder sie treten als Beherrscher und Krieger auf. Wie selbstverständlich werden immer wieder ihre sexuelle Potenz und die Stärke ihres Sexualtriebes bis ins hohe Alter hinein dargestellt: Der alte Greis, »der noch eine dralle Dirne begehrt«.

In der Gegenwart finden wir ältere Männer häufiger in den Medien als ältere Frauen. Allerdings auch hier meist in der Rolle des Ratgebers für Medikamente zur Potenzsteigerung und Mahner in Sachen gute

Ernährung, als begüterter Fabrikbesitzer oder Arzt, als Wohltäter und Menschenfreund. Sein Alter wird in der Regel beschönigt und nur positiv gesehen.

Die widersprüchliche Haltung alter Männer angesichts jenes beschönigenden Fremdbildes und des eigenen Selbstbildes kommt in einem Text von Max Frisch zum Ausdruck:

> »Es freut ihn nicht, Leute seines Jahrgangs begrüßen zu müssen, ehemalige Mitschüler mit Bauch und Glatze; er ist bei solchen Anlässen etwas verlegen, vor allem, wenn ihn eine Freundin begleitet, eigentlich auch sonst.«

# Frauen: Endlich mal was für sich tun

Frauen um die 60 haben vorwiegend ein Leben für andere geführt. Sie haben verschiedene Rollen gespielt:

- Tochter
- Schwiegertochter
- Partnerin und Ehefrau
- Mutter und Hausfrau
- Großmutter
- Erwerbstätige.

Selten haben sie dabei an sich denken und eigene Wünsche und Bedürfnisse anmelden, geschweige denn durchsetzen können. Jetzt aber, nachdem die Kinder aus dem Hause sind, möchten sie ihr Leben selbst in die Hand nehmen, etwas für sich tun. Dabei werden sie jedoch nicht selten durch äußere Umstände oder durch Ehepartner und Kinder behindert. Sie erleben sich in einem inneren Widerspruch: Kann ich, darf ich das, was ich eigentlich möchte?

»Ich habe wohl gedacht, du möchtest wohl etwas machen. Doch du möchtest nicht wieder etwas für andere machen. Du möchtest irgend etwas für dich selbst tun. – Aber das ist auch die Unsicherheit, so daß ich sag, mein Gott, du bist ja so alt. Mit lernen und so, das bringt doch gar nichts. Bist sowieso schon so vergeßlich.«

»Das Seminar war was Neues. Und mir gefiel das wohl ... Aber wenn man dann weiß, der Mann möchte das nicht so gerne, dann ist das doch eine Belastung für einen. Wenn man frei ist, dann kann man das eher.«

Solch widersprüchliche Situationen müssen zunächst wahrgenommen und eingestanden werden. Einiges läßt sich im Gespräch mit anderen leichter klären. Wenn man sich die unterschiedlichen Anforderungen und Widersprüchlichkeiten bewußtmacht und sie nicht gleich verdrängt, ist der erste Schritt zur Veränderung getan.

### Die unwürdige Greisin

Meine Großmutter war zweiundsiebzig Jahre alt, als mein Großvater starb. Er hatte eine kleine Lithographenanstalt in einem badischen Städtchen und arbeitete darin mit zwei, drei Gehilfen bis zu seinem Tod. Meine Großmutter besorgte ohne Magd den Haushalt, betreute das alte, wacklige Haus und kochte für die Mannsleute und Kinder.
Sie war eine kleine magere Frau mit lebhaften Augen, aber langsamer Sprechweise. Mit recht kärglichen Mitteln hatte sie fünf Kinder großgezogen – von den sieben, die sie geboren hatte. Davon war sie mit den Jahren kleiner geworden.
Von den Kindern gingen die zwei Mädchen nach Amerika, und zwei Söhne zogen ebenfalls weg. Nur der Jüngste, der eine schwache Gesundheit hatte, blieb im Städtchen. Er wurde Buchdrucker und legte sich eine viel zu große Familie zu.

So war sie allein im Haus, als mein Großvater gestorben war.

Die Kinder schrieben sich Briefe über das Problem, was mit ihr zu geschehen hätte. Einer konnte ihr bei sich ein Heim anbieten, und der Buchdrucker wollte mit den Seinen zu ihr ins Haus ziehen. Aber die Greisin verhielt sich abweisend zu den Vorschlägen und wollte nur von jedem ihrer Kinder, das dazu instande war, eine kleine geldliche Unterstützung annehmen. Die Lithographenanstalt, längst veraltet, brachte fast nichts beim Verkauf, und es waren auch Schulden da.

Die Kinder schrieben ihr, sie könne doch nicht ganz allein leben, aber als sie darauf überhaupt nicht einging, gaben sie nach und schickten ihr monatlich ein bißchen Geld. Schließlich, dachten sie, war ja der Buchdrucker im Städtchen geblieben.

Der Buchdrucker übernahm es auch, seinen Geschwistern mitunter über die Mutter zu berichten. Seine Briefe an meinen Vater, und was dieser bei einem Besuch erfuhr, geben mir ein Bild von dem, was in den folgenden Jahren geschah.

Es scheint, daß der Buchdrucker von Anfang an enttäuscht war, daß meine Großmutter sich weigerte, ihn in das ziemlich große und nun leerstehende Haus aufzunehmen. Er wohnte mit vier Kindern in drei Zimmern. Aber die Greisin hielt überhaupt nur eine sehr lose Verbindung mit ihm aufrecht. Sie lud die Kinder jeden Sonntagnachmittag zum Kaffee, das war eigentlich alles.

Sie besuchte ihren Sohn ein- oder zweimal in einem Vierteljahr und half der Schwiegertochter beim Beereneinkochen. Die junge Frau entnahm einigen ihrer Äußerungen, daß es ihr in der kleinen Wohnung des Buchdruckers zu eng war. Dieser konnte sich nicht enthalten, in seinem Bericht darüber ein Ausrufezeichen anzubringen.

Auf eine schriftliche Anfrage meines Vaters, was die alte Frau denn jetzt so mache, antwortete er ziemlich kurz, sie besuche das Kino.

Man muß verstehen, daß das nichts Gewöhnliches war, jedenfalls nicht in den Augen ihrer Kinder. Das Kino war vor dreißig Jahren noch nicht, was es heute ist. Es handelte sich um elende, schlechtgelüftete Lokale, oft in alten Kegelbahnen eingerichtet, mit schreienden Plakaten vor dem Eingang, auf denen Morde und Tragödien der Leidenschaft angezeigt waren. Eigentlich gingen nur Halbwüchsige hin oder, des Dunkels wegen, Liebespaare. Eine einzelne alte Frau mußte dort sicher auffallen.

Und so war noch eine andere Seite dieses Kinobesuchs zu bedenken. Der Eintritt war gewiß billig, da aber das Vergnügen ungefähr unter den Schleckereien rangierte, bedeutete es ›hinausgeworfenes Geld‹. Und Geld hinauszuwerfen, war nicht respektabel.

Dazu kam, daß meine Großmutter nicht nur mit ihrem Sohn am Ort keinen regelmäßigen Verkehr pflegte, sondern auch sonst niemanden von ihren Bekannten besuchte oder einlud. Sie ging niemals zu den Kaffeegesellschaften des Städtchens. Dafür besuchte sie häufig die Werkstatt eines Flickschusters in einem armen und sogar etwas verrufenen Gäßchen, in der, besonders nachmittags, allerlei nicht besonders respektable Existenzen herumsaßen, stellungslose Kellnerinnen und Handwerksburschen. Der Flickschuster war ein Mann in mittleren Jahren, der in der ganzen Welt herumgekommen war, ohne es zu etwas gebracht zu haben. Es hieß auch, daß er trank. Er war jedenfalls kein Verkehr für meine Großmutter. Der Buchdrucker deutete in einem Brief an, daß er seine Mutter darauf hingewiesen, aber einen recht kühlen Bescheid bekommen habe. ›Er hat etwas gesehen‹, war ihre Antwort, und das Gespräch war damit zu Ende. Es war nicht leicht, mit meiner Großmutter über Dinge zu reden, die sie nicht bereden wollte.

Etwa ein halbes Jahr nach dem Tod des Großvaters schrieb der Buchdrucker meinem Vater, daß die Mutter jetzt jeden zweiten Tag im Gasthof esse.

Was für eine Nachricht!

Großmutter, die zeit ihres Lebens für ein Dutzend Menschen gekocht und immer nur die Reste aufgegessen hatte, aß jetzt im Gasthof! Was war denn bloß in sie gefahren?!

Aber sie schien mit ihrem Familienleben abgeschlossen zu haben und neue Wege zu gehen, jetzt, wo ihr Leben sich neigte. Mein Vater, der eine gute Portion Humor besaß, fand sie ›ganz munter‹ und sagte meinem Onkel, er solle die alte Frau machen lassen, was sie wolle. Aber was wollte sie?

Das nächste, was berichtet wurde, war, daß sie eine Bregg bestellt hatte

und nach einem Ausflugsort gefahren war, an einem gewöhnlichen Donnerstag. Eine Bregg war ein großes, hochrädriges Pferdegefährt mit Plätzen für ganze Familien. Einige wenige Male, wenn wir Enkelkinder zu Besuch gekommen waren, hatte Großvater die Bregg gemietet. Großmutter war immer zu Hause geblieben. Sie hatte es mit einer wegwerfenden Handbewegung abgelehnt, mitzukommen. Und nach der Bregg kam die Reise nach K., einer größeren Stadt, etwa zwei Eisenbahnstunden entfernt. Dort war ein Pferderennen, und zu dem Pferderennen fuhr meine Großmutter. Der Buchdrucker war jetzt durch und durch alarmiert. Er wollte einen Arzt hinzugezogen haben. Mein Vater schüttelte den Kopf, als er den Brief las, lehnte aber die Hinzuziehung eines Arztes ab.
Nach K. war meine Großmutter nicht allein gefahren. Sie hatte ein junges Mädchen mitgenommen, eine halb Schwachsinnige, wie der Buchdrucker schrieb, das Küchenmädchen des Gasthofs, in dem die Greisin jeden zweiten Tag speiste.
Dieser ›Krüppel‹ spielte von jetzt an eine Rolle.
Meine Großmutter schien einen Narren an ihr gefressen zu haben. Sie nahm sie mit ins Kino und zum Flickschuster, der sich übrigens als Sozialdemokrat herausgestellt hatte, und es ging das Gerücht, daß die beiden Frauen bei einem Glas Rotwein in der Küche Karten spielten. ›Sie hat dem Krüppel jetzt einen Hut gekauft mit Rosen drauf‹, schrieb der Buchdrucker verzweifelt. ›Und unsere Anna hat kein Kommunionskleid!‹
Die Briefe meines Onkels wurden ganz hysterisch, handelten nur von der ›unwürdigen Aufführung unserer lieben Mutter‹ und gaben sonst nichts mehr her.
Das Weitere habe ich von meinem Vater. Der Gastwirt hatte ihm mit Augenzwinkern zugeraunt: ›Frau B. amüsiert sich ja jetzt, wie man hört.‹
In Wirklichkeit lebte meine Großmutter auch diese letzten Jahre keinesfalls üppig. Wenn sie nicht im Gasthof aß, nahm sie meist nur ein wenig Eierspeise zu sich, etwas Kaffee und vor allem ihren geliebten Zwieback. Dafür leistete sie sich einen billigen Rotwein, von dem sie zu allen Mahlzeiten ein kleines Glas trank. Das Haus

hielt sie sehr rein, und nicht nur die Schlafstube und die Küche, die sie benutzte. Jedoch nahm sie darauf ohne Wissen der Kinder eine Hypothek auf. Es kam niemals heraus, was sie mit dem Geld machte. Sie scheint es dem Flickschuster gegeben zu haben. Er zog nach ihrem Tod in eine andere Stadt und soll dort ein größeres Geschäft für Maßschuhe eröffnet haben.

Mein Vater brachte in Erfahrung, daß sie im letzten halben Jahr sich gewisse Freiheiten gestattete, die normale Leute gar nicht kennen. So konnte sie im Sommer früh um drei Uhr aufstehen und durch die leeren Straßen des Städtchens spazieren, das sie so für sich ganz allein hatte. Und den Pfarrer, der sie besuchen kam, um der alten Frau in ihrer Vereinsamung Gesellschaft zu leisten, lud sie, wie allgemein behauptet wurde, ins Kino ein! Sie war keineswegs vereinsamt. Bei dem Flickschuster verkehrten anscheinend lauter lustige Leute, und es wurde viel erzählt. Sie hatte dort immer eine Flasche ihres eigenen Rotweins stehen, und daraus trank sie ihr Gläschen, während die anderen erzählten und über die würdigen Autoritäten der Stadt herzogen. Dieser Rotwein blieb für sie reserviert.

Sie starb ganz unvermittelt an einem Herbstnachmittag in ihrem Schlafzimmer, aber nicht im Bett, sondern auf dem Holzstuhl am Fenster. Sie hatte den ›Krüppel‹ für den Abend ins Kino eingeladen, und so war das Mädchen bei ihr, als sie starb. Sie war vierundsiebzig Jahre alt. Ich habe eine Photographie von ihr gesehen, die sie auf dem Totenbett zeigt und die für die Kinder angefertigt worden war. Man sieht ein winziges Gesichtchen mit vielen Falten und einen schmallippigen, aber breiten Mund. Viel Kleines, aber nichts Kleinliches. Genau betrachtet, lebte sie hintereinander zwei Leben. Das eine, erste, als Tochter, als Frau und als Mutter, und das zweite einfach als Frau B., eine alleinstehende Person ohne Verpflichtungen und mit bescheidenen, aber ausreichenden Mitteln. Das erste Leben dauerte etwa sechs Jahrzehnte, das zweite nicht mehr als zwei Jahre. Sie hatte die langen Jahre der Knechtschaft und die kurzen Jahre der Freiheit ausgekostet und das Brot des Lebens aufgezehrt bis auf den letzten Brosamen. ■

*Bertolt Brecht*

Kapitel 7

# Miteinander leben

## Lieben im Alter

· · · · · · · · · · · · · · · · · · · · · · · · · · · · · · · · · · · ·

»Als mein Mann und ich vor dreißig Jahren heirateten, da schwebten wir beide im ›siebten Himmel‹. Wir malten uns unsere gemeinsame Zukunft in den schönsten Farben aus. Was haben wir uns nicht alles versprochen! Und jetzt? Vom ›Himmel‹ keine Spur mehr. Wir haben längst alle Illusionen verloren. Hin und wieder haben wir in unserer Ehe eher das ›Fegefeuer‹ erlebt. Trotz alledem: Wenn ich zurückschaue, es hat sich gelohnt, auch wenn es mitunter ziemlich schwierig war.«

· · · · · · · · · · · · · · · · · · · · · · · · · · · · · · · · · · · ·


Irgendwann kommt die Zeit, da Zwischenbilanz gezogen wird. Meist sind es bestimmte Daten, wie Silberhochzeit und andere Ehejubiläen, oder einschneidende Ereignisse und Erlebnisse, wie der Auszug des letzten Kindes aus dem Haus oder der Eintritt in den Ruhestand, die uns zu einer Rückschau auf das gemeinsame Leben veranlassen. Dann wird gewogen: Traum und Wirklichkeit, Ideal und Realität, Soll und Ist, Vergangenes und Gegenwärtiges, Jetziges und Zukünftiges. Nicht selten wird das Ergebnis als zu leicht befunden. Die bange Frage stellt sich: »War's das schon«?
Wenn Zwischenbilanz gezogen wird, sollte unterm Strich doch mehr herauskommen als nur Alltägliches. Es sollten doch Spuren zu finden und Begebenheiten zu entdecken sein, die uns auch das Außergewöhnliche unserer Ehe und unseres Lebens vor Augen führen. In der langen gemeinsamen Lebensgeschichte gab es Höhen und Tiefen. Manche Krise war zu bewältigen, mancher Neuanfang möglich und nötig. Mühsam mußte immer wieder ein Ausgleich gesucht werden. Das alles hat dann doch zu einer tiefen Verbundenheit geführt – eine gute Basis für neue Wachstumsmöglichkeiten in der Partnerschaft.

>»Leben kann man nur vorwärts,
> das Leben verstehen nur rückwärts ...«
> Sören Kierkegaard

## Die Frau

Außer dieser Frau
ist keine so
gewachsen mit mir
durch die Jahre des Sommers
und verschiedene Eiszeiten.

Sie hat Verbrennungen
auf der Haut
und tiefblaue Flecken
darunter und lächelt
immer noch.

Ein halbes Leben
hing ich an ihren Haaren
die schwarz sind und stark
mit den grauen Strähnen
der Inzwischenzeit.

Sie färbt sie
und lacht mich aus
wenn ich sie ertappe
und sehen will
wie mein Morgen aussieht.

Peter Maiwald

In der Ehe miteinander alt werden, ist etwas völlig Neues in der Geschichte. Während zu Beginn unseres Jahrhunderts die Ehedauer im Durchschnitt nur etwa 15 Jahre betrug, wird sie aufgrund der deutlich gestiegenen Lebenserwartung um die Jahrtausendwende bei 40 bis 45 Jahren liegen. Die Goldene Hochzeit – bis in unsere Zeit eher noch die Ausnahme –, kann für die jetzige und vor allem für künftige Ehegenerationen zur Regel werden. Nicht der Tod eines Partners führt heute zur frühzeitigen Trennung der Eheleute, sondern möglicherweise »der Tod« der Beziehung.

> **Knapp 85.000 Ehepaare haben im Jahre 1992 ihre Goldene Hochzeit gefeiert. Wie das Statistische Bundesamt mitteilte, waren damit 0,4 Prozent aller Ehepaare 50 Jahre verheiratet. Etwa 70 000 der Ehepaare lebten nach den Angaben in den alten, etwa 15 000 in den neuen Bundesländern. Fast vier Fünftel der »Goldenen Bräute« erlebten das Jubiläum in einem Alter unter 75 Jahren, während 60 Prozent der Ehemänner das Dreivierteljahrhundert schon überschritten hatten. (AP)**

# Zufrieden miteinander älter werden

Ehe im Alter ist Chance und Gefährdung. Sie kann eine glückliche Zeit werden, in der die Ehepartner – von der Last der Berufstätigkeit und der Kindererziehung befreit –, nun viel Zeit miteinander verbringen. Die neu gewonnenen Freiräume können beide Partner für gemeinsame und je eigene Wünsche und Interessen nutzen. Lang aufgeschobene Ideen und Pläne lassen sich endlich verwirklichen. Die Abkehr von der eher eindimensionalen Welt der Leistung, des Erfolges, der Äußerlichkeiten kann ein Mehr an Lebenssinn und Lebensqualität eröffnen: Reisen, Musik, Kunst, Spiel und Sport,

Stille ... helfen dazu. So gehen Eheleute im Alter mitunter zufriedener und ausgeglichener miteinander um als in früheren Jahren. Gelassen im ursprünglichen Sinn des Wortes: die Welt loslassend und gleichzeitig offen für das Leben. So leben sie mit sich, dem Partner und der Welt »in Frieden«.

*Liebe Nachkommen*

*Gestern, als Ihr bei mir wart, habt Ihr Euch köstlich darüber unterhalten, daß die »uralte« Pribil mit dem »steinalten« Smetana »etwas hat«. Gar nicht fassen habt Ihr Euch können darüber. Kopfschüttelnd und kichernd habt Ihr Euch gegenseitig erklärt, wie sonderlich Euch die beiden vorkommen.*
*In dem Alter! Und wie zwei Verliebte! Ein Bussi hat er ihr auf die Wange gehaucht! Und sie hat ihm nachgewinkt!*
*Na und?*

*Ich verstehe ja, daß junge Menschen (und aus meiner Sicht sind auch Fünfzigjährige noch jung) meinen, alte Leute hätten mit der Liebe nichts mehr im Sinn. Ich war damals auch nicht viel anders. Ich erinnere mich noch gut: Als ich achtzehn Jahre alt war und merkte, daß sich unsere vierzigjährige Nachbarin heiß in einen ebenfalls vierzigjährigen Herrn verliebt hatte, hielt ich die beiden für verrückt! Und als ich dann selber vierzig Jahre alt war, erschien mir völlig normal, daß vierzigjährige Menschen ein Liebesleben haben.*
*Doch daß unsere siebzigjährige Hausmeisterin auch noch ein selbiges hatte, erschien mir reichlich übertrieben. Nun bin ich selber »uralt« und finde es absolut nicht lächerlich oder abwegig, wenn alte Menschen einander liebhaben. Der Mensch, ganz egal, ob er ein Baby oder ein Greis ist, braucht Liebe und Zuneigung.*

*Ohne Freundlichkeit und Zärtlichkeit macht das Leben keinen Spaß. Das werdet Ihr mir doch zugeben, liebe Nachkommen. Freilich, man bekommt auch Zuneigung von seinen Kindern und Enkelkindern. Aber so, wie den Enkeln die Zuneigung der Großmutter nicht genügt, um glücklich im Leben zu sein, so, werte Nachkommen, ist der Großmutter (oder dem Großvater) die Zuneigung, die sie von Enkeln und Kindern bekommen, eben oft nicht ausreichend, um halbwegs glücklich zu sein. Außerdem gibt es ja auch noch alte Menschen, die keine Kinder und keine Enkelkinder haben.*

*Wenn ich mir die Sache genau überlege, sind nicht die uralten Liebespaare komisch, sondern auch die Leute, die über die uralten Liebespaare lachen und sich lustig machen. Diese Menschen haben nämlich anscheinend eine verquere und verkorkste Einstellung zur Liebe. Sie glauben, ein Mensch dürfe nur lieben, wenn sein Körper faltenlos ist, die meisten seiner Zähne noch »echt« sind und seine Haare noch nicht schlohweiß.*

*So zu denken, werter Nachwuchs, ist schon eine ziemlich kindische und unreife Einstellung. Der Mensch verliert doch, wenn er altert, nicht seine Liebesfähigkeit.*
*Und die Sehnsucht, geliebt zu werden, verliert er auch nicht. Warum eigentlich wollt Ihr alten Menschen nicht zugestehen, was für Euch im Leben ganz wichtig ist? Das fragt Euch*

*Eure Oma*

*PS.*
*Nur keine Angst, ich bin nicht »neu« verliebt. Mir geht es nur ums Prinzip. Und ums Recht der uralten Pribil auf Zuneigung.*

Christine Nöstlinger

# Wenn die Ehe zur Hölle wird ...

Aber es gibt auch andersverlaufende Entwicklungen in manch altgewordenen Ehen. Die Lasten und Beschwerden des Alters haben Lebensmut und Lebenswillen geschmälert; Eigenwilligkeit und Rücksichtslosigkeit der Partner haben zu Enttäuschung und Verbitterung geführt und die Eheleute verstummen lassen. So kommt es in vielen älteren Ehen zu einseitigen Abhängigkeiten, zur Herrschaft des einen über den anderen. Der Gesunde kann aus der Position der Stärke dem Gebrechlichen spüren lassen, wer der Schwächere ist und wer hier nun wem zu folgen hat. Wiederum kann der kränkelnde Partner durch maßlose Ansprüche und ständige Nörgelei die Hilfsbereitschaft des anderen bis zum letzten ausnutzen, ihn geradezu erpressen. Die Eheleute fallen einander zur Last; ihre Ehe erleben sie als eine einzige Belastung. Da kann Ehe zur Hölle werden ...

## Kampf ums Geweih

Das ältere Ehepaar saß in dem nüchternen Verhandlungssaal des Amtsgerichtes und wußte, daß es bald kein Ehepaar mehr sein würde. Getrennt lebten sie schon seit geraumer Zeit, über die Scheidung waren sie sich nach einigem Ringen einig geworden, jetzt ging es noch um den Hausrat.
Der Mann war aus der Wohnung ausgezogen, und allzuviel gab es nicht mehr zum Verteilen. Wenn da nicht jenes Hirschgeweih gewesen wäre, das seit eh und je im Wohnzimmer neben der Vitrine hing. Obwohl der Mann kein Jäger war, hatte der Anblick seiner Seele wohlgetan, vielleicht weil er auf diese Weise sehen konnte, wie man jemand auf stille Weise die Stirn bot.
Das Geweih wolle er mitnehmen, sagte er leise zur Richterin. Da

beugte sich seine Frau vor und sagte laut und entschieden: »Das Geweih bleibt, wo es ist!« »Ich will es aber haben«, sagte der Mann. »Ich gebe es aber nicht her«, sagte die Frau.

Der Richterin waren Verteilungskämpfe aus vielen Ehescheidungen bekannt, aber ein Kampf ums Hirschgeweih war ihr neu. »Warum wollen Sie denn unbedingt dieses Geweih?« fragte sie die Frau. »Ist das nicht eher, ehm, Männersache?« »Ich will das Geweih«, sagte die Frau, »weil es immer da hing. Und außerdem hat er schon genug mitgenommen.« »Ich will aber das Geweih in meiner neuen Wohnung aufhängen«, sagte der Mann. »Ich weiß auch schon wo.« »Du immer mit deinem Geweih«, zischte die Frau jetzt zu ihm herüber. »Bring erst einmal deinen anderen Kram in Ordnung!« »Hab ich doch«, sagte der Mann. »Und Platz für das Geweih ist da.« »Er kann das Geweih aber nicht haben«, sagte die Frau jetzt zur Richterin. »Schon deshalb nicht, weil dann ein weißer Fleck an der Wand bleibt.« Und dann von Frau zu Frau: »Sie wissen doch, so ungefähr, wie wenn man eines Tages ein Bild abhängt.«

Die Richterin sah jetzt ein wenig ratlos zwischen den Parteien hin und her. Weil sie den Verlauf dieser Ehe aus den Akten kannte, hielt sie ein Geweih bei diesem Ehemann zwar für einen recht riskanten Zimmerschmuck. Aber dann beugte sie sich noch einmal zu ihm vor und fragte fast mütterlich: »Warum hängt denn Ihr Herz so an dem Geweih?« Der Mann sah erst zur Richterin herüber, dann kurz zu seiner Frau und blieb schließlich wieder mit seinem Blick auf der Richterin hängen.

Einen Augenblick lang war es mucksmäuschenstill im Saal, fast meinte man zu hören, wie die Gerechtigkeit den Atem anhielt. Und dann sagte er nur einen Satz: »Dreißig Jahre lang habe ich nachgegeben!«

In geselliger Runde räumte die Richterin einmal ein, mit den Urteilssprüchen sei das ja so eine Sache. Aber sicher sei es eine ihrer gerechtesten Entscheidungen gewesen, als sie diesem Ehemann das Geweih zusprach. ■

*Rudolf Gerhardt*

# Eine neue Chance für die Liebe

Wie in jeder Krise der Liebe auch eine Chance zum Neubeginn liegt, so gibt es möglicherweise auch einen Weg aus jener stummen und enttäuschenden Zweisamkeit heraus zu einer neuen Gemeinsamkeit.

In jedem Fall kann es hilfreich sein, sich der eigenen positiven Eigenschaften zu erinnern und zugleich auch solche beim anderen zu erkennen. Nur wer sich selbst gern hat, kann auch den anderen lieben. Wer sich selbst nicht mehr leiden mag, kann auch den anderen nicht leiden. Dann leiden beide nur noch aneinander. Wenn die Partner dagegen an- und miteinander das Schätzens- und Liebenswerte wieder oder ganz neu entdecken, kann daraus sogar eine neue Liebesgeschichte erwachsen. Gute Erinnerungen und neue Entdeckungen können zu Hoffnungsspuren für den weiteren gemeinsamen Lebensweg werden.

So tausendmal besser Liebesleid ist als unglückliche Ehe, an der überhaupt nur noch Leid ist und Fruchtloses, so zerstreut sind die Landabenteuer der Liebe gegen die große Schiffahrt, die Ehe sein kann, und die mit dem Alter nicht aufhört, nicht einmal mit dem einseitigen Tod. ■

*Ernst Bloch*

# Die Liebe kann sterben

Wer liebt, möchte mit diesem Menschen ein Leben lang in Treue zusammenbleiben, miteinander alt werden und in Frieden leben. Diese Sehnsucht steht am Beginn einer Ehe, sie trägt das Eheleben. Die Erfahrung aber zeigt, daß es für die Liebe nicht nur den leiblichen Tod gibt. Offensichtlich kann die Liebe auch bei lebendigem Leibe sterben. Solch sterbende Liebe ereignet sich nicht plötzlich »aus heiterem Himmel«. Sie hat eine lange Vorgeschichte, oft über Jahre und Jahrzehnte.

»Wieder zu zweit allein«, spätestens zu diesem Zeitpunkt wird vielen Paaren ihre eheliche Situation bewußt. Was in der Geschäftigkeit und Betriebsamkeit der familiären und beruflichen Lebenswelt zu überspielen oder gar zu verdrängen gelang, wird beim Rückzug auf die Zweisamkeit zur harten und oft bitteren Realität. Das »Haus der Ehe« ist zur Fremde geworden, unwohnlich, unwirtlich und ungastlich. Die Eheleute begegnen einander wie Fremde. »Wir haben uns nichts mehr zu sagen«; »Wir haben uns auseinandergelebt«; »Wir leben in zwei Welten, jeder für sich« ...

## Goldhochzeit schützt nicht vor Scheidung

40 523 Ehen wurden 1994 in Nordrhein-Westfalen geschieden – eine neue »Rekordmarke«. Die meisten Ehen wurden nicht im »verflixten siebten Jahr« geschieden, sondern im vierten und fünften Ehejahr. 4000 Paare hatten schon die Silberhochzeit gefeiert, neun Paare das »goldene« Ehefest. Die Mehrzahl (59%) der Scheidungen wurde von den Ehefrauen beantragt. Nur eine Minderheit der Paare (5%) stellte gemeinsam den Scheidungsantrag.

Ein Zustand kann eintreten, der jede menschliche Kraft und Möglichkeit übersteigt und wo Trennung bzw. Scheidung der einzige Weg ist, um die Ehepartner vor gegenseitiger Zerstörung zu bewahren. Trennung und Scheidung können dann zur »sittlichen Pflicht« werden. Eine solche Situation kennt und anerkennt auch die katholische Kirche, wenn sie im Eherecht von der Möglichkeit einer »Trennung von Tisch und Bett« als letztem Ausweg in ausweloser Lage spricht.

Trennung und Scheidung sind meist eine unermeßliche Leidensgeschichte für alle Betroffenen. Wer einst in großer Hoffnung seine Ehe begonnen, viele gute Tage und Jahre miteinander erlebt und sich selbst ganz in seine Ehegeschichte eingebracht hat, der wird das Ende dieser Hoffnungsgeschichte voller Schmerz und Trauer, Kummer und Leid erfahren. Um damit fertig zu werden, braucht man Zeit, eine wirkliche Zeit der Trauer.

Es scheint, als wären Frauen eher zu solcher Trauerarbeit bereit, während Männer sich dieser Aufgabe vorschnell zu entziehen wissen. Doch das Leben läßt sich nicht betrügen. Unbewältigte Trauer verhindert eine Aussöhnung mit diesem Lebenskapitel und belastet, ja gefährdet zukünftiges Leben wie auch zukünftige Beziehungen.

**Weitere Informationen finden Sie hierzu in dem Buch »Zeiten der Liebe« von Karl Heinz Schmitt/Peter Neysters, Kösel-Verlag, München 1991**

## Wir werden zusammen alt werden

Mein Mann arbeitet schwer auf dem Felde,
ich plage mich zu Hause.
Die Eheleute haben viel zu tun.
Sie helfen sich gegenseitig.
Die Eheleute auf dem Lande
passen auf ihre Liebe auf.

*Die Eheleute in der Stadt*
*passen auf ihre Kleider auf.*
*Man kann ein altes Kleid*
*gegen ein neues eintauschen.*
*Man kann die Liebe*
*eines ganzen Lebens nicht wechseln.*
*Ich koche Reis, gieße Tee auf,*
*Du jätest, säst, gräbst und erntest.*
*Wenn ich ein Ei esse, dann laß*
*ich dir das Eigelb davon.*
*Wir werden zusammen alt werden.*

*Chinesisches Volkslied*

# Zärtlichkeit und Sexualität im Alter

Das Wort »Sexualität« läßt uns an die Jugend denken. In Medien, Werbung, Öffentlichkeit wird Sexualität mit jugendlicher Anmut, Schönheit, Vitalität gleichgesetzt. So hat bis in unsere Zeit – allen Erkenntnissen der Humanwissenschaften zum Trotz – das weitverbreitete Vorurteil überdauert, Sexualität sei das Vorrecht der jungen Generation. Die Frage der *Alterssexualität* ist weithin tabu. Ab einem bestimmten Alter »gehört« sich so etwas nicht mehr, hat man so etwas zu unterlassen. »Aus dem Alter sind wir doch längst heraus« ...
Der Mensch ist ein sexuelles Wesen, Frau oder Mann, in seiner Geschlechtlichkeit von Gott so geschaffen und so gewollt – Abbild

seines Schöpfergottes. Und er ist sexuelles Wesen vom ersten bis zum letzten Atemzug, von Geburt bis zum Tod. Menschliche Sexualität ist jederzeit offen und aktuell; sie umgreift alle Altersstufen und ist eben nicht auf ein bestimmtes Alter festgelegt. Der Hunger nach Zärtlichkeit, liebevollem Austausch, körperlicher Begegnung, nach menschlicher Wärme und Nähe begleitet den Menschen sein Leben lang. Ein ganzes Leben ist wohl nötig, um das voll auszukosten, was zwei Menschen über Leib und Sinne einander mitzuteilen haben. Von solchen Eheleuten kann mit Bertolt Brecht gesagt werden, daß sie »das Brot des Lebens aufgezehrt haben bis auf den letzten Brosamen«. Zu diesem »Brot des Lebens« gehören auch »Lebensmittel« wie Zärtlichkeit, Liebkosung, Sexualität.

# Damit die Seele nicht friert

**Lebenskraft**
Welch herrliches Gefühl, welche Lebenskraft uns die Zärtlichkeit gibt, das kann nur ermessen, wer es täglich erlebt. Ich bin in meinen über 40 Ehejahren noch kein einziges Mal zum Haus hinaus – sei es am Morgen, Mittag oder Abend –, ohne mich in Liebe, Friede, Harmonie und mit zärtlichem Kuß von meiner lieben Frau zu verabschieden ... Daß Zärtlichkeit und Sexualität der Jugend vorbehalten seien, gehört meiner Auffassung nach ins Reich der Mär. Wieso ich dies schreibe? Weil meine liebe Frau und ich beiderseits in einer so berührungs- und körperfeindlichen Zeit aufgewachsen sind. Deshalb tauschen wir heute noch im höheren Alter täglich soviel als möglich Zärtlichkeiten aus. Das erhält jung und gibt die gegenseitige Geborgenheit, die jeder Mensch so dringend braucht.
*Herr R.St.*

**Die Seele friert**
Eine Erinnerung kommt mir immer wieder hoch: Einige Zeit nach dem Tod meines geliebten Mannes irrte ich wie im Traum durch die Wohnung. Als ich mich zu fragen begann, was ich eigentlich suchte, wurde mir bewußt, daß ich nach Zärtlichkeit hungerte. Mit der Zeit fand ich Zärtlichkeit in Gedichten oder in Musik. Wie soll ich Mut zeigen zum Zärtlichsein als ältere Frau? Wie darf ich als eben diese Frau Zärtlichkeit annehmen? Von mir darf ich sagen, daß ich genug habe zum Leben, daß es mir eigentlich gutgeht, aber die Seele friert manchmal. *Frau M.B.*

**Warum nicht im Altersheim**
Warum sollen sich im Altersheim nicht Mann und Frau lieben, sogar begehren? Warum muß es nur der Hund, die Katze oder der Vogel sein? Wenn ich heute nach fünf Jahren Witwen-Dasein einen Mann finde, der mich aufrichtig liebt – auch mit weißen Haaren –, der meine Zärtlichkeit braucht, wie ich die seine, wollen wir öffentlich dazu stehen und den jungen Menschen zeigen, es ist normal, ethisch schön, lächelt nicht darüber, seid tolerant, auch ihr werdet einmal alt. *Frau L.G.*

**Kein liebes Wort**
Wir sind beide Senioren. Mein Mann ist noch gut »zweg«. Ich bin gehbehindert. Damit bin ich fertiggeworden. Aber mal ein liebes Wort oder mal ein Streicheln liegt nicht mehr drin. Ich vermisse das so sehr, daß ich oft Depressionen habe. Mein Mann merkt gar nicht, wie ich leide. Hauptsache ist, er hat saubere Kleider und Schuhe und sein Essen. Ich bin ja dankbar, daß ich ihn noch habe. Er wäscht das Geschirr, holt mal etwas vom Keller, und da bin ich ja so froh darum. Wenn ich nur einmal in der Woche in den Arm genommen würde – wäre das schön! *Frau A.W.*

## Zärtliche Nacht

Es kommt die Nacht
da liebst du
nicht was schön –
was häßlich ist.
Nicht was steigt –
was schon fallen muß.
Nicht wo du helfen kannst –
wo du hilflos bist.
Es ist eine zärtliche Nacht,
die Nacht da du liebst,
was Liebe
nicht retten kann.

Hilde Domin

**Ein lieber Blick**
Ganz sicher brauchen wir Zärtlichkeit im Nehmen und Geben, mit oder ohne Sexualität. Ist im hohen Alter kein »Du« mehr da, kann ein lieber Blick eines Mitmenschen, die Natur, ja sogar ein Buch Zärtlichkeit empfinden lassen. Ein Tischnachbar ist etwas schwerhörig. Will ich ihm etwas mitteilen, nehme ich seine Hand oder berühre sachte seinen Arm, und sofort ist körperlicher Kontakt da und wird auch meinerseits als Zärtlichkeit empfunden. Oft halten sich alte Menschen ein Haustier. Ist das nicht auch Zärtlichkeit, mit einem solchen Hausgenossen zu plaudern, ihn zu streicheln und seine Anhänglichkeit zu spüren? Für mich ist die Natur Gottesgabe. Leichtes Streifen eines schönen Grases, Riechen an einer wohlduftenden Blume sind für mich Zärtlichkeit und liebevoller Kontakt.

*Frau C. Schn. (93)*

Für sexuelles Verlangen und Empfinden wie auch für die Fähigkeit zum Orgasmus gibt es keine Altersgrenze. Menschen, die unter normalen körperlichen und seelischen Bedingungen leben, verlieren selbst im hohen Alter keineswegs ihre sexuelle Potenz. Sie nimmt – ähnlich wie andere körperliche Funktionen – allmählich ab, läßt aber weiterhin zärtliche Kontakte und sexuelle Begegnungen zu. Es sind vielmehr gesellschaftliche Klischees und Vorurteile, die das sexuelle Leben in den älteren Ehen beeinträchtigen, behindern oder sogar gänzlich verhindern.

# Sexualität gehört auch im Alter zum Leben

*Hindernisse sind vor allem soziale Faktoren*

■ **Glaubt man den gängigen Vorurteilen, so haben alte Menschen kein Interesse mehr an Erotik – sie sind impotent und können einander nicht begehrenswert finden.**
Derartige Vorurteile sagen nichts über die erotische Wirklichkeit der Alten aus, aber sie sind weit verbreitet. Untersuchungen von Prof. Kirsten von Sydow (Münster) zufolge finden viele es lächerlich, wenn ältere Menschen anziehend auf das andere Geschlecht wirken wollen. Die sexuelle Aktivität und Freizügigkeit der Alten wird vor allem von der jüngeren Generation unterschätzt. Männern wird weit eher als Frauen unterstellt, auch noch im Alter sexuell aktiv zu sein.
Dabei zeigen die Untersuchungen, daß die eigentlichen Sexualfunktionen nur bei Männern nachlassen: Sie brauchen länger, bis sie eine Erektion erreichen, auch wird der Orgasmus weniger intensiv erlebt. Dafür machen alte Männer die Erfahrung, daß die Erektionen länger andauern können. Die mögliche Häufung von Potenzstörungen ist nicht auf eine Verringerung männlicher Sexualhormone zurückzuführen, sondern Folge von Medikamenten oder Krankheiten.
Bei Frauen führen die Wechseljahre zu erheblichen Veränderungen im Hormonhaushalt. Der Einfluß auf die sexuelle Aktivität und Erlebnisfähigkeit aber ist sehr gering. Zwar reagiert die Vagina auf sexuelle Reize nicht so intensiv wie in jüngeren Jahren und die Spannung der Beckenmuskulatur läßt nach. Aber die Möglichkeit intensiven sexuellen Erlebens bleibt bis ins hohe Alter.
Offensichtlich bestimmt weniger die Physiologie die sexuelle Aktivität der Alten als soziale Faktoren. Nach einer Untersuchung von Prof. Elmar Brähler (Gießen) ist das entscheidende Kriterium die schlichte Tatsache, ob ein Partner vorhanden ist. Daß die Frauen weniger Intimkontakte haben als alte Männer, liegt demnach daran, daß Frauen eine längere Lebenserwartung haben und eher alleine bleiben.
Auch eine konservative Sexualmoral oder religiöse Gebundenheit haben Einfluß auf die sexuelle Aktivität der Alten: Regelmäßiger Kirchgang fiel mit geringerer sexueller Aktivität zusammen. Alte Menschen, die sexuell aktiv sind, fühlen sich weniger depressiv, erfahren mehr soziale Anerkennung und schätzen sich als sozial potenter ein. Sie haben den Eindruck, ihr Leben auch im Alter noch selbst gestalten zu können.

B.-M. Ostermann

### »Wenn wir schon Dummheiten machen, bitte schön«,

sagte sie, »dann doch wie erwachsene Leute.« Sie nahm ihn mit ins Schlafzimmer und begann, sich ohne falsche Scham bei Licht auszuziehen. Florentino Ariza legte sich auf das Bett und versuchte, seine Fassung wiederzuerlangen, wußte aber wieder einmal nicht, was er mit dem Fell des erlegten Tigers anfangen sollte. Sie sagte: »Nicht herschauen«. Er fragte, warum, ohne die Augen von der Decke zu wenden.

»Weil es dir nicht gefallen wird«, sagte sie. Da schaute er sie an und sah sie nackt bis zur Taille, so, wie er sie sich vorgestellt hatte. Sie hatte faltige Schultern, Hängebrüste, und die Rippenpartie war von einer fahlen und kalten Haut wie bei einem Frosch überzogen. Sie bedeckte die Brust mit der eben erst ausgezogenen Bluse und löschte das Licht. Er richtete sich auf und begann, sich zu entkleiden, warf dabei mit jedem abgelegten Stück nach ihr, und sie lachte sich krank, wenn sie es zurückschleuderte.

Sie blieben eine ganze Weile auf dem Rücken liegen, und seine Verwirrung nahm zu, je nüchterner er wieder wurde, und sie lag ruhig, fast wie gelähmt da, betete aber zu Gott, daß sie nicht grundlos lachen müßte, wie jedes Mal, wenn sie mit dem Anis über die Stränge geschlagen war. Sie plauderten, um die Zeit zu vertreiben. Sie sprachen über sich, über ihr unterschiedliches Leben, über den unglaublichen Zufall, daß sie nackt in der dunklen Kabine eines festliegenden Schiffes lagen, wo man doch eigentlich hätte annehmen können, daß sie für nichts anderes mehr Zeit hatten, als auf den Tod zu warten. ■

*Gabriel Garcia Márquez*

# Von der »Silbernen« zur »Goldenen« Hochzeit

> ■ **Silber, lat. argentum,** ist ein weißglänzendes, dehnbares Edelmetall, weicher als Kupfer und härter als Gold. Von allen Metallen leitet es Elektrizität und Wärme am besten. In der Luft beständig und widerstandsfähig. Mit vielen Metallen legierbar (Silberlegierungen). Silber dient in großen Mengen für Schmuckwaren, für Münzzwecke und für Bestecke (Tafelsilber).

Wie *Silber* hat die Ehe ihren bleibenden Wert unter Beweis gestellt und sich als beständig und fest, als widerstandsfähig und stabil, als »gewinnbringend« und kostbar erwiesen.

> »Du hast, o Gott, uns geprüft und geläutert,
> wie man Silber läutert.«

Psalm 66,10

## So viele Jahre sind wir zusammen!

Großer Gott,
so viele Jahre sind wir zusammen!
Wie alter Wein könnten wir füreinander sein
köstlich, feurig, kräftig
Laßt es uns sein

Wie ein altes Haus könnten wir füreinander sein
sicher, fest, wohnlich
Laßt es uns sein

Wie ein altes Buch könnten wir füreinander sein
kostbar, schön, wertvoll
Laßt es uns sein

Anton Rotzetter

# HOCHZEITSJUBILÄEN

**25 Jahre:** *»Silberne« Hochzeit* – Die Ehe, die nun ein Viertel-Jahrhundert dauert, hat ihren bleibenden Wert unter Beweis gestellt. Das Fest vereint die Verwandten, das Jubelpaar trägt Silberkranz und Silbersträußchen.

**30 Jahre:** *»Perlenhochzeit«* – Die Ehejahre reihen sich aneinander wie die Perlen einer Kette. Es ist Gelegenheit, der Ehefrau eine neue Perlenkette zu schenken.

**35 Jahre:** *»Leinwandhochzeit«* – Wie gute Leinwand, hat sich die Ehe als unzerreißbar erwiesen. Manches ist allerdings aufgebraucht; der Wäscheschrank muß neu aufgefüllt werden.

**37,5 Jahre:** *»Aluminiumhochzeit«* – Die Ehe und das Glück waren dauerhaft. Als Geschenk ist alles das geeignet, was mit Erinnerungen zu tun hat. Ein ruhiges Fest der Erinnerungen kann gefeiert werden.

**40 Jahre:** *»Rubinhochzeit«* – Das Feuer der Liebe hält und trägt immer noch. Der Ehering bekommt mit dem Rubin den Edelstein der Liebe und des Feuers.

**50 Jahre:** *»Goldene« Hochzeit* – Wie Gold hat die Ehe allem standgehalten und sich als fest und kostbar erwiesen. Manche Ehepaare wechseln neue Ringe.

**60 Jahre:** *»Diamantene« Hochzeit* – Nichts kann die Ehe mehr angreifen, sie ist unzerstörbar geworden.

**65 Jahre:** *»Eiserne« Hochzeit*

**67,5 Jahre:** *»Steinerne« Hochzeit*

**70 Jahre:** *»Gnadenhochzeit«*

**75 Jahre:** *»Kronjuwelenhochzeit«*

### In fünfzigjähriger Ehe ...

Sophius, der Weise, in fünfzigjähriger, ungetrübter Ehe, wurde nach dem Geheimnis dieses Glücks gefragt, und er antwortete: »Fragt mich nicht, was ich getan, vielmehr fragt mich danach, was ich nicht getan. Nicht habe ich zu ihr gesagt, werde wie ich! ...
Als ich sie zum ersten Mal sah, schön wie eine Blüte mit dem sanften Schimmer des Rubins, gefiel sie mir so, wie sie war.
Ich lag zu ihren Füßen, weil sie anders war; werde ich zu ihren Füßen liegen, wenn sie so ist wie ich? Wer starrt gerne Tag für Tag in einen Spiegel? Fragt mich deshalb nicht, was ich getan, fragt mich, was ich nicht getan. Nicht habe ich von ihr verlangt, ihr Wesen zu verleugnen, weil es nicht mein Wesen sei, den Rhythmus gar ihres Atems zu ändern, etwa weil mein Rhythmus der gesündere sei ...
Gewünscht habe ich mir dieses: Das Mädchen mir zu retten, jenes, das mir Aug' und Sinn vergnügte, hinüberzuretten in den Stand der Ehe, der geheiligt ist durch die Würde, so sie der Eine dem Anderen erzeigt. ■

*Wolfgang Altendorf*

## Goldene Hochzeit

Wie *Gold* hat die Ehe allem standgehalten und sich als fest und haltbar erwiesen.

»Du bist ein *Gold*stück!« – Sicherlich hat das Ihr Ehepartner schon einmal zu Ihnen gesagt. Das bedeutet doch: Du bist für mich kostbar, du bist wertvoll. Faszination geht von dir aus, genauso wie von einem Stück *Gold*: Es funkelt und glitzert und zieht Menschen in seinen Bann. Schon immer haben sich Menschen auf die Suche nach diesem edlen Metall gemacht und viel dabei riskiert, nicht selten die eigene Existenz.

Wenn Sie nun auf fünfzig Jahre gemeinsamen Lebens zurückblicken, können Sie voller Dankbarkeit sagen, daß Ihre persönliche *Gold*suche »erfolgreich« war, daß die Entscheidung für den Lebenspartner *gold*richtig war Sie haben sowohl schwierige Lebensphasen als auch *goldene* Zeiten erlebt. So wie *Gold* sehr haltbar und beständig ist und daher hohen Wert besitzt, so hat sich Ihre Ehe als haltbar und beständig erwiesen. Die meisten Eheringe sind aus *Gold* angefertigt: Zeichen für Haltbarkeit und Beständigkeit. *Gold* und *goldene* Gegenstände strahlen Schönheit aus. Auch von Menschen sagen wir, daß sie schön sind. Am schönsten ist der Mensch, den man liebt. Denn schön ist alles, was man mit Liebe betrachtet. Auch wenn Ihr Gesicht von einem langen Leben gezeichnet ist, auch wenn sich in ihm Krankheit und Sorgen widerspiegeln: Ihr Partner wird dort dennoch Schönes entdecken, in Ihren Augen vielleicht so etwas wie den Glanz des *Goldes* wahrnehmen.

Sie feiern das Fest Ihrer *Goldenen* Hochzeit. Vielfältige Erfahrungen haben Sie miteinander machen können. Die wohl wichtigste: Ihr Partner ist mit *Gold* nicht aufzuwiegen.

## Das »Jubeljahr« im Alten Testament

Du sollst sieben Jahreswochen, siebenmal sieben Jahre, zählen; die Zeit von sieben Jahreswochen ergibt für dich neunundvierzig Jahre. Im siebten Monat, am zehnten Tag des Monats, sollst du das Signalhorn ertönen lassen; am Versöhnungstag sollt ihr das Horn im ganzen Land ertönen lassen. Erklärt dieses fünfzigste Jahr für heilig, und ruft Freiheit für alle Bewohner des Landes aus! Es gelte euch als Jubeljahr. ■

*Buch Levitikus 25,8-10*

Jedes fünfzigste Jahr war für die Israeliten ein heiliges Jahr; sie sollten feiern und das ganze Jahr lang nicht arbeiten. So ist auch der 50. Hochzeitstag Anlaß, ein Jubeljahr zu feiern. Und wenn von »Jubelhochzeit« gesprochen wird und die Eheleute als »Jubelpaar« angeredet werden, dann schlagen diese Worte eine Brücke zu unseren Vorfahren im Glauben, den Israeliten. Denn dieses Wort »Jubel« stammt aus der Sprache des Alten Testaments und heißt im Hebräischen »jobél«. Damit war das Signalhorn gemeint, das zum 50. Jahr geblasen wurde.

# Segen

Gott, der allmächtige Vater,
bewahre euch in seiner Liebe, und der Friede Christi wohne stets in eurem Hause.

Gott segne euch alle Tage eures Lebens, er gebe euch treue Freunde und den Frieden mit allen Menschen.

Seid in der Welt Zeugen der göttlichen Liebe und hilfsbereit zu den Armen und Bedrückten, damit sie euch einst in den ewigen Wohnungen empfangen.

Und euch alle, die ihr zu dieser Feier versammelt seid, segne der allmächtige Gott, der Vater und der Sohn und der Heilige Geist.

Amen.

*Feierlicher Schlußsegen im Dankgottesdienst*

# Spät gefreit und nicht gereut

## Späte Hochzeit unter der Regie »von ganz oben«

Eine ungewöhnliche Hochzeit hat in einem unterfränkischen Dorf für helle Aufregung gesorgt. »Ganz Dettelbach stand kopf«, berichtete der 82jährige evangelische Pfarrer Friedrich Fleischermann am Dienstag, nachdem er eine 84jährige Katholikin geheiratet hatte. Die Trauung nahmen ein katholischer und ein evangelischer Pfarrer gemeinsam vor. »Mir hat ihr schlohweißes Haar so gefallen«, begründete der Theologe seine Entscheidung. Und: »Wir sind überzeugt, daß bei unserem Entschluß zu heiraten von ganz oben Regie geführt wurde.«

Immer mehr Frauen und Männer entscheiden sich im Alter, wieder zu heiraten. Für einige ist es sogar die erste Ehe. Andere wiederum haben erst vor wenigen Jahren ihren Partner oder ihre Partnerin verloren und einige Zeit allein gelebt. Neu verliebt, haben sie sich dann zur Heirat entschlossen. Diese »späten Ehen« sind meist von großer Beständigkeit und Dauer.

Zuneigung, Angst vor Einsamkeit, Sehnsucht nach einem Partner, mit dem man gemeinsam etwas unternehmen kann, sind oft die eher gefühlsmäßigen Beweggründe für eine neue Partnerschaft und Ehe. Aber es gibt auch bewußte Überlegungen: der Wunsch, im Alter versorgt und bei Krankheit nicht allein zu sein, oder auch die Verbesserung bzw. Sicherung des Lebensunterhaltes. Eine realistische Einschätzung der neuen Beziehung bewahrt vor übersteigerten Glückserwartungen und hilft bei der Bewältigung von Anpassungsproblemen und Konfliktsituationen.

# Alte Liebe

Woher weißt du,
daß meine Knie
schmerzen,
daß Knoten meine
Finger teilen,
daß mir mein Atem
Mühe macht,
wenn ich dich liebe.
Woher weißt du,
daß ich fremd gehe,
wenn ich heim will?

Peter Härtling

## Widerstände in der Familie

Der neue Partner/die neue Partnerin stößt in der eigenen Familie häufig auf Ablehnung. Auch bei Freunden und Nachbarn gibt es oft ähnlich negative Reaktionen. Über 70 Prozent der älteren Paare sagen, daß sich diese Schwierigkeiten am Anfang sehr stark zeigten und erst allmählich »der oder die Neue« akzeptiert wurde.
Eine Umfrage ergab: Ein Viertel der befragten Paare hätte fast den Einwänden ihrer Kinder nachgegeben und die Hochzeit abgesagt. Nach fünf Jahren Ehe waren mehr als achtzig Prozent der Kinder zufrieden und über die Hälfte der zuvor ablehnenden Söhne und Töchter hatten ihre Einstellung geändert.
Die Gründe für solche Widerstände sind recht vielfältig und vielschichtig. Manchmal verstehen sich die Kinder als »Sittenwächter«, auch wenn sie von ihren altgewordenen Eltern etwas verlangen, was sie sich selbst nicht abverlangen. Hinter solch moralisierender Haltung verbergen sich insgeheim nicht selten bestimmte Interessen der Kinder: sei es die Angst um das Erbe, sei es die Gefährdung

der Erwerbstätigkeit beider Ehepartner, weil sie auf die Mithilfe der Eltern zählen. Natürlich ist es für viele Kinder schwierig und oft auch angstbesetzt, sich auf ein neues Familienmitglied einstellen zu müssen, vor allem dann, wenn noch eine sehr enge Bindung an den verstorbenen Vater oder die verstorbene Mutter besteht. Der oder die »Fremde« wird als Eindringling erlebt, der jetzt an die Stelle des oder der Verstorbenen tritt. Manchmal wird dies sogar als Verrat an dem verstorbenen Elternteil betrachtet. Enkel dagegen haben oft eine positivere Einstellung zu den neuen Partnerschaften ihrer Großeltern. Sie finden es »toll«, daß man sich auch im Alter noch verlieben und so zärtlich und vertraut miteinander sein kann.

Eine Wiederheirat älterer Menschen wird schon leichter akzeptiert, wenn sie nicht mehr in der Lage sind, den eigenen Haushalt zu führen. Dann sehen sich die Kinder der Sorge entledigt, den Vater oder die Mutter im Falle der Pflegebedürftigkeit in den eigenen Haushalt aufnehmen zu müssen. Aus diesem Grund wird auch die Heirat älterer Männer eher gutgeheißen als die von älteren Frauen. Geht man doch häufig davon aus, daß ein älterer Mann eher jemanden braucht, der ihn versorgt, als eine ältere Frau. Letztere haben in einer neuen Partnerschaft oft mit Vorurteilen zu kämpfen, was etwa in der Redensart von der »lustigen Witwe« zum Ausdruck kommt.

## Stolz wie ein Pennäler
Vor sechs Jahren heirateten sie
——— er damals 77 Jahre, sie 68 ———

Die Heidi, ja, die war schon eine schwere Eroberung. Zuerst hat er nur ein bißchen geguckt, verstohlen, sie ist keine von denen, die den Männern Mut macht. Aber ihre vornehme Zurückhaltung hat ihn gleich gefangengenommen, und ihre Augen, die konnten so dunkel glänzen wie der Atlantik in der Dämmerung. Monatelang ist er hinter ihr hergelaufen, zuerst vorsichtig, dann immer kecker.

Und dann kam dieser Abend, an dem er nicht mehr anders konnte als reden, es ging um alles, um sein Leben, seine Sehnsüchte; sie hörte zu, später redete auch sie. Bis tief in die Nacht, und dann durfte er bleiben, durfte auf ihrer Couch übernachten. Stolz wie ein Pennäler war er da, stolz, daß er eine ergattert hatte wie sie. Eine, die sich vor Jahrzehnten von den Männern verabschiedet hatte. Bei der man sich verflixt anstrengen mußte, weil sie das Alleinleben nicht über hatte. Eine zierliche Person voll innerer Stärke, die keine Ausflüchte duldet, sich nicht mit Kinkerlitzchen zufriedengibt. Eine, die nur einmal im Leben ihr Herz verschenkt.
»H. und W. Kw.« steht neben der Klingel unten an der Haustür. Hedwig und Willi. Sie ist fast 74, er bald 83 Jahre alt; seit sechs Jahren gehören sie zusammen. So richtig. Vorher, das war nur die Testphase, und die Hochzeit dauerte vier Tage und vier Nächte. Wir zwei Alleingänger, sagt er und wundert sich noch immer. Sie schweigt. Sie genießt.
Wie das ist, wenn man alt wird und denkt, das war's dann wohl, allein in 56 Quadratmetern, was soll jetzt noch passieren, und dann kommt einer daher und krempelt alles um, davon erzählt Hedwig Kw. später. Ihre erste Ehe, die war ein Martyrium, 1940 hat sie geheiratet. Einen, der trank, der sie schlug und vergewaltigte, der ihr auflauerte, lange, nachdem sie mit den drei Söhnen das Weite gesucht hatte. Da war die schwere Arbeit in der Stanzerei, über 29 Jahre lang, und als die Söhne aus dem Haus gingen, da richtete sie sich ein in ihren 56 Quadratmetern, Zwei-Zimmer-Küche-Bad. Erwartete voll schicksalsergebenem Gleichmut den Lebensabend mit sich allein. Kaufte sich Couchgarnitur, Fernseher und ein Schrankbett. Männer, sagt Hedwig Kw., die hätte ich allesamt vergiften können.
Doch irgendwas juckte sie da noch, ein bißchen Spaß wollte sie dem Leben wohl doch noch abtrotzen, sonst hätte sie damals nicht bei den Grauen Panthern vorbeigeschaut.
Damals hat Willi Kw. die Hedi beobachtet, aus dem Augenwinkel, das wär schon eine. Er war reichlich unten, hatte sich in zehn schweren Berufen aufgerieben, hatte zwei Frauen an den Krebs

verloren und die Tasche voller Schlaftabletten, und wenn die Grauen Panther nicht gewesen wären, du lieber Himmel, nicht auszudenken. Sie gucken sich an und können es immer noch nicht glauben. Was sie jetzt haben, das ist ganz neu. Diese Offenheit, die war in den früheren Ehen einfach nicht da. Und sie kämpfen darum, mit der Reife und dem Mut von Menschen, die schon viel verloren haben und dies eine nun festhalten wollen: Die letzte Liebe ...

Vor siebeneinhalb Jahren zog er in ihre 56 Quadratmeter, sie überließ ihm ihr halbes Reich, denn vor ihm hatte sie keine Angst. Zuerst lebten sie eineinhalb Jahre getrennt in der Wohnung, sie wollten sich prüfen, wollten niemanden, der schnell zu haben ist. Nach der Heirat rückten sie dann zusammen und paßten die 56 Quadratmeter ihrem neuen Leben an.

Jeden Sonntag gehen sie zu den Grauen Panthern, dort freut man sich über ihr spätes Glück, nur die Kinder, die haben damit so ihre Schwierigkeiten. Sie hat drei, er gleich sechs, und nur eines von ihnen läßt sich in ihrem neuen Leben noch sehen. Ob sie eifersüchtig sind oder Angst haben, daß kein Geld mehr übrig bleibt, ganz egal, sie müssen sich abnabeln, sagt Hedwig Kw., die lieben Kleinen im zarten Alter jenseits der Fünfzig.

Doch das ist alles nicht so wichtig.

Hoffentlich bleibt uns noch ein wenig Zeit, sagt Willi Kw.

*Susanne Schäfer*

. . . . . . . . . . . . . . . . . . . . . . . . . . . . . . . . .

# Unverheiratet zusammenleben – heiraten – kirchlich heiraten?

Der Anteil älterer Paare, die unverheiratet zusammenleben, ist offensichtlich groß, auch wenn die Zahl statistisch kaum erfaßt werden kann. Im Vordergrund bei der Entscheidung für diese Form des Zusammenlebens stehen dabei mögliche finanzielle Einbußen, die sich auf Grund einer Eheschließung durch den Verlust der Pension bzw. Rente der Frau ergeben.

Es kann aber auch sein, daß ein Paar den Sinn der Heirat nicht mehr einsieht, wenn es auch so gut zusammenleben kann. Hier haben sich inzwischen viele der Motive, die bei jungen Leuten zu finden sind, auch in Einstellungen und Verhaltensweisen der älteren Generation durchgesetzt.

Ein besonderes Problem stellt sich aber für diejenigen, die als katholische Christen zwar eine kirchliche bzw. katholische Eheschließung wünschen, dabei aber nicht durch die zuvor notwendige standesamtliche Eheschließung den Verlust einer Rente in Kauf nehmen wollen. Es gilt aber: Nach katholischem Verständnis ist die kirchliche Trauung als solche schon eine gültige Eheschließung, ein Sakrament, das die Eheleute sich gegenseitig spenden.

Manche katholischen Paare in Deutschland möchten nur kirchlich heiraten, ohne vorherige standesamtliche Trauung. Eine solche Möglichkeit zur »nur« kirchlichen Trauung besteht z.B. in Österreich. Doch machen sich solche Paare und indirekt auch die Kirche, die solche Möglichkeiten eröffnet, nicht des Rentenbetrugs schuldig? Hier wird man sicher jeden Einzelfall sehen müssen. Eine verantwortliche Orientierung wird nur im Gespräch mit dem zuständigen Pfarrer gefunden werden können.

Für evangelische Christen stellt sich unverheiratetes Zusammenleben weniger problematisch dar. Nach evangelischer Auffassung ist die Eheschließung vor allem eine weltliche Angelegenheit, die deshalb in öffentlicher Form durch die standesamtliche Eheschließung vollzogen wird. Ihre Gültigkeit erhält sie also durch die standesamtliche Eheschließung. Durch die kirchliche Trauung wird darüber hinaus deutlich gemacht, daß eine Ehe von Getauften auf die Gemeinschaft der Christen und auf die Kirche bezogen ist. Das heißt, den Brautleuten wird die Kraft Christi als tragender Grund ihrer Ehe zugesprochen.

## Was ich brauche

Ich brauche keine öffentliche
Genehmigung, dich zu lieben,
Ich brauche keinen Ring,
der mich berechtigt,
Ansprüche zu erheben!

Ich brauche nur deine Umarmung
als schlichten Ring um mein Leben.
Er macht mich nach innen glänzen.

Christine Busta

# Kaum zu glauben, ――― aber wahr ...?! ―――

**Schweigen seit 35 Jahren  –  Ehepaar hoffnungslos zerstritten**
Seit 35 Jahren hat ein zerstrittenes Ehepaar in dem türkischen Schwarzmeerort Bafra kein Wort mehr miteinander gewechselt, obwohl die beiden unter einem Dach zusammenleben. Alle Vermittlungsversuche des Bürgermeisters und eines Geistlichen hätten die seit 64 Jahren verheirateten Eheleute nicht aussöhnen können, berichtete die Nachrichtenagentur Anadolu. Trotz der offenbar hoffnungslosen Ehekrise war die Verbindung außerordentlich fruchtbar. Die Familie zählt sieben Kinder und 17 Enkelkinder.

**Diesmal ist es für immer ...**
Mehr hat sich bisher kein Mann (zu)getraut: Nach 27 gescheiterten Ehen ist der amerikanische Baptistenprediger Glynn »Scotty« Wolfe im kalifornischen Blythe nun zum 28. Mal vor den Traualtar getreten. Seiner Braut Eva (69) versprach der 86jährige Guiness-Buch-Rekordler: »Diesmal ist es für immer.«

**100jähriger verschwand nach Ehekrach spurlos**
Nach einem Ehestreit flüchtete ein 100jähriger Mann aus seiner Wohnung in einem Vorort der französischen Stadt Lyon und blieb zwei Tage spurlos verschwunden. Die 97jährige Ehefrau schaltete die Polizei ein, die eine Suchaktion startete. Nun kehrte der 100jährige, der sich mit den Worten »Ich geh' ein wenig spazieren« verabschiedet hatte, wieder heim. Er hatte kurzerhand Verwandte besucht, die 600 Kilometer entfernt wohnen – Taxikosten: umgerechnet 950,00 DM.

**Wo warst du?**
Viele Jahre lang lebte das ältere Ehepaar schon zusammen. Abends saß man schweigend an dem Tisch, die Frau mit den Stricknadeln, der Mann mit der Bierflasche in der Hand, und starrte hinein ins Fernsehen. Bis der Mann eines Abends aufstand, den Mantel anzog und für einige Monate verschwand. Als er schließlich wiederkam, saß seine Frau allein am Tisch, die Stricknadeln in der Hand, und starrte ins Fernsehen. »Wo warst du?« fragte sie, ohne den Blick auf ihn zu richten. »Draußen!« sagte er, setzte sich an den Tisch, griff zur Bierflasche und starrte hinein ins Fernsehen.

Als er ein Alter erreichte
das auf einer Traueranzeige
niemanden bestürzen würde

Verlaß mich nicht sprach ich
an seiner Brust die sich
gleichmäßig hob und senkte

Rosemarie Bronikowski

**Kapitel 8**

# Alt und jung

### Die Beziehung der Generationen

## Die Generationenkette

Ohne die Vorfahren wäre man im Ozean der Zeit, wie ein Schiffbrüchiger auf einer winzigen und unbewohnten Insel, ganz allein. Mutterseelenallein. Großmutterseelenallein. Urgroßmutterseelenallein. Durch unsere Vorfahren sind wir mit der Vergangenheit verwandt und seit Jahrhunderten verschwistert und verschwägert. Und eines Tages werden wir selbst Vorfahren geworden sein. Für Menschen, die heute noch nicht geboren und trotzdem schon mit uns verwandt sind ...
Die Chinesen errichteten in früheren Zeiten ihren Ahnen Hausaltäre, knieten davor nieder und besannen sich auf die Zusammenhänge. Der Kaiser und der Mandarin, der Kaufmann und der Kuli, jeder besann sich darauf, daß er nicht nur der Kaiser oder Kuli, sondern auch das einzelne Glied einer unzerreißbaren Kette war und sogar nach seinem Tod bleiben würde. Mochte die Kette nun aus Gold, aus Perlen oder nur aus Glas, mochten die Ahnen Söhne des Himmels, Ritter oder nur Torhüter sein, allein war keiner. So stolz oder arm war niemand. Doch wir wollen nicht feierlich werden. Wir sind, ob es uns gefällt oder nicht, keine Chinesen. Darum will ich meinen Vorfahren auch keinen Altar bauen, sondern ein klein wenig von ihnen erzählen. ■

*Erich Kästner*

## Der närrische alte Mann

Vor langer Zeit lebte in Nordchina ein alter Mann. Sein Haus zeigte nach Süden, und vor seiner Haustüre ragten die beiden großen Gipfel des Tainang und des Wangwu empor. Sie versperrten den Weg nach Süden. Entschlossen machte sich der Alte mit seinen Söhnen an die Arbeit. Sie wollten die Berge mit der Hacke abtragen.
Der Nachbar des alten Mannes sah das und schüttelte den Kopf. »Wie närrisch ihr doch seid«, rief er. »Es ist vollkommen unmöglich, daß ihr die gewaltigen Berge abtragen könnt!«
Der alte Mann lächelte weise, dann sagte er: »Wenn ich sterbe, dann werden meine Söhne weitermachen. Wenn meine Söhne sterben,

werden die Enkel weitermachen. Die Berge sind zwar hoch, aber sie wachsen nicht weiter. Unsere Kräfte jedoch können wachsen. Mit jedem Stückchen Erde, das wir abtragen, kommen wir unserem Ziel näher. Es ist besser, etwas zu tun, als darüber zu klagen, daß uns die Berge die Sicht auf die Sonne nehmen«.
Und in unerschütterlicher Überzeugung grub der Alte weiter. ■

*Eine chinesische Fabel*

# Wenn Geschichten zur Geschichte werden ...

»Ich gelangte zum Unglauben, nicht durch die Konflikte der Dogmen, sondern durch die Gleichgültigkeit meiner Großeltern.«

Jean Paul Sartre

Im Rückblick auf sein Leben war dem französischen Philosophen Sartre schmerzlich bewußt, was er einst von seinen Großeltern ersehnt, aber vergeblich erhofft hatte: Mitteilungen über das Leben, über die Welt, nicht zuletzt über den Glauben. Denn Großeltern wissen Bescheid über das Leben. In der Weisheit des Alters bündelt sich die Summe vielfältiger Lebenserfahrungen. »Was ein Alter im Sitzen sieht, kann ein Junger nicht einmal im Stehen erblicken«, sagen die Afrikaner.

Die Alten und die Jungen haben eines gemeinsam: Sie fragen nach dem Lebensganzen, nach dem Sinn. Die einen aus der Rückschau, die anderen mit dem Blick nach vorne. Das führt nicht selten zu einer Art »Komplizenschaft« zwischen beiden Generationen – alt und jung rücken in eine unverhoffte Nähe. »Mit meinen Eltern kann ich nur über alltägliche Dinge reden, mit meiner Großmutter aber über meine Probleme und Sorgen«, sagt ein 15jähriges Mädchen. Und ein 16jähriger Junge schreibt: »Mein Opa mütterlicherseits ist schon sehr alt, doch er ist noch so froh wie in seiner Jugend. Ich finde es unheimlich interessant, ihm zuzuhören, wenn er von früher erzählt. Auch die Lebensgeschichte eines Großvaters kann irre aktuell sein.«

Großeltern »verkörpern« im wahrsten Sinne des Wortes Familiengeschichte und Familientradition. Wenn sie von früher erzählen, die Namen der Onkeln und Tanten erwähnen, vergilbte Fotos aus den Schubladen kramen und ihr Geburtshaus, die Schule, die alte Kirche, den Tante-Emma-Laden um die Ecke vorzeigen, dann werden *Geschichten* zur *Geschichte*, dann fühlen sich die Kinder eingebunden in diese Familie mit ihrer Vielfalt an Sitte und Gewohnheit, an Tradition und Brauchtum. Ohne geschichtliche Erfahrungen verarmt menschliches Leben, ohne geschichtliche Hintergründe verlieren Fest und Feier, Bräuche und Gepflogenheiten in den Familien an Aussagekraft. Für Kinder ist es hilfreich zu wissen, woher sie kommen und auf welchem Fundament sie stehen. Dann können sie ruhigeren Schrittes ihr Leben ausschreiten.

In diesem Sinne hat einige Wochen vor seinem Tode Heinrich Böll seiner Enkelin Samay – gleichsam als Vermächtnis – folgende Gedanken hinterlassen:

Für Samay

> Wir kommen weit her
> liebes Kind
> und müssen weit gehen
> keine Angst
> alle sind bei Dir
> die vor Dir waren
> Deine Mutter, Dein Vater
> und alle, die vor ihnen waren
> Weit weit zurück
> alle sind bei Dir
> keine Angst
> wir kommen weit her
> und müssen weit gehen
> liebes Kind
>
> Dein Großvater / 8. Mai 1985

## »Das gehört sich so«

Auf dem großen Hof im altbayerischen Osterzhausen war es schon immer Tradition, daß mehrere Generationen unter einem Dach leben und daß ein Kind Haus und Hof übernimmt. Zur Zeit zählt die Großfamilie nur acht Köpfe: Opa Michael (86), Johanna (55) und Fritz (57), ihre Zwillingstöchter Elisabeth und Ulrike (22), die mit ihrem Ehemann nebenan baut, Sohn Albert mit Frau Maria (beide 26) und Enkelkind Michael (5). Hinzu kommen noch die aushäusig wohnenden Töchter samt Schwiegersöhnen und fünf weiteren Enkelkindern. Zu einer richtigen Familie gehören für sie alle, vom Uropa bis zum Urenkel einschließlich der Schwiegerkinder.
»Eigentlich ganz normal«, findet Ulrike: »Das gehört sich so, und ich möchte auch eine große Familie, am liebsten fünf Kinder.« Und bei ihrem Bruder Albert ist ebenfalls weiterer Nachwuchs erwünscht. Johanna Biederwolf hört das gern: »Mein Mann und ich wollen nicht allein in dem großen Haus wohnen, wir brauchen den Trubel«. Genauso wie Opa Michael, der immer mittendrin steckt und von allen umsorgt wird.
Neben gegenseitiger Rücksichtnahme ist in dem Familiengroßbetrieb auch eine riesige Portion Organisationstalent gefragt. Weil sich die Landwirtschaft nicht mehr rentierte, wurde sie vor zwei Jahren aufgegeben – im Stall stehen nur noch ein paar Kühe wegen der guten Milch für die Kinder, ein paar Futterwiesen gehören dazu. Jeder in der Familie geht einem Beruf nach, vom Busfahrer bis zum Schlosser, von der Verkäuferin bis zur Beamtin. Mutter Johanna wirft den Haushalt und sorgt dafür, daß jeder, wenn er von der Arbeit kommt, etwas Ordentliches zu essen hat.
Am Wochenende dagegen versammeln sich alle in der riesigen Wohnküche gemeinsam am Tisch, da wird nachgeholt, was unter der Woche wegen der unterschiedlichen Arbeits- und Fahrtzeiten nicht machbar ist, und in der Regel kommen die »Weggeheirateten« samt Familien noch dazu. Weg vom Dorf, raus aus der Großfamilie,

das kommt für kein Familienmitglied in Frage: »Es ist einfach schön, so wie es läuft. Alle halten zusammen, und jeder unterstützt jeden.« Und sie hoffen, daß es noch Generationen so weitergeht.

> ■ **Unter einem Dach?** Nur in acht Prozent der 23,4 Millionen bundesdeutschen Familien leben drei und mehr Generationen unter einem Dach, in vier Prozent der Familien drei Generationen in einer Wohnung. Bezieht man jedoch die nähere Umgebung mit ein, dann wohnen bei 13 Prozent der Familien Großeltern, Eltern und Kinder in direkter Nachbarschaft, bei 21 Prozent noch im selben Stadtteil und bei 30 Prozent innerhalb derselben Stadt.

# »Die gute alte Zeit«

> »Frag nicht: Wieso kommt es, daß die früheren Zeiten besser waren als die unseren? – Denn deine Frage zeugt nicht von Weisheit.«
>
> Kohelet 7,10

So gut war sie eigentlich nie für die Alten – »die gute alte Zeit«. Und so harmonisch und intakt waren damals nur selten die Großfamilien mit den drei Generationen Großeltern, Eltern und Kinder – wenn es sie je gegeben hat. Aus der Vergangenheit darf keine sozialromantische Idylle abgeleitet werden!

Das Bild von der »vorindustriellen Familie«, die angeblich zu mehreren Generationen »unter einem Dach« gelebt haben soll, ist längst von der Familienforschung widerlegt. Vorherrschend war schon damals in den west- und mitteleuropäischen Haushalten die *Zwei-*

> **Auf Familiengemälden früherer Epochen sind Kinder überwiegend mit den Eltern, der Amme und gelegentlich auch mit Tieren dargestellt. Die Großmutter fehlt, weil sie mit großer Wahrscheinlichkeit bereits gestorben ist. Die meisten Kinder, vor allem die jüngeren in einer Geschwisterreihe, hatten nur äußerst geringe Chancen, ihre Großmutter kennenzulernen. Die durchschnittliche Lebenserwartung einer Frau gegen Ende des letzten Jahrhunderts lag beispielsweise bei knapp 47 Jahren (Männer wurden im Durchschnitt sogar nur 45 Jahre alt).**
>
> **Ursula Richter**

*Generationen-Familie*, vor allem in den zahlenmäßig größten Bevölkerungsgruppen des Bauerntums und der Handwerkerschaft. Hof oder Betrieb ernährten allenfalls eine Familie. Nach ihrer Übergabe an die nachfolgende Generation zogen sich die Alten in das Ausgedinge (Altenteil) zurück, oder sie verstarben.

Frühe Sterblichkeit und spätes Heiratsalter verhinderten das Zusammenleben mehrerer Generationen in der Familie. Die großen Haushalte setzten sich überwiegend aus Eltern, Kindern, unverheirateten Verwandten und Gesinde zusammen. Es gab früher wenig Alte, nur 5% der Menschen waren über 60 Jahre alt.

In der Vorrede zu ihren Märchenbänden berichten die Gebrüder Grimm im Jahr 1819 von einer Bäuerin, die ihnen die meisten und schönsten Märchen des zweiten Bandes erzählte. Die hatte viele Enkel, hatte die alten Sagen fest im Gedächtnis bewahrt, war *»noch rüstig und nicht viel über fünfzig Jahre alt«*, doch nachdem »der Vater ihrer zahlreichen Enkel« am Nervenfieber gestorben war, »brachten die Waisen Krankheit und die höchste Not in ihre schon arme Hütte. Sie ward siech und starb.« ■

In der Vergangenheit haben Generations- und vor allem Altersprobleme weniger öffentliche Aufmerksamkeit erregt als gegenwärtig. Daraus zu schließen, daß es in früheren Jahren problemloser zwischen jung und alt zugegangen sei, ist nachweislich falsch. Kirchliche Aufforderungen und Mahnungen, die Alten nicht aus dem Leben auszuschließen, sowie die rechtlichen Absicherungen und Schutzbestimmungen bei der Hof- oder Betriebsübergabe verweisen auf vielfältige Spannungen und Streitigkeiten. Es gab offensichtlich Interessenunterschiede zwischen den Generationen; nicht selten hatten beide sogar Angst voreinander. Die Alten versuchten, die Jungen zu unterdrücken und verzögerten die Hofübergabe; die Jungen versuchten, sich gegen die Alten durchzusetzen und endlich »an die Macht« zu kommen. Die Familienbande zwischen den Generationen war folglich weit weniger spannungs- und konfliktfrei als viele alte Menschen in der Rückschau sich zu erinnern glauben.

»Auch die gute alte Zeit war einmal eine schlechte neue Zeit«
Martin Held

Es war einmal ein steinalter Mann, dem waren die Augen trüb geworden, die Ohren taub, und die Knie zitterten ihm. Wenn er nun bei Tische saß und den Löffel kaum halten konnte, schüttete er Suppe auf das Tischtuch, und es floß ihm auch etwas wieder aus dem Mund. Sein Sohn und dessen Frau ekelten sich davor, und deswegen mußte sich der alte Großvater endlich hinter den Ofen in die Ecke setzen. Einmal zerbrach er sein irdenes Schüsselchen, da schimpfte die Frau, und sie gaben ihm sein Essen in ein hölzernes Schüsselchen und noch dazu nicht einmal satt; da sah er betrübt nach dem Tisch, und die Augen wurden ihm naß. Wie sie da so sitzen, so trägt der kleine Enkel von vier Jahren auf der Erde kleine Brettlein zusammen. »Was machst du da?« fragte der Vater. »Ich mache ein Tröglein«, antwortete das Kind, »daraus sollen Vater und Mutter essen, wenn ich groß bin.« Da sahen sich Mann und Frau eine Weile an, fingen endlich an zu weinen, holten alsofort den alten Großvater an den Tisch und ließen ihn von nun an immer mitessen, sagten auch nichts, wenn er ein wenig verschüttete.

*Märchen der Gebrüder Grimm*

# Nähe und Distanz

Die Mehrzahl der heutigen Familien besteht aus mehreren Generationen. Die Drei-Generationen-Familie ist bereits die Regel, die Vier-Generationen-Familie nicht mehr die Ausnahme. Jedoch wohnen Enkel, Eltern, Großeltern (und Urgroßeltern) nur selten unter einem Dach. Die Alten sind durch Renten und Pensionen weithin materiell abgesichert und damit unabhängig. Sie haben für das Alter vorgesorgt und können sich einiges »leisten«.
In der Regel leben sie in der Nähe ihrer Kinder – sozusagen »auf Abruf« – und springen in akuten Notsituation ein. Ansonsten ziehen sie ihre Freiheit und Selbständigkeit vor und halten auf notwendige Distanz. Nur eine Minderheit lebt im alltäglichen Kontakt mit ihren Kindern und Enkelkindern, insbesondere Menschen im hohen Alter, die der ständigen Hilfe im Haushalt oder der Pflege bedürfen.
Tatsächlich sind die wechselseitigen Hilfeleistungen zwischen den Generationen nach wie vor auf hohem Niveau in den Familien anzutreffen. Sie fließen jedoch in beide Richtungen: Solange die Älteren noch gut bei Kräften sind, unterstützen sie tatkräftig - auch finanziell - die Jungen. Umgekehrt stehen diese in Wort und Tat zu den alten Eltern, wenn deren Kräfte schwinden. Etwa 80% der Pflegebedürftigen werden von den eigenen Kindern versorgt, mitunter rund um die Uhr. Was das an Belastungen für die Beziehung zwischen den Generationen zur Folge hat, können Außenstehende kaum ermessen. Loyalitätskonflikte innerhalb der Familien zeichnen sich ab.
Insgesamt läßt sich jedoch feststellen: Das Zusammenleben der Generationen ist maßgeblich gekennzeichnet durch *»Nähe in der Distanz«*. Notwendige Abgrenzungen werden vorgenommen und meist auch eingehalten. Jede Generation braucht ihr Eigenleben, das von den anderen respektiert sein will. So können jung und alt ihr Leben leben, ohne sich auseinanderzuleben. Denn Distanz schafft oft unverhoffte Nähe!

**»Lebensregeln für ältere Menschen im Verhältnis zu jüngeren«**

❶ Du sollst dir klarmachen, daß die jüngeren, die verwandten oder sonst lieben Menschen beiderlei Geschlechts ihre Wege nach ihren eigenen (nicht deinen) Grundsätzen, Ideen und Gelüsten gehen, ihre eigenen Erfahrungen zu machen und nach ihrer eigenen (nicht deiner) Fasson selig zu sein und zu werden das Recht haben.

❷ Du sollst ihnen also weder mit deinem Vorbild noch mit deiner Altersweisheit, noch mit deiner Zuneigung, noch mit Wohltaten nach deinem Geschmack zu nahe treten.

❸ Du sollst sie in keiner Weise an deine Person binden und dir verpflichten wollen.

❹ Du sollst dich weder wundern noch gar ärgern und betrüben, wenn du merken mußt, daß sie öfters keine oder nur wenig Zeit für dich haben, daß du sie, so gut du es mit ihnen meinen magst und so sicher du deiner Sache ihnen gegenüber zu sein denkst, gelegentlich störst und langweilst und daß sie dann unbekümmert an dir und deinen Ratschlägen vorbeibrausen.

❺ Du sollst bei diesem ihrem Tun reumütig denken, daß du es in deinen jüngeren Jahren den damals älteren Herrschaften gegenüber vielleicht (wahrscheinlich) ganz ähnlich gehalten hast.

❻ Du sollst also für jeden Beweis von echter Aufmerksamkeit und ernstlichem Vertrauen, der dir von ihrer Seite widerfahren mag, dankbar sein, du sollst aber solche Beweise von ihnen weder erwarten noch gar verlangen.

❼ Du sollst sie unter keinen Umständen fallenlassen, sollst sie vielmehr, indem du sie freigibst, in heiterer Gelassenheit begleiten, im Vertrauen auf Gott auch ihnen das Beste zutrauen, sie unter allen Umständen lieb behalten und für sie beten.

*Karl Barth*

# Was heißt hier Oma und Opa?

Die Großmutter strickt einen Strumpf. Sie erzählt ein Märchen. Dann kocht sie für ihr Enkelkind den Brei. Diese Sätze sollen die Kinder der Klasse 3b zu Hause ins reine schreiben. Moni dazu: »Blöd« Und sie ergänzt ihre Hausaufgaben: »Meine Omi spielt Tennis. Sie fährt mit dem »Golf« in die Stadt, und beim Schwimmen ist sie viel schneller als ich. Omi ist super.«

Hatten in früheren Zeiten die meisten Kinder ihre Großeltern gar nicht gekannt, weil sie verstorben waren, so erlebt heute fast jedes Kind seine Großeltern über zwei bis drei Jahrzehnte, oft noch ein oder zwei Urgroßeltern dazu. So hatten beispielsweise in Österreich rund 90% der befragten zehnjährigen Jungen und Mädchen mindestens eine Großmutter und 80% einen Großvater. In den USA gibt es inzwischen die »granny culture«, die Oma-und-Opa-Kultur. 94 Prozent der älteren Erwachsenen (mit Kindern) sind Großeltern, fast 50% bereits Urgroßeltern.

## Großeltern sind »in«: Vor allem bei den Enkelkindern

Eine Großmutter ist alt an der Außenseite und jung im Inneren. (John, 7 Jahre)

. . . . . . . . . . . . . . . . . . . . . . . . . . . . . . . . . . . . . . . . . . .

Großväter sind köstliche Geschöpfe, sie reichen bis ins letzte Jahrhundert zurück. (Simon, 10 Jahre)

. . . . . . . . . . . . . . . . . . . . . . . . . . . . . . . . . . . . . . . . . . .

Großmütter tragen ganz lange Mäntel, um ihre knubbeligen Knie zu verdecken. (Carol, 7 Jahre)

. . . . . . . . . . . . . . . . . . . . . . . . . . . . . . .

Eine Großmutter liebt dich, egal was du tust. (Paul, 10 Jahre)

. . . . . . . . . . . . . . . . . . . . . . . . . . . . . . .

Eine Großmutter läßt dich mal an ihrem Glimmstengel ziehen irgendwo heimlich, wo deine Mutter es nicht sieht. Eine Oma ist eine sehr, sehr, sehr nette Person. Meine Oma ist meine beste Freundin. (Terry, 9 Jahre)

. . . . . . . . . . . . . . . . . . . . . . . . . . . . . . .

Das Nette an ihr ist, daß sie sagt, ich habe zwei Zuhause, mein Zuhause und ihr Zuhause. (Julia, 9 Jahre)

. . . . . . . . . . . . . . . . . . . . . . . . . . . . . . .

Mein Großvater ist ein sicherer Schild gegen eine ärgerliche Mutter. (Rebecca, 11 Jahre)

. . . . . . . . . . . . . . . . . . . . . . . . . . . . . . .

Einige Menschen mögen denken, Großmütter und Großväter sind was Besonderes. Ich glaube das nicht, sie sind nur Verwandte. (Steven, 8 Jahre)

. . . . . . . . . . . . . . . . . . . . . . . . . . . . . . .

Ich dachte, Vati sei ziemlich alt, bis ich Großvater traf. (Jan, 13 Jahre)

. . . . . . . . . . . . . . . . . . . . . . . . . . . . . . .

Großvater zieht herrliche Himbeeren und tut immer so, als ob er nicht merkt, wenn wir sie essen. (Tracey, 8 Jahre)

. . . . . . . . . . . . . . . . . . . . . . . . . . . . . . .

Eine Großmutter ist lustig, und wenn sie lacht, strömt eine große Wärme über dich. (John, 11 Jahre)

. . . . . . . . . . . . . . . . . . . . . . . . . . . . . . .

Großeltern, vor allem Großmütter, sind jung und vital, unternehmungslustig und mobil. Während die einen von der »Eltern-Rolle« beinahe nahtlos in die »Großeltern-Rolle« überwechseln und im Kontakt und Austausch mit ihren Enkelkindern jung und aufgeschlossen bleiben, tun sich andere wiederum ausgesprochen schwer mit ihrem neuen Status als »Oma« und »Opa«. Sie fühlen sich (noch) zu jung, um wie »Großeltern« leben zu müssen. Für sie hat diese Rolle etwas mit Alter zu tun. Und mit Alter verbinden sie bestimmte Bilder von »Alterserscheinungen«.

## Was Frauen zu »Oma« einfällt

*»Oma« ist eine alte Frau. Das bin ich nicht und will ich nicht sein.*
»Der Name Oma war für mich immer ein Albtraum. Ich verbinde damit einen gewissen Altersschub. Durch das Wort Oma bist du altersmäßig eingekastelt.«
»Eine Oma ist für mich noch mal zwanzig Jahre älter als ich, zerbrechlich, vergeßlich, sie hat keinen eigenen Standpunkt mehr.«

*»Oma« ist eine entmündigte Frau. Das lasse ich nicht zu. Das finde ich empörend.*
»Mit dem Etikett Oma schwingt eine Abwertung des älteren Menschen mit und eine Überschätzung der Jugend. Das sollte man nicht fördern. Ich bin keine Oma, sondern eine Großmutter. Unsere Oma, das klingt, als wäre man etwas deppert. Ich mag auch nicht, wenn zum Beispiel die Frauen im Spital so angesprochen werden, ich finde das unverschämt.«

*»Oma« soll meine Stellung in der Familie bezeichnen. Das finde ich richtig.*
»Ich habe die Einstellung, das ist halt mal so, man wird halt dann Oma. Man ist ja die Oma dieses Kindes.«
»Ich bin die Großmutter, warum soll ich nicht Oma heißen, mir ist es eigentlich völlig egal.«

*Ursula Richter*

# Die verschiedenen »Großeltern-Rollen«

### Die »Weihnachts-Oma« und der »Geburtstags-Opa«
Sie treten nur zu kurzen Besuchen bei besonderen Anlässen auf, wollen sich auf keinen Fall einmischen, machen den Enkeln teure Geschenke – aber ansonsten wissen sie nicht viel mit ihnen anzufangen.

### Die »O-Mama« und der »O-Papa«
Sie sind die eigentlichen Bezugspersonen der Enkel, deren Eltern berufstätig oder alleinerziehend sind. Als »Ersatzeltern« sind sie so stark in die Verantwortung genommen, daß sie kaum außerfamiliäre Kontakte und persönliche Interessen pflegen können.

### Die »Senior-Experten«
Sie stehen mit Rat und Tat zur Seite, z.B. in Geldangelegenheiten, bei Reparaturen im Haus oder Gartenarbeiten. Sie halten auf Distanz, freuen sich aber, wenn ihre Kenntnisse und Fähigkeiten auch von den Enkeln gefragt sind.

### Die »Familien-Feuerwehr«
Sie ist allzeit bereit einzuspringen, wenn »es brennt«, und stellt bereitwillig die eigenen Bedürfnisse zurück.
Sie tut alles für das Wohl ihrer Kinder und Enkel – manchmal sogar ein bißchen zuviel.

### Die »Quatsch-Oma« und der »Spaß-Opa«
Sie wollen möglichst viel Freude mit ihren Enkeln teilen, unternehmen mit ihnen dieses oder jenes und genießen es, nicht als Autoritätspersonen auftreten zu müssen.

### Die »Laß-uns-in-Ruhe-Großeltern«
Sie entdecken im Alter eine neue Freiheit und wollen sich das Leben nicht von Enkelkindern einschränken lassen. Sie empfinden es als Beleidigung, als »Oma« und »Opa« angesprochen zu werden.

### Für Paris jung genug

Als Katharina Friederike B. 79 Jahre alt wurde, sagten die Kinder: »Mutter, für den Hund bist du zu alt.«
Sie nahmen den lebhaften Pudel mit zu sich. Dann sagten die Kinder: »Mutter, du bist für die große Wohnung zu alt, das schaffst du nicht mehr.« Katharina Friederike B. zog in ein Seniorenheim. In diesen Tagen wurde sie 80 Jahre alt. Ihre Familie mit 25 Personen sagte sich zur Geburtstagsfete im Festraum des Heimes an.
Da telegraphierte Katharina Friederike B. all ihren Lieben:
»Fühle mich für solche Feier zu alt. Bin für acht Tage nach Paris geflogen, fühle mich dazu jung genug.«


## Großeltern als Miterzieher

*Gute Großeltern*
*gleichen Regenschirmen,*
*sind Schlechtwetterschutz.*
*Sie sind da, griffbereit,*
*doch sie drängen*
*ihre Hilfe nicht auf ...*

*Gute Großeltern*
*vergessen dabei nie:*
*Schirmherrschaft kommt von*
*beschirmen*
*und nicht von beherrschen.*

Anna Six

Viele Großeltern haben Zeit und Ruhe, sich um ihre Enkelkinder zu kümmern. Manche versichern, für die eigenen Kinder nicht so viel Zeit erübrigt zu haben wie für deren Kinder. Nicht wenige holen bei ihren Enkelkindern das nach, was sie bei ihren Kindern versäumt haben. Vor allem die Männer erleben sich ganz neu in ihrer (Groß-)Vaterschaft. Sie genießen es, mit den Enkelkindern zusammenzusein und sie gelegentlich zu verwöhnen. Für die Kinder wiederum ist diese Erfahrung ungeteilter Aufmerksamkeit und Zuwendung von unschätzbarem Wert.

Ihre sonstige Umwelt, die eigenen Eltern und andere Erwachsene, sind oft zu sehr von der Hektik des Berufs, des Haushaltes und des Alltags bestimmt. Großeltern dagegen sind von den Zwängen alltäglichen Lebens befreit. Sie bieten dem Kind einen geschützten Lebensraum, in dem es sich entfalten kann. Dieser Lebensraum, gefüllt mit Geduld, Großzügigkeit und Liebe, ist für die Erziehung des Kindes höher zu bewerten als mögliche Gefahren einer Verwöhnung.

Die Rolle der Großeltern als Miterzieher wirft aber auch Probleme auf. Oft genug kommt es zu Spannungen zwischen Eltern und Großeltern. Da gibt es unterschiedliche, ja gegensätzliche Auffassungen über die Art und Weise der Erziehung. Eltern reagieren empört, wenn die Großeltern ihnen durch übermäßige Großzügigkeit oder rigide Strenge in den Rücken fallen und die Enkelkinder diese zwiespältige Situation zu ihrem Vorteil zu nutzen wissen. Unterschiedliche Lebensgewohnheiten verschärfen die Situation, nicht zuletzt gegensätzliche Einstellungen zu Religion, Glaube und Kirche. Das persönliche Glaubensleben der Großeltern kann zur Auseinandersetzung führen mit den eher religiös gleichgültigen Eltern. Trotz all dieser Schwierigkeiten: Großeltern sind in vielen Familien von unschätzbarem Wert!

> *Großeltern sind Eltern,*
> *die vom lieben Gott eine zweite Chance bekommen haben.*
> 
> Aus Holland

## Der kleine Gast

Mein Logierbesuch ist abgereist. Drei Wochen lang war die Wohnung prall gefüllt mit seiner lautstarken Fröhlichkeit sowie mit Spielzeug, das sich scheinbar so explosiv vermehrte, wie Bakterien dies auf gutem Nährboden tun. Der Kaugummi wird schwer herauszulösen sein aus meinem Langflorteppich. Alle dafür geeigneten Flächen weisen Abdrücke kleiner Schmutzfinger auf. Unter der Couch liegt ein Apfelgriebsch brüderlich neben einem angebissenen Keks. Etliche Stücke edlen Porzellans sind zu Bruch gegangen. Schlangengleich ringelt sich ein vergessener Kniestrumpf in der Badewanne.
Der Hauskater, drei Wochen hindurch gejagt und bestürmt mit überquellender Zärtlichkeit, ruht behaglich aus von den Strapazen. Auch ich bin erschöpft. Hohläugig und schmal blickt mein Spiegelbild mich an. Mit letzter Kraft sammle ich Bauklötze und Autos ein, Papierschnipse und Buntstifte. An den dringend notwendigen Großputz werde ich herangehen, wenn ich erstmal wieder bei Kräften bin. Jetzt aber gönne ich mir ein ebenso geruhsames wie üppiges Frühstück. Keiner kleckert Honig aufs Tischtuch. Ich brauche nicht zu ermahnen: Sitz gerade! Halte dein Brot über den Teller! Gib acht aufs Sahnekännchen! Und die Zeitung darf ich lesen, ohne durch Fragen wie diese gestört zu werden: »Bist du die Mutti von meiner Mutti?« – »Kaufst du mir heute Knallplätzchen? – Warum denn nicht?« – »Wo ist denn der Mond am Tage?« – »Warum heißen die Tauben Tauben? Können sie gar nicht hören?« – »Soll ich dir mal was Schönes vorsingen?«
Der Kaffee ist köstlich. Das Ei ist pflaumenweich, der Toast heiß und knusprig. Und nach dem Frühstück werde ich alle liegengebliebene Korrespondenz aufarbeiten, mit der Freundin telefonieren und zur Entspannung eine schwierige Patience legen.
Ich bin wieder Herrin meiner Wohnung, darf jederzeit nach Belieben über mich selbst verfügen. Alles ist wunderbar. Nur einer fehlt mir ganz fürchterlich: mein kleiner Gast! ■

*Irmgard Wolter*

## Ein Segen für die Welt

Ihr Brüder und Schwestern der älteren Generation, Ihr seid ein Schatz für die Kirche, Ihr seid ein Segen für die Welt! Wie oft müßt Ihr die jungen Eltern entlasten, wie gut könnt Ihr die Kleinen einführen in die Geschichte Eurer Familie und Eurer Heimat, in die Märchen Eures Volkes und in die Welt des Glaubens! Die Jugendlichen finden in ihren Problemen oft leichter zu Euch als zur Generation ihrer Eltern. Euren Söhnen und Töchtern seid Ihr in schweren Stunden die wertvollste Stütze. Mit Rat und Tat wirkt Ihr in vielen Gremien, Vereinigungen und Initiativen des kirchlichen und zivilen Lebens mit. Ihr seid eine notwendige Ergänzung in einer Welt, die sich für den Schwung der Jugend und für die Kraft der sogenannten »besten Jahre« begeistert, in einer Welt, in der so sehr zählt, was man zählen kann. Ihr erinnert sie daran, daß sie auf dem Fleiß derer weiterbaut, die früher jung und kraftvoll waren, und daß auch sie eines Tages ihr Werk in jüngere Hände legen wird. In Euch wird sichtbar, daß der Sinn des Lebens nicht nur in Geld-verdienen und Geld-ausgeben bestehen kann, daß in allem äußeren Tun zugleich etwas Inneres reifen soll und in allem Zeitlichen etwas Ewiges.«

*Aus der Ansprache von Papst Johannes Paul II.
an die ältere Generation 1980 in München*

## Die Bibel und die Großmutter

Was sagt die Bibel zur Großelternschaft? Vom Großvater ist so gut wie keine Rede. Die Großmutter kommt im Neuen Testament einmal, im Alten Testament gar nicht vor. Im 2. Timotheus-Brief erinnert der Briefschreiber, der offiziell Paulus sein soll, den jungen Timotheus an seine Großmutter Loïs und an seine Mutter Eunike, von denen er den christlichen Glauben übernommen habe. Dieser Glaube habe, wie es so schön heißt, in seiner Großmutter und in seiner Mutter »gewohnt«. Der Verfasser der Briefe scheint Loïs gekannt zu haben, und das Vertrauen, das er in sie gehabt hat, setzt er nun in ihre Enkel ...

Das Alte Testament, das keine spezielle Großmutter-Szene schildert, hat dafür eine berühmte *Leih-Großmutter-Geschichte*. Wir finden sie im Buch Ruth. Ruths Baby, das sie von ihrem zweiten Mann Boas bekommen hat, nimmt ihre erste Schwiegermutter *Naomi* und legt es sich wie eine leibliche Mutter an die Brust. Für sie ist das Kind der »Löser«, durch den sie als kinderlose Witwe wieder in die Lebenskette der neuen Familie eingegliedert wird. Naomi wird die Pflegemutter des jungen Obed. Sicher waren viele der bekannten alttestamentlichen Frauen Großmütter, aber ihre Funktion in der Großfamilie war so fraglos, daß keine besondere Episode darüber überliefert ist ...

Hat die Kirche den Mangel an biblischen Großmuttertraditionen gemerkt, als sie *Anna* erschuf? Anna, eine Legendengestalt, wurde zur Mutter Marias und also zur Großmutter Jesu. War Jesus höchst kritisch gegenüber seiner ihn vereinnahmenden Familie, und war das Neue Testament höchst prüde in Bluts- und Beziehungsfragen, so war jetzt der Ausgleich geschaffen. Das Christentum wurde Familienreligion, auch wenn ihr Stifter sich stets dagegen gewehrt hatte. Auf Bildern und in Kunstwerken drängt Anna in Größe und gebieterischem Volumen die bescheidene Maria auf den zweiten Platz. Sie ist die Urmutter, die auch noch an die alte Erdmutter erinnert und neben der Maria wie ein kleines Mädchen neben dem noch kleineren Jesus erscheint. Streng, ikonenhaft, allwissend sieht sie uns in den Anna-Selbdritt-Darstellungen an. Keine Großmutter in unserem Sinn, eher eine weibliche Repräsentantin von Erdkraft, Wissen und Weisheit, die sie dem männlichen Sproß vermittelt.

*Loïs, Naomi, Anna* sind sehr unterschiedliche Großmütter und deshalb anregende Bilder für heutige Großmütter. Aber letztlich sind sie, getreu der patriarchalen Tradition, in der sie lebten oder erfunden wurden, ausgerichtet auf den kleinen männlichen Heros: den jungen Timotheus, den kleinen Obed und den Jesusknaben. In dieser Ausrichtung bekennen sie ihre Würde und ihren Sinn. Und das trennt uns bei aller Sympathie wieder von ihnen.

Elisabeth Moltmann-Wendel

# GROSSVATER, DU WIRST IMMER UNSER HELD BLEIBEN ...

Die ganze Welt war bewegt, als die Enkelin des ermordeten Ministerpräsidenten Jizchak Rabin, die 17jährige Noa Ben-Artzi, auf dem Jerusalemer Berg Herzl im Namen der Familie Abschied nahm von ihrem ermordeten Großvater. Ihre Worte:

»Verzeiht mir, daß ich nicht über den Frieden sprechen möchte, sondern über meinen Großvater ... Gestern erwachte ich nicht aus einem Alptraum, sondern *in* einem – dem Alptraum eines Lebens ohne dich. Das kann ich nicht verkraften. Ständig sind deine Bilder im Fernsehen. Du bist so lebendig, so nah, daß ich dich fast berühren kann – aber nur fast, weil es nicht mehr geht. Großvater, du warst das Feuer vor dem Lager, jetzt sind wir allein, es ist so kalt, und wir sind so traurig.

Ich weiß, wir sprechen jetzt von einer nationalen Tragödie, aber wie kann man ein ganzes Volk trösten, wenn Großmutter nicht aufhört zu weinen und wir stumm sind in dieser unendlichen Leere, die deine Abwesenheit hinterläßt.

Größere als ich haben dich schon beweint, aber keiner kannte deine Zärtlichkeit, deine weichen Hände, deine Umarmungen, die nur wir zu spüren bekamen. Und dein vielsagendes Halblächeln, das mit dir gegangen ist.

Da ich keine Wahl habe, bitte ich dich, der du immer mein Held warst, daß du an uns denkst und daß du uns vermißt, weil wir hier unten dich so sehr lieben. Ich bitte die Engel im Himmel, daß sie dich gut beschützen, weil du es verdienst. Wir werden dich immer lieben, Großvater, immer!«

**Kapitel 9**

# Nichts bleibt, wie es ist

## Lernen im Alter

**Von einem Jungen,
der vor oder nach 2000 geboren wird:**

Von der Kleinkinderschule, die er im Alter von 6 Monaten zu besuchen beginnt, bis zum Altenlernzentrum, in dem er stirbt, befindet er sich sein ganzes Leben lang »zum Wohl der Gesellschaft« in der Schule. Der Geistliche meint nach seinem Tod bei der Grabrede: »Und so entbieten wir diesem glücklichen Mann unseren letzten Gruß ... in der tiefen Überzeugung, daß er in den Himmel kommen wird, wo er eine Schule für Engel besuchen wird. Von nun an bis in Ewigkeit.« ∎

*Josef Ohliger*


Für die meisten Menschen ist dies weniger eine lustige, sondern eher eine erschreckende Vorstellung: Sein Leben lang hat man lernen müssen, erst in der Ausbildung und dann im Beruf. Jetzt endlich möchte man im Alter seine Ruhe haben und einen ruhigen und verdienten Lebensabend genießen.
Dennoch entdecken immer mehr Frauen und Männer im Alter die Chance, etwas Neues zu beginnen oder etwas gänzlich Ungewohntes zu tun. In ihrem bisherigen Leben hatten sie dazu wenig Gelegenheit: Aber jetzt Theater spielen, tanzen, Musik machen, sich sozial engagieren, einen Kurs bei der Volkshochschule oder Vorlesungen an der Universität belegen, Reisen in fremde Länder unternehmen ...

· · · · · · · · · · · · · · · · · · · · · · · · · · · · · · · · · ·

Eine 82jährige Frau: »Es gibt allerlei Angebote in unserer Stadt für alte Menschen: basteln, malen, Altenkaffee, Altensingen, Busfahrten für alte ... Ich brauch keine Altenwerkstätten. Ich brauch keine Bastelanleitungen. Ich brauche Menschen, Menschen, Menschen ...! Verstehen sie mich?«

· · · · · · · · · · · · · · · · · · · · · · · · · · · · · · · · · ·

Ich habe gehört, ihr wollt nichts lernen!
Daraus entnehme ich: Ihr seid Millionäre.
Eure Zukunft ist gesichert – sie liegt
vor euch im Licht. Eure Eltern
haben dafür gesorgt, daß eure Füße
an keinen Stein stoßen. Da mußt du
nichts lernen. So wie du bist
kannst du bleiben.
Sollte es dennoch Schwierigkeiten geben,
da doch die Zeiten,
wie ich gehört habe, unsicher sind,
hast du deine Führer, die dir genau sagen,
was du zu machen hast, damit es euch gut geht.
Sie haben nachgelesen bei denen,
welche die Wahrheiten wissen,
die für alle Zeiten Gültigkeit haben
und die Rezepte, die immer helfen.
Wo so viele für dich sind,
brauchst du keinen Finger zu rühren.
Freilich, wenn es anders wäre,
müßtest du lernen.

*Bertolt Brecht*

Die Erwartungen älterer Menschen sind also sehr unterschiedlich:

- Ruhe haben wollen,
- tun, was man möchte,
- neue Interessen entdecken,
- Kontakt zu Menschen suchen,
- neue Aufgaben übernehmen,
- etwas langsam angehen lassen ...

Das alles hat etwas mit »Lernen« zu tun. Natürlich geht es hier nicht um ein Lernen, wie wir es von unserer Schul- und Ausbildungszeit her kennen. Manches, was wir zum Leben brauchten, haben wir hier gelernt. Vieles aber, was lebensnotwendig ist, haben wir erst durch das Leben selbst gelernt. Nicht selten mußten wir hierbei schmerzliche Erfahrungen machen.

Lernen mußten wir:

- als Mann und Frau unsere Rollen zu finden,
- als Partner zusammen zu leben,
- Vater und Mutter zu sein,
- einen Haushalt zu führen,
- die Kinder zu erziehen,
- Kinder loslassen zu können,
- mit Schicksalsschlägen und Krankheiten umzugehen,
- wieder allein, ohne Kinder zu leben,
- zwischen Karriere und Familie zu wählen,
- als Frau wieder eine Aufgabe zu finden, als die Kinder aus dem Haus waren,
- Verantwortung zu übernehmen und abzugeben

und jetzt im Alter ...?

> »Ich höre nicht auf
> zu lernen, je älter ich werde.«
>
> Solon –
> einer der sieben Weisen im alten Griechenland

Für das Leben im Alter gibt es kein Rezept. Zu vielfältig und unterschiedlich sind die Lebensläufe der Menschen, auf denen sie ihren Weg ins Alter gehen. Jeder lebt sein eigenes Alter. Und dies ist abhängig von der eigenen Lebensgeschichte und den augenblicklichen Lebensumständen: allein oder zu zweit, in der Familie oder im Altenwohnheim, arm oder reich, gesund oder krank ... Für alle sind Altwerden und Altsein eine neue Stufe im Leben, die bewältigt werden muß. Dies ist auf keiner Schule oder Hochschule zu lernen. Hierfür gibt es kein Lernprogramm. Solches Lernen gelingt nur in ehrlicher Auseinandersetzung mit sich selber und im Gespräch mit anderen Menschen in vergleichbarer Situation.

> »Lernen« ist ein vielschichtiger Begriff. Wir verstehen unter »Lernen« sowohl die Fähigkeit, auf bestimmte Situationen mit neuem Verhalten zu reagieren (Lernen als Verhaltensänderung), als auch die Fähigkeit, eine neue Tätigkeit auszuüben – wie zum Beispiel Seidenmalerei (Lernen als Erweiterung der persönlichen Fertigkeiten) oder eine fremde Sprache zu sprechen (Lernen als Wissenserweiterung).

# Lernen – mit Veränderungen fertigwerden

Jedes Leben ist zwar einmalig, jeder Mensch hat auch seine eigene Geschichte. Dennoch gibt es ganz typische Veränderungen und Erfahrungen, die mit dem Älterwerden auf uns zukommen. Daraus ergeben sich bestimmte Lernaufgaben.

| Veränderte familiäre Beziehungen ||
|---|---|
| Probleme: | Kinder ziehen aus, alte Eltern brauchen Hilfe, berufsbezogene Beziehungen entfallen ... |
| Lernaufgaben: | Erwartungen klären und darüber sprechen, sich Freiräume schaffen, Arbeitsteilung, offene Gespräche ... |
| **Veränderte Partnerbeziehung** ||
| Probleme: | Der berufsbedingte Rhythmus von Distanz und Nähe entfällt, Aufgabenteilung Beruf-Haushalt entfällt, man ist nach längerer Zeit der Familienphase wieder zu zweit, Gesprächsthemen wie Beruf-Ausbildung-Erziehung entfallen, evtl. auch Tod des Partners ... |
| Lernaufgaben: | Neue Arbeitsverteilung, Abstimmung des Tagesablaufs, gemeinsame Interessen entwickeln, gegenseitige Toleranz für unterschiedliche Interessen und unterschiedlichen Bekanntenkreis, neue Gesprächsthemen finden, Zuhören lernen, Bewältigung von Trauer ... |
| **Veränderter Bekanntenkreis** ||
| Probleme: | Berufsbezogene Kontakte entfallen häufig, der Gesprächsgegenstand »Beruf« fällt weg, man ist nicht mehr so mobil, Tod von Freunden ... |
| Lernaufgaben: | Neue Menschen kennenlernen, Orte des Kennenlernens ausfindig machen (Gemeinde, Vereine, Bildungsangebote ...) |
| **Veränderte Zeiteinteilung** ||
| Probleme: | Das strukturierende Element der Berufstätigkeit fällt weg (Tages-, Wochen-, Jahresrhythmus), unterschiedliche Bedürfnisse bei Mann und Frau ... |
| Lernaufgaben: | Neue Rhythmisierung der Tage, der Wochen, des Jahres (Urlaub ...), Höhepunkte planen ... |
| **Veränderte finanzielle Möglichkeiten** ||
| Probleme: | Die Ruhestandsbezüge (auch Witwenrente) sind häufig niedriger als die vorhergehenden Einkünfte ... |

| | |
|---|---|
| Lernaufgaben: | Informationen beschaffen, Einteilung lernen, Nebenverdienst suchen ... |
| **Veränderte gesundheitliche Bedingungen** | |
| Probleme: | Häufigere Arztbesuche sind nötig, Ernährungsumstellung, körperliche Grenzen, Behinderungen ... |
| Lernaufgaben: | Lernen, mit Behinderung umzugehen, Einteilung der Kräfte, neuer Tagesrhythmus, Kochkurse ... |
| **Veränderte Möglichkeiten der Freizeitgestaltung** | |
| Probleme: | Viel mehr Freizeit als früher, Leere oder blinde Aktivität, Gefühl des Nicht-mehr-gebraucht-Werdens ... |
| Lernaufgaben: | Annehmen einer sinnvollen Aufgabe, Suchen von Hobbys, kreativer Tätigkeit, Mut zur Eigeninitiative |
| **Veränderte Informationsbezüge** | |
| Probleme: | Viele durch Beruf und mehr Außenorientierung gegebene Informationsquellen fallen weg ... |
| Lernaufgaben: | Neue Kreise und Anregungen suchen, Teilhaben an Vorgängen in Gemeinde, Kirche, Politik, Wirtschaft ... |
| **Veränderte Anforderungen aus der Umwelt** | |
| Probleme: | Negatives Altersbild, die Älteren sollen sich anpassen, der Wert eines Menschen wird oft nach seiner Funktionstätigkeit bemessen ... |
| Lernaufgaben: | Politische Betätigung, Wahrnehmung von Selbstvertretungsaufgaben (Beiräte, Verbände ...), sich Einsetzen für die Belange der Älteren ... |
| **Veränderte Lebensperspektive** | |
| Probleme: | Fragen nach Sinn des Lebens, Fragen um Tod und Sterben, Glaubenszweifel und -vergewisserung ... |
| Lernaufgaben: | Auseinandersetzung mit dem eigenen Lebensende, Vorbereitungen treffen (Testament ...), Fragen des Glaubens mit anderen besprechen ... |

Man sagt sich oft im Leben, daß man die Vielgeschäftigkeit vermeiden, besonders, je älter man wird sich desto weniger in ein neues Geschäft einlassen soll. Aber man hat gut reden, gut sich und anderen raten. Älterwerden heißt, selbst ein neues Geschäft antreten: Alle Verhältnisse verändern sich, und man muß entweder zu handeln aufhören oder mit Willen und Bewußtsein das neue Rollenfach übernehmen. ■

*Johann Wolfgang Goethe, 1749-1832*

# Nehmen die geistigen Leistungsfähigkeiten im Alter ab?

Von Schwierigkeiten eigener Art weiß Lord Healey, unter seinem bürgerlichen Namen Denis Healey noch als Labour-Politiker bekannt, besonders anschaulich zu berichten. »Drei Dinge«, so dozierte der mittlerweile sechsundsiebzigjährige Herr, »passieren jedem, der mein Alter erreicht. Zuerst schwindet das Gedächtnis. Die beiden anderen habe ich vergessen.«

Der 69jährigen Professorin an der Harvard Universität fällt es zunehmend schwerer, die Namen neuer Kollegen ihrer Fakultät im Gedächtnis zu behalten. Vor kurzem stand sie morgens im Flur des Universitätsgebäudes und hatte vergessen, in welchem Raum sie ihre Vorlesung halten sollte. Ein andermal kam sie in einem Gespräch partout nicht auf das Wort für »das Ding, mit dem man Pfannkuchen umdreht«. Mit großer Besorgnis nimmt die Professorin wahr, wie ihr Gedächtnis sie immer häufiger im Stich läßt.

Vielen älteren Menschen geht es wie der amerikanischen Forscherin. Sie spüren nicht nur den Verlust an körperlicher Kraft, sondern auch einen Rückgang ihrer geistigen Fähigkeiten. Sie werden vergeßlich, können sich nicht mehr so gut konzentrieren; sie brauchen länger, um einen komplizierten Sachverhalt zu verstehen. Doch nach den neuesten Ergebnissen wissenschaftlicher Studien ist mit dem Altern nicht zwangsläufig der Verlust an geistiger Kapazität verbunden.

Die geistige Leistungsfähigkeit hängt nicht unbedingt vom Alter ab. Es gibt ältere Menschen, deren Denk- und Lernfähigkeit, deren Gedächtnis- und Erinnerungsvermögen nicht nachgelassen haben. Entscheidend für die intellektuelle Leistungsfähigkeit sind in erster Linie die Lernmöglichkeiten, die im Laufe eines Lebens gegeben waren. Positiv wirken sich nach vielen Untersuchungen folgende Einflüsse aus:

❐ Gewöhnung an geistige Verarbeitung von Erlebnissen durch eine längere Schulausbildung,
❐ Anregungen und Herausforderungen zur geistigen Auseinandersetzung im Berufsleben,
❐ Fähigkeit zur guten Bewältigung von Lebensereignissen, die zu einer Lebenszufriedenheit führten,
❐ körperliche Gesundheit, anregender Umgang und einigermaßen gesicherte Lebensverhältnisse.

Was aber ist mit den alten Menschen, die solch günstige Voraussetzungen nicht mitbringen? Gerade die jetzige Generation der älteren Menschen hatte aufgrund von Kriegs- und Nachkriegserfahrungen keineswegs immer so günstige »Lernbedingungen«. Doch dies ist kein unabänderliches Schicksal. Sieht man nämlich genauer hin, so kann man zunächst zwei Bereiche der geistigen Leistungsfähigkeit bei nahezu allen älteren Menschen unterscheiden:

❐ Einerseits läßt sich eine Abnahme all jener intellektuellen Leistungen beobachten, die Wendigkeit, Umstellung, Orientierung in neuen Situationen und Kombinationsfähigkeit verlangen. Die Wissenschaftler nennen dies eine »flüssige Intelligenz«. Gemeint ist damit die Bewältigung all jener Ereignisse, die sozusagen wie das Wasser in einem Fluß heranfließen oder auch vorbeifließen.

❐ Andererseits läßt sich jedoch bei vielen älteren Menschen eine Zunahme all jener Fähigkeiten feststellen, die wir mit Allgemeinwissen, Erfahrungswissen, Wortschatz und Sprachverständnis bezeichnen. Die Wissenschaftler nennen diese Intelligenz »kristalline Intelligenz«. Gemeint ist damit all jenes Wissen, das sich sozusagen ähnlich dem Wachstum eines Kristalls an vorhandenes Wissen immer wieder angliedern und festmachen kann.

Diese Unterscheidung erklärt auch, warum viele ältere Menschen ein schwächeres Kurzzeitgedächtnis, dagegen jedoch ein ausgeprägtes Langzeitgedächtnis haben. Sie vergessen aktuelle Ereignisse, während sie sich noch an Dinge und Ereignisse aus frühester Kindheit und Jugend sehr genau erinnern.

Gerade die Schwächung jener »flüssigen Intelligenz« kann im Alter noch ausgeglichen werden. Unter Berücksichtigung bestimmter Aspekte läßt sich auch der Erwerb neuer Kenntnisse und neuen Wissens einüben und damit positiv beeinflussen.

---

Allerdings lernen ältere Menschen unter etwas anderen Bedingungen als Kinder oder junge Menschen. Darüber sind folgende Erkenntnisse gesichert:

❐ Das Lernen geht langsamer, also Geduld!
❐ Es gibt Anlaufschwierigkeiten: behutsam!
❐ Die Störanfälligkeit ist größer: abschirmen!
❐ Das Selbstvertrauen muß gestärkt werden.
❐ Die Einsicht in das Warum und Wozu.
❐ Die Erfolgsbestätigung motiviert.
❐ Die Anknüpfung an früher Gelerntes.

**Im Alter gibt es eigene Lernbedingungen**

Gerade im Alter ist die letzte Bedingung die wichtigste! »Für ältere Menschen ist es unmöglich, mit innerer Zustimmung neue Erkenntnisse anzunehmen, ohne sie zu dem, was sie erlebt haben, zu den Enttäuschungen und Erfahrungen ihres Lebens, in Beziehung zu setzen« (Rosenmayr).

# Lernziel: Lebensweisheit – Starrsinn vermeiden

Jungen und alten Menschen fällt es gleichermaßen schwer, ihre vorhandenen Einstellungen und Meinungen zu den Dingen des persönlichen Lebens, der Gesellschaft, der Umwelt, des Glaubens und der Politik zu verändern. Je älter wir werden, um so mehr verfestigen sich unsere Ansichten zu einem »Alltags- und Routinewissen«.

Stehen Kinder in der Versuchung, sich zum »altklugen« (!) Alleswisser zu entwickeln, erliegen Jugendliche der Verlockung, sich als »Allesbesserwisser« aufzuspielen, so unterliegt der ältere Mensch der Gefahr, es schon immer besser gewußt zu haben. Er versteift sich auf frühere Erfahrungen und verharrt stur auf dem einmal eingenommenen Standpunkt.

Aus der Lernpsychologie wissen wir, daß sich unsere vorhandenen Meinungen und Einstellungen auf folgende Art und Weise festigen:

❐ Man nimmt vor allen Dingen die Informationen und Meinungen wahr, die einen in der bisherigen Auffassung bestätigen.
❐ Man interpretiert neue Informationen so um, daß sie zu den bisherigen Überzeugungen passen.
❐ Man wertet die Informationsquelle ab nach dem Motto »Ich weiß ja, wer es sagt«, oder: »Typisch für diese Zeitung«.

Wir sind eben eher bereit, neue Informationen abzuwehren, als etwa unsere Einstellung zu verändern. Wenn ich mir dessen aber bewußt werde und darüber nachdenke, kann ich mich auch neuem Wissen und neuer Information stellen und zu einer anderen Verhaltensweise und Einstellung finden.

# Einige Lerntips

Vereinfachen, ohne einseitig zu werden
  Deutlich aussprechen, was man sagen will
Zusammenhänge erkennen und verstehen
  Besonnen, fair und gerecht urteilen
Widersprüche nebeneinander stehenlassen
  Bescheidenheit und Toleranz üben
Aus Erlebtem und Erfahrenem lernen
  Unwissen und Ungewißheiten ertragen
Wissen, was man nicht zu wissen braucht
  Einsehen, daß Irren menschlich ist
Seine Meinung revidieren können
  Mut zur eigenen Meinung haben

Kant sagt in seiner Schrift »Was ist Aufklärung«: »Es ist so bequem, unmündig zu sein; habe ich ein Buch, das für mich Verstand hat, einen Seelsorger, der für mich Gewissen hat, einen Arzt, der für mich die Diät beurteilt, ... so brauche ich mich selbst nicht zu bemühen.«

# Wer rastet, der rostet

Wer geistig rastet, rostet wirklich. Er oder sie schwächt unweigerlich die Werkzeuge seines Denkens. So wie auch unsere Organe und Glieder verkümmern, wenn wir sie nicht in Bewegung halten, so verkümmert auch unser Gehirn. Wie aber kann man die Gehirnfunktionen trainieren?

> Mit welchen Tricks sie es schaffte, so vital und jung zu wirken, wurde die 85jährige Schauspielerin Inge Meysel gefragt. »Ich esse und lebe vernünftig, gehe spazieren, lese jeden Tag zwei bis drei Zeitungen und beschäftige mich mit dem Leben – da hat man viel zu tun!«

## Gehirntraining

- Täglich Zeitung lesen, und zwar zunächst kurze Abschnitte, dann diese im Kopf wiederholen und über den Inhalt reden.
- Kartenspiele wie Skat, Bridge und andere sind besonders gedächtnisübend; selbst Memoryspiele und Kreuzworträtsel sind besser als Nichtstun, wenn sie auch nur altes Wissen abfragen und nichts Neues bringen.
- Neues lernen, wie zum Beispiel eine Fremdsprache, und seien es auch nur drei bis fünf Vokabeln einer Fremdsprache pro Tag. Auch vier Gedichtzeilen pro Tag können als Jungbrunnen für das Gehirn wirken.
- Seine Vorstellungskraft beanspruchen. Ein Beispiel: Will man nicht vergessen, während des Stadtbummels eine Postkarte abzuschicken, sollte man sich noch zu Hause in der Phantasie lebendig ausmalen, wie die eine Hand den Briefkastenschlitz öffnet und die andere die Karte durchschiebt.

> ■ **Schon im Altertum waren Kniffe bekannt,** sich Namen und Geschehnisse besser zu merken. Vor nahezu 2500 Jahren gelang dem griechischen Dichter Simonides die außerordentliche Leistung, sämtliche Teilnehmer eines Banketts dadurch zu erinnern, daß er sich die Gäste in ihrer Sitzordnung vorstellte und entsprechend ihrer Reihenfolge abrief. Diese Beobachtung ließ ihn erkennen, daß die planmäßige Vorgehensweise entscheidend für eine gute Gedächtnisleistung ist. Simonides gilt als Erfinder der »Methode der Orte«. Man hat mittlerweile nachgewiesen, daß solche und ähnliche Techniken das Behalten des gelernten Materials um bis zu 300 Prozent verbessern können – auch bei älteren Menschen.

# Helfen wir uns selbst!

Alleine kann man es kaum schaffen, sein Leben im Alter zu bewältigen, besser geht es mit anderen. Von daher sind gerade in den letzten Jahren in vielen Städten und Gemeinden Initiativen älterer Menschen entstanden. Da sind einerseits die Angebote der Kirchengemeinden, der Volkshochschulen und auch der Universitäten für bestimmte Interessengruppen von älteren Menschen, da sind andererseits aber auch zahllose Selbsthilfegruppen, in denen ältere Menschen sich selber zusammenschließen.

## Erzählen, wie ich es erlebt habe

Wissen Sie noch, wie es damals in Ihrer Stadt, Ihrem Dorf, in Ihrem Beruf war? Haben Sie miterlebt, wie sich alles verändert hat im Lauf der Zeit? – Das ist Geschichte. Zur Geschichte gehört auch, was Sie selbst erlebt haben: Ihre Geschichten. – Erzählen Sie doch einmal, wie das war: Ihre Zeit in der einklassigen Dorfschule, die Lehre in den 30er Jahren, Ihre Erlebnisse während des Krieges oder als die ersten »Gastarbeiter« im Betrieb anfingen.

In einem *Erzählcafé* werden Sie auf offene Ohren stoßen. Erzählcafés sind Veranstaltungen für jung und alt. Im Mittelpunkt steht immer ein bestimmtes Thema, das die Geschichte der Stadt, des Stadtteils oder des Dorfes betrifft. Ein älterer Mensch erzählt dazu seine Erinnerungen. Eine Moderatorin oder ein Moderator unterstützt ihn dabei. Sie oder er fragt hier und da schon einmal nach und achtet darauf, daß das Thema nicht zu weit ausgedehnt wird. Die Veranstalter von Erzählcafés sind von Ort zu Ort verschieden.

*Angekündigt werden Erzählcafés etwa in der Lokalzeitung, der städtischen Seniorenzeitung oder über Handzettel in Seniorentreffpunkten.*

## Seniorenbüros

**Über Seniorenbüros will das Bundesfamilienministerium vor allem jene Rentner in Deutschland zu einem sozialen Engagement anregen, die gar nicht gern *Senioren* genannt werden**

### Das Ehrenamt beschwingt den Ruhestand

Wer sich engagieren will, tut dies ohnehin, muß sich aber in diesem Wust der Möglichkeiten erst zurechtfinden. Das Problem liegt bei der großen Masse der jungen Alten, die sich von den Organisationen nicht angesprochen fühlen oder nicht wissen, daß es sie gibt. Beide Gruppen versucht jetzt die Bundesregierung anzusprechen. Im vorigen Jahr reifte die Idee, in mehreren Städten die Gründung von Senioren-Büros zu unterstützen. In jedem der 16 Bundesländer, so wurde geplant, sollte ein solches Seniorenbüro entstehen, das Kontakt zwischen Alten (und zwischen Alten und Jungen) knüpft, ihnen zeigt, wo und wie man sich sozial engagieren kann, und sie in nachberufliche Tätigkeiten vermittelt. Zudem sollten sie Selbsthilfegruppen einrichten.
Das Bundesministerium für Familie und Senioren schrieb die Idee als Modellprogramm aus. In der Ausschreibung hieß es: »Eine wichtige Aufgabe ist es, Formen eines gezielten Zugehens auf ältere Menschen zu entwickeln, um auch diejenigen Älteren zu erreichen, die von sich aus nicht genügend Antrieb aufbringen, um Kontakt zu anderen aufzunehmen.«
*Adressen der Seniorenbüros erfahren Sie bei Ihrer Stadt- oder Kreisverwaltung.*

# WISSENS- UND ERFAHRUNGSBÖRSE

Die Wissens- und Erfahrungsbörse vermittelt Kontakte – egal, ob es sich um die Restaurierung eines Spinnrads oder um die Suche nach einer Ersatzoma handelt.

## ANTIQUITÄTEN

Ich möchte ein hundert Jahre altes Spinnrad restaurieren. Wer kann mich dabei beraten und mir behilflich sein? **Chiffre Nr. 002**

## BRIEFFREUND/IN

Ich bin Witwe und lebe allein, Kauffrau im Ruhestand, vielseitig interessiert und mit guter Allgemeinbildung. Meine Hobbys sind Schwimmen, Radfahren, Tanzen, Kochen und Reisen. (Ich habe schon 22 Länder besucht.)
Ich suche eine/n Brieffreund/in bzw. jemanden, der mit mir schriftlichen Kontakt aufnehmen möchte.
**Chiffre Nr. 008**

## COMPUTER

Ich suche Kontakt zu Personen, die sich über die Anwendung der Software »SAP R 3-verschiedene Module« mit mir austauschen möchten.
**Chiffre Nr. 032**

## ERNÄHRUNG

Ich biete einen Austausch über Vollwert-Ernährungsfragen an.
**Chiffre Nr. 020**

## FREIZEITAKTIVITÄTEN/-UNTERNEHMUNGEN

Ich suche eine interessierte Begleitung für Wanderungen, Theater- u. Konzertbesuche.
**Chiffre Nr. 004**
Aufgeschlossene Rentnerin, alleinstehend und naturverbunden, sucht Dame zum Spaziergehen, Schwimmen und für gemeinsame kleine Fahrradtouren und Tagesausflüge.
**Chiffre Nr. 010**
Wer möchte mit uns zusammen Paderborn und die Umgebung zu Fuß, per Fahrrad oder mit dem Bus näher kennenlernen?
Für nähere Auskünfte stehe ich gerne zur Verfügung.
**Chiffre Nr. 012**

## Leih-Omas haben Hochkonjunktur

Die Idee ist ebenso einfach wie genial. »Einerseits gibt es immer mehr alleinerziehende Mütter und kinderreiche Familien, die eine Betreuung für ihre Kinder suchen. Andererseits suchen viele Senioren eine sinnvolle Aufgabe im Alter«, sagt Antje Kehler. Seit Anfang des Jahres leitet die Diplom-Gerontologin den Heidelberger »Paten-Oma-Dienst«. Er ist einem städtischen Seniorenzentrum angegliedert. Knapp 30 »Leih-Omas« hat Kehler in ihrer Kartei. Für 10 Mark pro Stunde betreuen die »Omas von der Agentur« ebenso viele Kinder von eins bis 14 Jahren, und die Tendenz ist steigend.«

. . . . . . . . . . . . . . . . . . . . . . . . . . .

»Es ist herrlich, ein völlig neues Lebensgefühl, wenn man plötzlich wieder ein Kind zu betreuen hat. Wir kommen auch wirklich prima miteinander aus, der kleine Peer und ich. Spätestens freitags freue ich mich immer schon auf den Montag. Dann gehen wir zusammen in den Zoo, auf den Spielplatz, oder wir fahren mit der Straßenbahn. Straßenbahnfahren mag Peer besonders gern.«

. . . . . . . . . . . . . . . . . . . . . . . . . . .

**Adresse und Telefonnummer finden Sie in Tageszeitungen, unter der Rubrik Beratungs- und Hilfsangebote, im Telefonbuch, in Stadtillustrierten, Bürgerserviceheften oder Seniorenzeitungen.**

## Mich weiterbilden, Neues lernen

Auch wenn das Leben Sie das Wichtigste gelehrt hat, gibt es vielleicht doch etwas, was Sie schon immer mal genauer wissen wollten, besser können oder sogar völlig neu lernen wollten. Oder umgekehrt: Sie waren Lehrerin oder Lehrer, Dozentin oder Dozent und wollen Ihr Fachwissen auch nach der Pensionierung weitergeben ...
Vielleicht gibt es ja auch in Ihrer Nähe eine Altenakademie oder eine ähnliche Einrichtung. Wenn nicht, fragen Sie doch mal bei der Volkshochschule, der Universität oder bei einem Wohlfahrtsverband nach dem Bildungsangebot für Senioren.

> **Altenakademie Dortmund besteht 20 Jahre**
>
> Wer den Beruf hinter sich hat, frönt süßem Nichtstun, glaubt mancher. Die 4000 Studenten der Altenakademie Dortmund denken gar nicht daran. Sie bilden sich in Seminaren, Kursen und Vorträgen weiter.
>
> **Spätes Lernen**
>
> WAZ

## Senioren-Tanzkurs

Eine Wohltat für Körper und Geist können gymnastische Übungen zu angenehmer Musik sein. Ob Sie zu flotten Rhythmen Ihrem Temperament freien Lauf lassen oder bei zarten Klängen auf sanfte Bewegungen sich konzentrieren wollen, in einer der unzähligen Gymnastikgruppen für Seniorinnen und Senioren können Sie es tun. Jeder ältere Mensch ist willkommen, ganz gleich wie alt er ist. Immerhin 91 Lebensjahre zählt z.B. der älteste. Wenn Sie also rüstig sind, tanzen Sie mit: Männer sind besonders willkommen.

*Wo in Ihrer Umgebung Seniorinnen und Senioren zum Tanz sich treffen, erfahren Sie in der Pfarrgemeinde, im Nachbarschaftsheim, bei den Wohlfahrtsverbänden und anderen sozialen Organisationen und Einrichtungen für Deutschland oder beim Bundesverband Seniorentanz, Insterburger Str. 25, 28207 Bremen, Tel.: 0421/44 11 80.*

## Theater spielen

»Tägliche Freuden ...«, so heißt die erste Inszenierung des Seniorentheaters »Spätlese«. Dargestellt werden die Veränderungen in Ostdeutschland nach der Wiedervereinigung. Die Frankfurter Senioren sehen es so: »Die Wende brachte so manches Neue, auch in den großen und kleinen Dingen des Alltags. Das Leben in der schönen, reichen Warenwelt will gelernt sein. Manche Verheißung vom besseren Leben ist trügerisch. Im Seniorenheim werden Menschen zu Sozialhilfeempfängern mit Taschengeld.«

Alle Szenen entstanden aus erzählten Geschichten, Heiteres und Bitteres aus dem eigenen Lebenskreis der Darsteller. Nichts ist erfunden. Alles was zu hören und zu sehen ist, stammt aus der Lebenserfahrung und der gemeinsamen Arbeit seiner Mitglieder. Auf der Bühne wollen sie Erlebtes erlebbar machen, nicht nur in ihrer Generation, sondern auch für junge Menschen.

*Wo in Deutschland ältere Laien Theater spielen, weiß der Bund Deutscher Amateurtheater (BDAT), Steinheimer Str. 7/1, 89518 Heidenheim, Tel.: 07321/48 300.*

## Gemeinsam singen und musizieren

Keine Angst vor falschen Tönen! Ein Instrument zu spielen, verlernt man nicht so schnell. Singen auch nicht. Die zahlreichen Chöre und Orchester sind der Beweis. Offen für ältere Menschen sind auch die Kirchen- und Gemeindechöre sowie Gesangsvereine. Bei allen steht nicht die perfekte Darbietung im Vordergrund, sondern das gemeinsame Musikmachen. Vielleicht kennen Sie schon Leute, mit denen Sie sich das vorstellen können. Es muß ja nicht gleich ein großer Chor oder ein Orchester sein, auch sind nicht nur die »schwierigen« Instrumente gefragt. Im Quartett oder anderen kammermusikalischen Formationen ist das eigene Wohnzimmer oft groß genug. Reizvoll sein kann schließlich auch, die Kunst des Duos (noch) einmal zu probieren.

## Mein Problem mit anderen angehen

*»Die gegenseitige Unterstützung ist das Wichtigste. Nur selbst Betroffene haben für diese Kranken volles Verständnis und können einander zeigen, daß man das Leben trotzdem genießen kann. Bei meiner Arbeit für die Gruppe denke ich immer, es soll keinem so ergehen wie mir.«*

R.J. hatte nach ihrer Krebserkrankung erst einmal niemand, mit dem sie darüber sprechen konnte. Erst ein halbes Jahr nach der Totaloperation nahm eine Fürsorgerin mit ihr Kontakt auf. Sie gehörte zur Beratungsstelle für Krebskranke im Potsdamer Gesundheitsamt. Bei ihren Besuchen bei anderen Krebskranken hatte sie schon gespürt, daß es gut wäre, wenn die Betroffenen miteinander sprechen würden.

Frau J. ergriff die Initiative und gründete mit Hilfe der Fürsorgerin und der Berliner Selbsthilfekontaktstelle SEKIS eine Selbsthilfegruppe.

Schon nach einem Jahr war der Kreis der Hilfesuchenden so groß geworden, daß sich die Gruppe nicht mehr wie anfangs bei Frau J. zu Hause treffen konnte. Das Gesundheitsamt bot Räume an.

*Informationen über andere Selbsthilfegruppen nach Krebs erteilt die Frauenselbsthilfe nach Krebs e.V.*
B6. 10/11. 68159 Mannheim. Tel.: 0621/24 434.

Wie die Frauen nach Krebs, so versuchen auch Menschen mit anderen Krankheiten, wie etwa Osteoporose oder Alzheimer-Syndrom, sich selbst zu helfen.

# Täglicher Rundruf

Immer wieder hört man, daß ein alter Mensch tagelang hilflos in seiner Wohnung gelegen hat, und niemand es bemerkte. Davor fürchten sich viele, die allein leben und schon älter oder nicht mehr ganz gesund sind. Ein einfaches Mittel gegen diese Furcht kann die Telefonkette sein. Das bedeutet: Mehrere alleinstehende ältere Menschen verabreden, sich jeden Tag zu einer bestimmten Zeit anzurufen. Bei der ersten Kölner Telefonkette läutet das erste Telefon jeden Morgen um drei Minuten vor neun. Dann nämlich eröffnet Pauline Seyfried als sogenannte Kettenkapitänin den täglichen Rundruf. Wenn sie gehört hat, daß am anderen Ende der Leitung alles in Ordnung ist, wählt die angerufene Person die Nummer der nächsten.

So geht es dann weiter, bis die achte die Kette mit einem Anruf bei Frau Seyfried wieder schließt. Eine Telefonkette selbst aufzubauen, ist nicht allzu schwierig. Sie können aber auch neues Glied einer der zahlreichen Telefonketten werden, die schon funktionieren.

*Ob diese Idee gegenseitiger Absicherung und Hilfe auch in Ihrer Nähe umgesetzt wird, erfahren Sie bei den Wohlfahrtsverbänden, Kirchengemeinden und Sozialämtern.*

## Einsame und Kranke besuchen

Am Bett sitzen, die Hand halten, leise erzählen, vorlesen oder beten, vielleicht mit kleinen Handgriffen helfen, mehr können Sie oft nicht tun. Nicht nur für einen sterbenden Menschen jedoch kann eine solche Begleitung ein starker Trost sein. Nur allzu viele alte und schwerkranke Menschen sterben einsam – ob zu Hause oder im Pflegeheim. Wo Angehörige und Freunde keine Zeit haben, und das Pflegepersonal mit dem Nötigsten überlastet ist, dort könnten Sie mit einem Teil Ihrer freien Zeit helfen.

*Kirchliche Stellen, Einrichtungen der freien Wohlfahrtspflege oder die Heime selbst sagen Ihnen, wo sich ältere Menschen zusammengetan haben, um Sterbende in der Stunde ihres Todes nicht allein zu lassen.*

## Politisch mitarbeiten

In über 400 Städten und Gemeinden in Deutschland – ähnliches gibt es aber auch in Österreich und der Schweiz – treten ältere Mitbürgerinnen und Mitbürger selbst für die Interessen ihrer Generation ein. Als Seniorenvertretung oder -beirat in Stadt- und Gemeinderäten machen sie nicht nur auf die Probleme älterer Menschen aufmerksam. Sie tragen auch aktiv zu Lösungen bei.
In Hannover, zum Beispiel: Dort war das Problem eine stark befahrene Straße vor einer beliebten Grünanlage. Die Lösung: eine zusätzliche Ampelanlage. Als der Seniorenbeirat sich dafür einsetzte, wurde er

von anderen sozialen Institutionen unterstützt. Auch die Kölner Telefonkette und die erste Wissensbörse in Berlin wurden von Seniorenvertretungen ins Leben gerufen: Die eine in Köln-Nippes, die andere in Berlin-Wilmersdorf. In Frankfurt war der Seniorenbeirat maßgeblich daran beteiligt, daß Frankfurter U-Bahnhöfe mit Aufzügen ausgestattet wurden.

Wenn auch Sie dazu beitragen wollen, daß die Belange der älteren Menschen von Politikerinnen und Politikern mehr berücksichtigt werden, stellen Sie sich zur Wahl. Einer Partei müssen Sie dafür nicht angehören. In die Seniorenvertretung oder den Seniorenbeirat kann jede(r) gewählt werden.

*Näheres über das Wie, Wann und Wo erfahren Sie bei Ihrer Stadt- oder Gemeindeverwaltung. Informationen erteilt für Deutschland auch die Bundesseniorenvertretung, Schillerstr. 9, 65239 Hochheim, Tel.: 06146/4826.*

Sollten sich bei Ihnen noch keine Senioren in die Politik eingemischt haben – vielleicht machen Sie den Anfang!

Im Anhang dieses Buches finden Sie weitere Adressen, bei denen Sie nähere Informationen über solche Lern- und Selbsthilfemöglichkeiten erfragen können.

# Den Jahren Leben geben

Wer sein Alter lernt, ist weniger darauf bedacht, sein Leben um Jahre zu verlängern. Vielmehr liegt ihm oder ihr daran, den Jahren, die man jetzt lebt, auch Leben zu geben, sie mit Leben zu füllen, mit dem, was man gerne tut und denkt. Jemand hat einmal einige Tips zusammengestellt, die der Lebensfreude dienen können und damit den Jahren wirklich Leben vermitteln. Tips, die nicht nur für alte Menschen gelten, sondern auch auf ein Leben im Alter vorbereiten können.

## 10 Tips zu mehr Lebensfreude:

### 1. Neue Aufgaben anpacken

Überlegen Sie, welche Aufgaben sich heute stellen, die es vor 10 Jahren noch nicht für Sie gab. Können Sie solche Aufgaben als Herausforderung annehmen – oder schieben Sie sie möglichst lange vor sich her?
Nehmen Sie sich für jeden Tag eine kleine Aufgabe vor: etwas, das Sie normalerweise nicht machen oder für das Sie sich ein wenig überwinden müssen: ein neues Kochrezept ausprobieren, jemanden anrufen oder schreiben, zu einer Veranstaltung gehen, bei der Sie niemanden kennen, ohne besondere Absicht durch die Fußgängerzone bummeln, einem Kind Geschichten vorlesen, ins Thermalbad gehen, einen Kranken besuchen, die Küche neu streichen ...

### 2. Leid aushalten

Gehen Sie Menschen, denen es nicht gutgeht, am liebsten aus dem Weg? Versuchen Sie in Gesprächen über Leid und Trauer schnell zu vertrösten und das Gespräch auf »angenehmere« Themen zu lenken? Und wenn es Ihnen selbst schlechtgeht? Besser ist es, sich zusammen mit anderen Menschen solchen Situationen zu stellen, als alle Sorgen in sich hineinzufressen und sich bei Alkohol, Nikotin und Medikamenten Trost zu suchen.

### 3. Selbständigkeit genießen

Versuchen Sie einmal in ganz alltäglichen Dingen, so selbständig wie möglich anfallende »Aufgaben« zu lösen. Angefangen vom Schuheputzen, dem Heraussuchen einer Zugverbindung, dem Ausfüllen eines Schecks, dem Einkaufen und Kochen ... Haben Sie aber auch keine Hemmungen, Hilfe in Anspruch zu nehmen, wenn es nötig ist.

## 4. Kontakte knüpfen

Suchen Sie bewußt Kontakte außerhalb Ihrer Verwandtschaft, z.B. in der Nachbarschaft, zu Menschen mit gleichen Interessen. Versuchen Sie einmal, an der Bushaltestelle oder beim Einkaufen mit anderen Menschen in ein Gespräch zu kommen.

## 5. Alleinsein aushalten

Wie geht es Ihnen, wenn Sie allein in einem Zimmer sind, ohne Ablenkungen wie Musik, Radio, Fernsehen – können Sie die Stille genießen? Vielleicht können Sie auch ab und zu Orte aufsuchen, die zu Stille und Sammlung einladen, z.B. eine Kirche, einen Park, ein Museum ...

## 6. Hobbys wiederentdecken

Knüpfen Sie an Hobbys und Interessen an, die Ihnen früher Spaß gemacht haben und zu denen Sie schon lange keine Zeit oder Gelegenheit gehabt haben. Fragen Sie nicht gleich, was es »bringt«, und suchen Sie keine Perfektion, sondern haben Sie den Mut, ganz persönliche Ausdrucksformen zu finden.

## 7. Loslassen können

Loslassen und Abschied nehmen ist keine leichte Kunst. Aber man kann sie einüben: Loslassen und Verschenken von Besitz (jede Sperrmüllsammlung ist eine Einladung, unnötigen Ballast loszuwerden), Abschiednehmen von Tätigkeiten, Gedanken, von Menschen, die ihre eigenen Wege gehen; Verschenken seiner Zeit an andere ...

## 8. Sich selbst Gutes tun

Gönnen Sie sich ab und zu etwas Gutes und meinen Sie nicht gleich »egoistisch zu sein«, zum Beispiel einmal richtig ausschlafen, gemütlich frühstücken, ein Wannenbad nehmen, sich eine Massage gönnen, sich verwöhnen lassen ...

## 9. Das Kind in sich lebendig halten

Stehen Sie auch zu Ihren »verrückten« Ideen und spontanen Entschlüssen. Verbieten Sie sich Sätze wie »in meinem Alter macht man das nicht mehr ...« und »das ist doch kindisch«. Können Sie noch Spielen, Staunen, ganz im Augenblick leben ...? Bestimmt! Vielleicht fällt's leichter mit Kindern zusammen?!

## 10. Entscheidungen treffen

Entscheidungen sind oft schmerzlich, deswegen schiebt man sie gerne vor sich her oder wartet ab, bis sich die Dinge von selbst »lösen« – aber hinterher ist die Unzufriedenheit oft groß und es ist zu spät, noch etwas zu ändern. Packen Sie notwendige Klärungen und Entscheidungen an. Geben Sie sich nicht mit faulen Kompromissen zufrieden. Werden Sie sich darüber klar, was Sie selbst wollen, sagen Sie bewußt »ja« oder »nein« – mit allen Konsequenzen (»Wer für alles offen ist, kann nicht ganz dicht sein«).

*Bernhard Kraus*

»Der einzige Mensch,
der sich vernünftig benimmt,
ist mein Schneider;
er nimmt jedesmal neu Maß,
wenn er mich trifft,
während alle anderen
immer die alten Maßstäbe anlegen;
in der Meinung,
sie paßten heute noch auf mich.«

George Bernard Shaw

**Kapitel 10**

# Einen alten Baum verpflanzt man nicht

## Wohnen im Alter

Die Wohnung ist der Ort, wo wir uns zu Hause fühlen, geborgen und geschützt. Ein Ort, wohin wir immer wieder zurückkehren können. Die Wohnung bietet Schutz, Sicherheit, Vertrautheit und Beständigkeit.

## Zimmer

Das Zimmer behütet mich
da ich es hüten muß

Kommt stückweis die Welt
an mein Fenster
Pappeln, Sperlinge, Wolken.

Briefe von alten und fremden Freunden
Besuchen mich täglich
die Zeit
ein Gespräch
Wirklichkeit
sagst du
ich sage
Traum.

Rose Ausländer

Für ältere Menschen wird die Wohnung zusehends bedeutsamer. Ihr Lebensalltag ist weitgehend »Wohnalltag«. Die über 65jährigen verbringen durchschnittlich 21,5 Std. pro Tag in ihrer Wohnung. Die Wohnung ist das Gewohnte. Alles ist vertraut, alles hat seinen Platz. Selbst im Dunkeln findet man sich zurecht.
Die Wohnung ist aber auch ein Ort der Lebenserinnerung. Die Zimmer, die Einrichtung, einzelne Möbelstücke erinnern an Menschen und an Begebenheiten, die sich in dieser Wohnung abgespielt haben. Sie können Geschichten erzählen aus längst vergangenen Zeiten.

Alte Menschen wünschen sich deshalb, möglichst bis zum Lebensende in der eigenen Wohnung bleiben und ein selbständiges Leben führen zu können.

Voraussetzung hierfür ist, daß

- sich die Wohnung in zentraler und auch ruhiger Lage befindet,
- Dinge des täglichen Lebens in der näheren Umgebung besorgt werden können,
- soziale Kontakte möglich sind, die der Vereinsamung vorbeugen,
- medizinische und pflegerische Versorgung bei Bedarf zur Verfügung steht,
- die Wohnung altengerecht und damit barrierefrei hergerichtet ist,
- die Wohnung nicht zu groß ist, damit die anfallende Arbeit bewältigt werden kann,
- das Wohnrecht bis zum Lebensende gesichert ist.

### Wohnungsausstattung

■ 36,2 Prozent der westdeutschen Altenhaushalte liegen in Häusern, die vor 1948 gebaut wurden. In den neuen Bundesländern wohnen zwei Drittel (65,4 Prozent) aller Alten in Vorkriegsbauten, über 60 Prozent von ihnen sogar in Häusern, die vor 1919 erbaut wurden. Insgesamt werden 40 Prozent der deutschen Altenhaushalte als »nicht altersgerecht« eingestuft. Das heißt: Wohnungsausstattung, -aufteilung oder -umfeld erschweren den Wohn-Alltag maßgeblich, weil durch steile Treppen, zu enge Türen, ungünstige Raumaufteilung oder fehlende Zentralheizung das Wohnen in den eigenen vier Wänden nur unter erheblichen Einschränkungen möglich ist.
3,9 Prozent der Altenhaushalte in den alten Bundesländern haben kein WC in der Wohnung; 76,7 Prozent der alten Mieter leben in Wohnungen, die über Bad, WC und Zentralheizung verfügen. In den neuen Ländern haben 40,5 Prozent der Altenwohnungen Bad, WC und Zentralheizung. Ein Viertel der alten Mieter lebt in Wohnungen ohne Innen-WC; 31,5 Prozent leben in Wohnungen ohne Zentralheizung.

Häufig genügen bereits kleinere Verbesserungen, um älteren Menschen das Bleiben in den eigenen vier Wänden zu ermöglichen.

• • • • • • • • • • • • • • • • • • • • • • • • • •

Seit ihrer Kindheit lebt Gertrud im vierten Stock eines Altbauhauses. Als junge Frau machten ihr die vielen Treppenstufen nichts aus. Heute muß die 76jährige auf jedem Absatz ausruhen, weil das Herz nicht mehr mitmacht. In der Wohnung sind es Kleinigkeiten, etwa der fehlende Haltegriff an der Badewanne oder der weite Weg vom Bett zum Lichtschalter, die ihr zunehmend Probleme bereiten. Gegen einen Umzug ins Altenheim sträubt sich Gertrud dennoch mit Händen und Füßen.

• • • • • • • • • • • • • • • • • • • • • • • • • •

Vielfach hat sich die Wohnsituation schon verbessert. Vielen älteren Menschen, die ihre Wohnungen ihren Bedürfnissen entsprechend umgestalten wollen, kann mittlerweile geholfen werden. Inzwischen gibt es hierzu überall Beratungsstellen. Am besten erkundigt man sich im örtlichen Sozialamt.

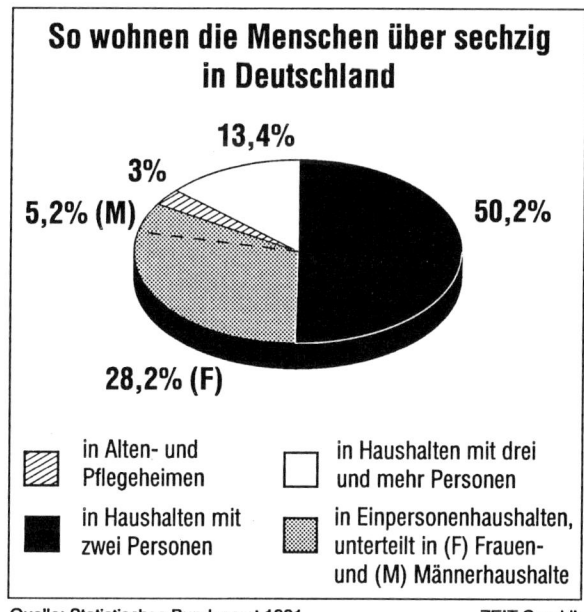

# Ziehende Landschaft

Man muß doch weggehen können
und doch sein wie ein Baum:
als bliebe die Wurzel im Boden,
als zöge die Landschaft und wir ständen fest.
Man muß den Atem anhalten,
bis der Wind nachläßt
und die fremde Luft um uns zu kreisen
beginnt,
bis das Spiel von Licht und Schatten,
von Grün und Blau,
die alten Muster zeigt
und wir zuhause sind,
wo es auch sei,
und niedersitzen können und uns anlehnen,
als sei es an das Grab
unserer Mutter

Hilde Domin

# »Von Gott und der Welt« verlassen?

Unter den verschiedenen Veränderungen unserer Gesellschaft ist eine Entwicklung unübersehbar: die stärkere Vereinzelung der Menschen. Entsprechend auffällig ist die Zunahme von »Single-Haushalten«. In den Großstädten übertreffen sie bereits eindeutig die »Familien-Haushalte«. Das Alleinleben wird zusehends gewollt und geplant.
Vor allem für junge Leute ist diese Lebensform aktuell und attraktiv – nicht zuletzt wegen deren langer Ausbildungszeit. Alleinleben bedeutet für sie keineswegs, isoliert oder beziehungslos leben. Jedoch bleiben Freundschaften und Beziehungen eher noch unverbindlich und jederzeit widerrufbar. Mit der Heirat lassen sich junge Menschen heute Zeit.
Anders die Situation älterer Menschen: Ihr Alleinleben ist weit weniger bewußt gewollt und gezielt angestrebt. Vielmehr ist es das Ergebnis verschiedenartiger Lebensläufe und Lebensumstände mit teilweise leidvollen Ereignissen und Erlebnissen, wie frühzeitiger Tod des Lebenspartners oder Trennung von der Familie. Das ungewollte Alleinsein ist vor allem bei Hochbetagten oft mit Krankheit, Gebrechlichkeit, psychischen Störungen und auch Armut verbunden. Hier führt Einsamkeit, die jeder Mensch gelegentlich sucht und auch braucht, mehr und mehr in die Vereinsamung. Im Alter völlig isolierte Menschen fühlen sich verlassen – »von Gott und der Welt«, wie der Volksmund hinzufügt.
Mit wachsendem Alter nimmt also die Zahl der Ein-Personen-Haushalte zu. Ursachen und Hintergründe für das Alleinleben älterer Menschen sind vielfältig und vielschichtig. Die einen sind schon immer *ledig* gewesen, andere leben *getrennt* vom Partner/von der Partnerin und eine weitere zahlenmäßig besonders starke Gruppe,

vorwiegend unter Frauen, ist *verwitwet*. Unter den alleinlebenden Frauen über 65 Jahre sind die Kriegsfolgen deutlich wahrnehmbar. Der Verlust des Ehemannes, des Verlobten oder des Freundes in Krieg und Gefangenschaft ist das typische Lebensschicksal dieser Frauengeneration. Gleich mehrere Männerjahrgänge wurden dezimiert und ließen zwangsläufig viele Frauen ledig bleiben. Früher kaum gekannte Entwicklungen, wie Trennung und Scheidung – selbst im höheren Alter –, führen heute zusätzlich in die Vereinzelung und oft genug in die Isolierung.

## Greisin

Immer mehr Menschen.
Aber sie ist allein.

Die Welt überfüllt,
und doch leer.

Die Jahre kälter,
ein Korridor.

Schatten bleiben
überall hängen,
sind deutlicher
als Fenster und Tür.

Alles weggerückt,
selbst der Tisch,
an dem sie sitzt.

Walter Helmut Fritz

# Alleinleben – eine neue Lebensqualität?

Alleinleben – unabhängig und noch im Vollbesitz aller körperlichen und geistigen Kräfte – ist *der* Wunschtraum der meisten älteren Menschen. Deshalb bleiben sie, so lange es eben geht, in den eigenen vier Wänden wohnen. Sie schätzen dabei insbesondere Selbststand und Unabhängigkeit in der persönlichen Lebensführung. Vielfach engten Reglementierungen, Vorschriften, Ge- und Verbote sowie soziale Zwänge und Fixierungen ihre bisherigen Lebensräume und Lebensweisen ein. Nicht selten lebten sie ausschließlich für andere und waren unermüdlich für sie tätig. Vor allem ältere Frauen gehören vielfach zu der Generation, die kaum gelernt hat, eigene Wünsche und Bedürfnisse zu äußern, geschweige denn einzufordern und durchzusetzen. So führen auch heute noch viele von ihnen ein Leben in unauffälliger Zurückgezogenheit.

Andere wiederum genießen die neugewonnene Freiheit und Eigenständigkeit in vollen Zügen und holen »mit gutem Gewissen« das nach, was ihnen das Leben bisher vorenthalten hat. Alleinleben im Ein-Personen-Haushalt darf nicht mit »Isolierhaft« gleichgesetzt werden. Im Gegenteil: Für viele Menschen ist diese Lebensform ein Stück neugewonnener Lebensqualität im Alter.

## Eine wichtige Unterscheidung ...

Wichtig ist die Unterscheidung von *Einsamkeit* und *Vereinsamung*. Jeder Mensch sucht gelegentlich die Einsamkeit; jeder Mensch braucht seinen eigenen Raum. Wir brauchen lebensnotwendige Zeiten und Orte, um innezuhalten, Atem zu holen, ruhig zu werden, zu sich selbst zu finden. Um Gemeinsamkeit leben zu können, brauchen wir hin und wieder die Einsamkeit. Sie ist von uns erwünscht und gewollt!

In die Vereinsamung lassen sich Menschen dagegen drängen, sie wird ihnen aufgezwungen. Niemand lebt freiwillig isoliert und auf sich alleingestellt. Vereinsamt und verlassen fühlen sich Menschen, wenn sie keine Verwandten, Freunde und Bekannte (mehr) haben, wenn sie abgeschoben und vergessen leben müssen, wenn sie für andere längst »gestorben« sind. Menschlich leben aber heißt, in Beziehungen leben. Wer beziehungslos lebt, »lebt« nur so dahin. Wie sehr menschliche Beziehungen uns leben lassen, können wir nicht zuletzt daran erkennen, wie vereinsamte Menschen sichtbar »aufleben«, wenn andere in Kontakt zu ihnen treten.

> »Seltsam, im Abendland öffnet dir keiner die Tür.
> Niemand sagt dir: Wohin gehst du? Wer bist du?
> Ihr lebt in einer Wüste voller Menschen.
> Wir sind in der Wüste, aber wenn wir jemanden treffen,
> sagen wir zu ihm: Salam! Wir reden miteinander.«
>
> Ein Ägypter

So sehr Einsamkeit lebensförderlich sein kann, so sehr wirkt Vereinsamung lebenszerstörerisch! Gerade unter älteren Menschen ist solch ungelebtes Leben vielfach anzutreffen. Die einen ziehen sich immer mehr auf sich zurück, weil Eigenbrötlerei und Altersstarrsinn im wahrsten Sinne des Wortes abstoßend auf die Umwelt wirken; die anderen wiederum fühlen sich abgeschoben, ausgegrenzt und gegen ihren Willen in die Isolation getrieben. Krankheit und Gebrechen können eine solche Situation nur noch verschlimmern ...

> Einsamkeit entsteht nicht dadurch, daß man keine Menschen um sich hat, sondern vielmehr dadurch, daß man ihnen die Dinge, die einem wichtig erscheinen, nicht mitteilen kann ...
>
> Carl Gustav Jung

| **A** bseits | | **A** ktiv |
| **L** eid | | **L** eben |
| **T** rennung | oder | **T** eilhaben |
| **E** insamkeit | | **E** rlebnis |
| **R** esignation | | **R** ealität |

# Die ersten Schritte ...

... muß jeder Mensch selbst tun, um einer möglichen Isolierung zuvorzukommen. Niemand darf sich in seinem Haus einschließen und darauf warten, daß andere sich ihm gegenüber aufschließen. Die Initiative muß jede(r) einzelne mutig ergreifen und dann selbst in der Hand behalten.
Es gilt, *neue* Menschen kennenzulernen und Menschen *neu* kennenzulernen. Manchmal kommt es darauf an, alte Bekanntschaften wieder aufzufrischen und frühere Kontakte neu zu knüpfen und zu vertiefen. Gelegentlich wird es allerdings notwendig sein, einen völlig neuen Bekanntenkreis aufzubauen und neue Freundschaften zu schließen.
Das alles wird nicht leicht sein, mit Rückschlägen und Mißerfolgen ist zu rechnen. Jedoch darf das nicht zum Rückzug auf die eigenen vier Wände führen. In diesem Fall würde sich der Teufelskreis von Abkehr, Resignation, Depression und Vereinsamung endgültig schließen ...

# Seufzer der alten Fußgängerin

Gott, laß die Nachbarin, die
Schlampe, mir nicht auf der Treppe
begegnen.
Mach, daß der Hund des Bäckers
mich nicht ankläfft am
Hoftor.
Schrecke mich nicht durch den Lärm.
Den Radfahrer laß laut genug
klingeln.
Verwirre die Straßenschilder
mir nicht. Die Ampel laß
grün sein.
Gib, daß ich nicht verliere die
Brille und daß kein Halbstarker mir
die Handtasche wegnimmt.
Führe mich gnädig in der Pandekten-
gasse, wo es eng ist, über den
Zebrastreifen,
daß ich nach Hause komme, den Enkel,
Gott, noch einmal zu sehn und den
Wellensittich.

Rudolf Otto Wiemer

# Von wegen alt
## und einsam

Frau Else S. ist schon eine recht hochbetagte alte Dame. Als »oids Weib« wird man sie hierorts vielleicht bezeichnen ... Sie lebt einfach und bescheiden, ist verwitwet, die Kinder sind anderswo und selten zu Besuch, und laut Statistik müßte Frau S. zu den vereinsamten Alten dieses Staates gehören. Dem ist aber nicht so. Einigermaßen gut zu Fuß, ist sie ganz schön viel unterwegs – zu Treffen mit Menschen, die mehr oder weniger zufällig aus sehr nettem Anlaß zusammenfinden ...
Sehen wir uns ihren Tagesablauf einmal an: Morgens, sobald es hell ist, macht sie sich auf, um an der Isar entlang zum Bogenhauser Kirchlein zu kommen. Meistens trifft sie dabei Frau H., Hausmeisterin von Beruf, die ihr einiges zu berichten weiß, was sich erfrischend zum Ratschen eignet. Auf dem Rückweg begegnet Frau Else der Medizinstudentin Nina, die vertrauensvoll jugendliche Probleme bei ihr ablädt, andererseits aber auch gewisse »Zipperlein« von Frau S. ernst nimmt und Hilfe angeboten hat, falls diese mal krank zu Hause weilen müßte. Nach einigen weiteren Begegnungen, manche auch nur mit einem kurzen, freundlichen Gruß, was aber doch ganz einfach guttut, kommt unsere alte Dame etwas erschöpft, also nun wirklich geschafft, wie ein »oids Weib« zu Hause an ...
Gegen 15 Uhr, nach Mittagessen und -schläfchen, muß und möchte sie wieder raus. Da gibt's ein besonders nettes Treffen mit einigen Leuten – manchmal 16 an der Zahl –, die unten auf einer Wiese an der Isar ein fröhliches Völkchen bilden. Recht junge Leute sind darunter, wie eben auch solche, die schon sehr alt sind, was für eine lebhafte Kommunikation aber so wurscht wie nur was ist. Hauptsache, man hat ihn dabei.
Wen man dabei hat? Na, aber das ist doch klar: den Jakob oder Maxl, die Penny oder Michou, den Timmi oder Stromby – einen Vierbeiner halt, egal welcher Rasse. Und da diese nun mal soziale

Wesen sind, die Ansprache und Auslauf brauchen, müssen Zweibeiner, die Frauchen oder Herrchen, »mitziehen«, wie eben auch unsere alte (und damit so gar nicht einsame) Dame hier mitten in der Großstadt München ... (Petra Lisker)

· · · · · · · · · · · · · · · · · · · · · · · · · · · · · · ·

## Ein Haustier – treuer Partner im Alter

Zum Thema Senioren und Haustiere hat sich auch die Vorsitzende des Bundes für Tier- und Naturschutz in Ostwestfalen, Dr. Johanna Erxleben, einige Gedanken gemacht. Die 90jährige, die selbst mehrere Hunde versorgt, ist überzeugt, daß ein Haustier für ältere Menschen manche Therapie ersetzen kann:
»Die gestiegene Lebenserwartung der Menschen in unserem Jahrhundert bringt es mit sich, daß es immer mehr alte Menschen gibt. Die Einsamkeit im Alter kann bedrückend sein, selbst für den, der mit guten Erinnerungen leben darf. Gut dran sind ältere Menschen, die noch eine Wohnung besitzen, in der sie sich ein Tier halten können. Sie haben dann eine Aufgabe, etwas Lebendiges zu versorgen, sie haben einen Partner, mit dem sie reden können und der auf ihre Fürsorge reagiert. Kurz, sie sind nicht allein.

### Das Tier gehört zur Lebensqualität

Mehr und mehr setzt sich auch in den Altersheimen die Erkenntnis durch, daß das Tier für manchen Menschen zur Lebensqualität gehört und daß die Tierhaltung in Heimen nicht nur geduldet, sondern soweit möglich gefördert werden sollte.
Ältere Menschen, die vor der Entscheidung stehen, in ein Altersheim zu übersiedeln, schrecken nicht selten davor zurück, weil sie fürchten, auf das ihnen liebgewordene Tier verzichten zu müssen. Sie sollten sich in jedem Fall erkundigen, ob sie mit dem Tier einziehen können und sich nicht allzu rasch abschrecken lassen. Oft gelingt es, ein passendes Heim zu finden, das ihre Wünsche erfüllen kann.

Darüber hinaus gibt es in manchen Heimen Hunde und Katzen, die dem Haus gehören und mit denen sich die Bewohner anfreunden und verständigen können. Manchmal handelt es sich dabei um einen Hund, dessen Besitzer im Heim verstorben ist, und der nun in der ihm bekannten Umgebung bleiben kann.

Wie sehr die Bedeutung der Beschäftigung mit Tieren bei Alten und Kranken von Medizinern geschätzt wird, geht unter anderem daraus hervor, daß man das Mitbringen eines Hundes auch in Kliniken erlaubt, sofern der Patient in einem Einzelzimmer liegt und sich noch um das Tier kümmern kann. Und das gilt nicht nur für die Abteilung Geriatrie.

Es werden noch andere Möglichkeiten praktiziert, um zum Beispiel bettlägerigen Kranken einen Kontakt mit Tieren zu erhalten. So gibt es in einer Klinik einen »Besuchshund«, der die Chefärztin bei ihren Besuchen begleiten darf. Er wird von den Patienten meist mit freudiger Spannung erwartet und erfreut sich fast allgemeiner Beliebtheit.«

# Die sichere Wohnung durch Hilfe von außen

Auch in schwierigen Situationen, wenn Pflege notwendig und ein eigenständiges Leben ohne Hilfe von außen nicht mehr möglich ist, können die meisten älteren Menschen in ihrer gewohnten häuslichen Umgebung bleiben. Viele ältere Menschen werden dabei von ihren Kindern in der Familie gepflegt. Aber solche Pflegeleistung kann auch für die Angehörigen eine große Überforderung bedeuten. Hier gibt es manche Entlastungsmöglichkeiten von außen. Diese werden von den Wohlfahrtsverbänden und von einzelnen Städten und Gemeinden angeboten.

Am besten erkundigt man sich beim jeweiligen Sozialamt in der Gemeinde. Hier gibt es fast überall Mitarbeiter der »Altenhilfe«, die mit Rat und praktischer Hilfe zur Seite stehen können. Folgende Hilfsdienste sind in den meisten Fällen möglich:

## Sozialstationen

Von besonderer Bedeutung für ältere Menschen, die in ihrer eigenen Wohnung leben und zeitweise Unterstützung brauchen, sind heute die *Sozialstationen*.
Im allgemeinen werden sie von den Wohlfahrtsverbänden getragen. Sozialstationen sind lokale oder regionale Einrichtungen, die ambulante sozialpflegerische Dienste mit Fachkräften und Helfern bzw. Helferinnen anbieten. Mit anderen Worten: Die Hilfe kommt zu den Pflegebedürftigen ins Haus.
*Die Sozialstation stellt eine Bündelung ambulanter Dienste der Kranken-, Alten-, Haus- und Familienpflege dar.* Ihre Aufgaben sind nicht überall in der gleichen Weise festgelegt, umfassen aber im allgemeinen medizinisch-pflegerische Aufgaben, z.B.

- die Grundpflege (Hilfe beim Anziehen und Waschen, das Betten und Lagern, die Pflege und Reinigung von Zahnprothesen, Fuß- und Nagelpflege, Zubereitung von Mahlzeiten, Hilfe beim Essen);
- die Behandlungspflege (Wechsel von Verbänden, Wundbehandlung und andere medizinische Maßnahmen, sofern sie vom Arzt auf die Altenpfleger übertragen wurden);
- die aktivierende Pflege (Beschäftigungs- und Bewegungstherapie, Altengymnastik).

Auch bemühen sich die Sozialstationen um die Aufrechterhaltung der Kontakte zwischen Pflegebedürftigen und Arzt, um die Vorbereitung von Arztbesuchen und um die Betreuung psychisch veränderter älterer Menschen. Daneben helfen die Sozialstationen auch bei Verhandlungen und Schriftverkehr mit Behörden und beraten, wenn eine Verlegung ins Krankenhaus, Altenheim oder Pflegeheim unumgänglich ist.

Die Sozialstationen erbringen ihre Leistungen grundsätzlich zwar gegen Entgelt; in vielen Fällen können diese Kosten jedoch ganz oder teilweise von der Krankenkasse oder vom Sozialamt übernommen werden.

## »Essen auf Rädern« und andere Dienste, die das Leben erleichtern

Neben den ambulanten pflegerischen Diensten bieten die Wohlfahrtsverbände und Gemeinden noch eine ganze Reihe weiterer ambulanter Dienste an.
Da sind zunächst die *Mahlzeitendienste*. Sie versorgen ältere Menschen laufend oder vorübergehend mit fertig zubereiteten warmen Mahlzeiten. Diese Mahlzeiten werden entweder als *»Essen auf Rädern«* von motorisierten Helfern in die Wohnung gebracht oder als *»stationärer Mittagstisch«* in Heimen, Tagesstätten oder anderen Einrichtungen serviert.
Man kann das »Essen auf Rädern« täglich beziehen. Es ist aber auch eine wöchentliche Anlieferung von Tiefkühlkost möglich. Auf diese Weise kann man dann jeden Tag selbst auswählen, was man auf den Tisch bringen will – und auch zu welcher Tageszeit.
Weitere ambulante Dienste, die besonders für pflegebedürftige ältere Menschen Erleichterung bringen, allerdings nicht überall anzutreffen sind, sind:

## Hilfen zur Haushaltsführung

Sie sollen dazu beitragen, daß man den Haushalt möglichst lange selbständig weiterführen kann. Zu diesen Hilfen gehören vor allem Reinigungsdienste, Einkaufshilfen, kleine technisch-handwerkliche Hilfen und die Pflege der Wäsche. Hilfen zur Haushaltsführung werden in der Regel unter Anleitung einer Fachkraft von erfahrenen Helfern geleistet, vorwiegend von Zivildienstleistenden. Sie tragen auch die Kohlen aus dem Keller in die Wohnung, nehmen die

Gardinen ab und hängen sie wieder auf, helfen im Garten und begleiten auch bei Besorgungen außerhalb der Wohnung.

## Mobile Reinigungs- und Reparaturdienste

Sie werden von organisierten Helfergruppen oder Einzelpersonen als Nachbarschaftshilfe geleistet, und zwar als gezielte Mithilfe im Haushalt. Wenn sich z.B. jemand nicht mehr in der Lage sieht, seine Wohnung regelmäßig sauber zu halten, so übernehmen die Helfer die Pflege von Fußböden, Treppen, Möbeln und sanitären Anlagen. Die Reparaturdienste umfassen kleinere handwerkliche Arbeiten im Haus, für die hauptberufliche Handwerker wegen der Geringfügigkeit der Tätigkeit unter Umständen gar nicht zur Verfügung stehen. Solche Reparaturdienste werden auch von Rentnern angeboten, die darin eine sinnvolle Betätigung sehen.

## Wäschedienste

Sie sind ein noch nicht sehr weit verbreitetes Angebot. Sie sollen im Bedarfsfall die Reinigung und Pflege der Wäsche, die abgeholt und schrankfertig zurückgebracht wird, abnehmen.

## Fahr- und Begleitdienste

Ihre Aufgabe ist es, insbesondere behinderten Menschen die Erledigung ihrer Besorgungen außerhalb des Hauses und die Teilnahme an Veranstaltungen zu ermöglichen. Und zwar vor allem dann, wenn größere Strecken zurückzulegen und geeignete Verkehrsmittel nicht vorhanden sind. Die Fahr- und Begleitdienste werden hauptsächlich für Arztbesuche, zur Teilnahme am Gottesdienst und zum Besuch von Veranstaltungen aller Art in Anspruch genommen. Fahr- und Begleitdienste werden überwiegend ehrenamtlich von Wohlfahrtsverbänden und kirchlichen Stellen geleistet.

## Vorlese- und Schreibdienste

Vorlesedienste dienen nicht nur der Unterhaltung, sondern auch der Aufrechterhaltung von sozialen Kontakten und der geistigen Aktivität. Organisierte Schreibdienste sollen älteren sehbehinderten oder gebrechlichen Menschen bei der Erledigung ihrer Korrespondenz helfen, vor allem bei der Abfassung von Briefen und Schriftstücken an Behörden. Auch diese Dienste werden überwiegend von ehrenamtlichen Helfergruppen erbracht, die den Wohlfahrtsverbänden oder Kirchengemeinden angeschlossen sind.

## Mobile Bücherdienste

Sie versorgen alte Menschen in ihrer Wohnung mit Lesestoff. Dies gilt vor allem für gehbehinderte Menschen. Für alte Menschen mit Sehschwäche stehen Bücher im Großdruck zur Verfügung. Mobile Bücherdienste werden zumeist von freigemeinnützigen und kommunalen Büchereien organisiert. Auch Schallplatten, Ton- und Videobänder sowie Kassetten werden ausgeliehen.

## Telefon und Notrufsysteme

Wenn Sie als älterer Mensch allein leben, dann kann das Telefon für Sie der Draht zur Welt sein, insbesondere, wenn Ihre Bewegungsmöglichkeiten eingeschränkt sind. Post und Fachhandel bieten heute Geräte an, die ganz besonders auf die Bedürfnisse älterer Menschen hin konstruiert sind:

- Telefone mit großen, übersichtlichen Tasten und großen, gut erkennbaren Ziffern helfen Ihnen, wenn Sie Seh- oder Tastschwierigkeiten haben;
- Spezialmodelle mit zusätzlichen Namenstasten erleichtern Ihnen das Anwählen von Arzt oder Verwandten;
- wenn Sie nicht mehr gut hören können, gibt es Telefonhörer mit Verstärkertaste im Telefongriff.

Wer bereits von der Rundfunkgebührenpflicht befreit ist oder die Voraussetzungen für eine solche Befreiung erfüllt (z.B. Menschen mit bestimmten außergewöhnlichen Behinderungen) kann von der Post einen Telefonanschluß zu ermäßigten Gebühren bekommen. *Nähere Auskunft erteilen die Dienststellen der (Deutschen) Telekom.* Neben diesen Ermäßigungen gibt es auch vom Sozialamt unter Umständen Beihilfen, vorausgesetzt, Sie leben allein und können wegen einer schweren Krankheit oder Behinderung das Haus nicht verlassen.

Wenn Sie Sorge haben, in einer Notsituation Ihr Telefon nicht mehr erreichen zu können, bietet sich die Beteiligung an einem *Notruf-System* an. Gefährdete Menschen können in kritischen Situationen über einen sogenannten Funkfinger – ein kleiner Sender, der um den Hals getragen wird – die Notrufzentrale verständigen, die von sozialen Diensten (freie Wohlfahrtsverbände) unterhalten wird. Durch Ziehen an einer Schnur des »Funkfingers« oder Drücken einer Taste daran kann die Verbindung hergestellt werden. Auch weit vom Telefon entfernt – mehr als 100 m – ist ein Gespräch möglich. Das alles läuft über ein Zusatzgerät am Telefon. Die lebens- und berufserfahrenen Mitarbeiter/-innen der Zentrale kennen jeden Teilnehmer. Deshalb können sie die notwendige Hilfe veranlassen, auch wenn der Anrufer nicht mehr in der Lage ist zu sprechen. In der Zentrale sind die notwendigen Daten gespeichert, wie Gesundheitszustand, Anschrift des Arztes, der Angehörigen oder Nachbarn, die einen zweiten Schlüssel zur Wohnung aufbewahren. Durch dieses System werden Sicherheit und Geborgenheit vermittelt und Ängste abgebaut.

An Kosten entstehen neben den monatlichen Telefongebühren zusätzlich 50,- bis 100,- DM im Monat (je nach Zentrale). Das Zusatzgerät zum Telefon und der kleine Notrufsender werden leihweise zur Verfügung gestellt. Zuschüsse gewähren im Bedarfsfall die Sozialämter und die Wohlfahrtsverbände.

# Wohnortwechsel

Für manchen älteren Menschen steht ein Wohnortwechsel an. Sie versprechen sich durch den Umzug eine Reduzierung ihrer Belastungen (Arbeit, Finanzen, Verkehrslärm etc.) und erhoffen sich zugleich ein Mehr an Wohnzufriedenheit, Sicherheit, individuellem Wohlbefinden.

Aber es gibt zunehmend auch Situationen, wo ältere Menschen trotz starker Bindung zu ihrem Wohnort gezwungenermaßen um- bzw. ausziehen müssen. Die Folgen können Hilflosigkeit, Angstgefühle, Depression, Trauer oder Verwirrtheitszustände sein.

Gründe für einen Wohnungswechsel können sein:

- *Kostengünstiger wohnen*
  Wenn etwa im Fall der Verwitwung oder Verrentung das Alterseinkommen schrumpft und die Miete auf 50% des Haushaltseinkommens steigt, wird der Wechsel in eine kostengünstigere Wohnung notwendig.

- *Suche nach mehr Sicherheit und Hilfe*
  Für viele Ehepaare und Alleinstehende ist die bisherige Wohnung zu groß geworden und macht außerdem zuviel Arbeit. Oft wollen sie für den Fall vorsorgen, daß einer krank wird und auf Hilfe angewiesen ist. Sie suchen Sicherheit und Hilfe auch für die Zeit, in der sie nicht mehr den Haushalt selbständig führen können.

- *Pflegebedürftigkeit*
  Aufgrund von Krankheit oder Pflegebedürftigkeit wird oft genug ein Wechsel in ein Alten- bzw. Pflegeheim notwendig. Zwar leben nur 5% der älteren Menschen in einem Heim. Doch nimmt die Zahl mit steigendem Lebensalter zu.

# Wohnen bei den Kindern?

»Solange wie möglich will ich meine Eigenständigkeit behalten. Zu einem meiner fünf Kinder werde ich auf keinen Fall ziehen, das ist für beide Teile eine zu große Belastung.«

»Bei meinen Kindern zu wohnen, ist ja sehr schön. Meine Enkel kommen mich oft besuchen, immer ist jemand da – Langeweile kenne ich kaum. Manchmal wird's mir aber sehr schwer, wenn ich sehe, was die jungen Leute so machen. Da muß ich schon aufpassen, daß mir keine böse Bemerkung entweicht, sonst gibt's zu leicht Ärger.«

Nicht immer gestaltet sich das Zusammenleben zwischen alten Menschen und ihren Familien problemlos. Äußere Lebensbedingungen und die Wohnsituation sind häufig Ursache für eine gespannte Beziehung zwischen alten Eltern und erwachsenen Kindern.
Von daher sollte man sich ein Zusammenleben mit den Kindern sehr gut überlegen. In jedem Falle müßten folgende Fragen vorher bedacht werden:

❒ Welche Möglichkeiten der selbständigen Lebensweise sind im Haus bzw. Wohnung des Kindes (oder anderer Angehöriger) gegeben? Zum Beispiel: eigene Räumlichkeiten, finanziell getrennte bzw. klar geregelte anteilige Haushaltskosten, Mietanteile, Aufgabenbereiche usw.?

❒ Wieweit ist das Mutter/Vater- und Tochter/Sohn-Verhältnis von konflikträchtigen Beziehungen aus früherer Zeit noch bedroht? Wieweit sind beide fähig und willens, sachlich und von gegenseitigem Verständnis getragen, gute Absprachen zu treffen?

❒ Worauf muß ich verzichten, was gewinne ich an neuen Perspektiven (Sicherheiten, neue Anregungen, Aufgaben, aber auch Abschied von Möbeln und liebgewordenen Dingen ... bequemere Einrichtung)?

❐ Wieweit sind bei einem gemeinsam (zumindest teilweise) geführten Haushalt die materiellen Voraussetzungen gegeben, um im Falle erhöhter Hilfsbedürftigkeit zusätzliche Hilfe von außen zu organisieren und zu finanzieren?

Vielleicht ergibt sich daraus auch eine alternative Lösung, etwa eine kleinere Wohnung in der Nähe der Kinder. Ein Zusammenleben in gewisser Distanz ist in der Regel einfacher und konfliktfreier.

- - - - - - - - - - - - - - - - - - - - - - - - - - - - -

»Ich bin froh, daß ich meine eigene Wohnung noch halten kann. Zum Putzen kommt meine Tochter vorbei, sie wohnt ja gleich um die Ecke. Dort gehe ich auch wenigstens einmal täglich hin, um mal unter Menschen zu sein und mit jemanden zu reden.«

- - - - - - - - - - - - - - - - - - - - - - - - - - - - -

# Andere Wohnmöglichkeiten

**Betreutes Wohnen**

Hier handelt es sich um Ein- oder Zweipersonenwohnungen in einem größeren Wohnkomplex. Ein Mindestmaß an hauswirtschaftlichen, pflegerischen und persönlichen Betreuungsleistungen ist vorhanden, d.h. die Menschen haben die Gewißheit, im Falle der Erkrankung oder bei Hilfe- und Pflegebedürftigkeit nicht allein gelassen zu sein. In der Regel verfügen die Wohnungen über einen Notruf, mit dem sie Hilfe herbeirufen können. Der Grundsatz für das betreute Wohnen lautet: »Soviel Selbständigkeit wie möglich, soviel Hilfe wie nötig.«

❐ *Tagesstätten*, von der bewährten Altentagesstätte mit vielfältigen Angeboten zu Gespräch, Betätigung, Begegnung und Beratung bis hin zu Tagespflegeeinrichtungen;

❐ *Altenwohnheime*, in denen ältere Menschen (allein oder mit ihrem Ehepartner) ihre eigenständige, abgeschlossene Wohnung haben, aber an gemeinsamen Diensten – Wäscherei, Fußpflege, Mahlzeiten, Beratungen, Unterhaltungsangeboten usw. – teilnehmen können und im Bedarfsfall zusätzlich Verpflegung und Betreuung erhalten.

❐ *Altenwohnungen* in Altenwohnhäusern oder -anlagen, aber auch als Einliegerwohnungen in gemischten Mietshäusern mit möglichen sozialen Kontakten nicht nur zu Gleichaltrigen (werden auch von den Kommunen gefördert). Diese von den Kommunen bereitgehaltenen Wohnungen kann man beziehen, wenn man eine gewisse Einkommensgrenze nicht überschreitet. Diese Altenwohnungen sind abgeschlossene Wohnungen, die den Bedürfnissen der älteren Menschen besonders angepaßt sind. Die eigenständige Lebensführung in solchen Wohnungen kann zusätzlich durch mobile Betreuung langfristig gesichert werden. *Die Wohnungsämter der Kommunen informieren Sie über das Angebot an Altenwohnungen an Ihrem Wohnort.*

## Wohngemeinschaften

Wohngemeinschaften für Ältere oder zwischen alt und jung stoßen noch nicht auf allzugroßes Interesse, obwohl hier gegenseitige Hilfe möglich ist, Vereinsamung verringert wird und Wohngemeinschaften auch vom ökonomischen Standpunkt aus gesehen interessant sind.

. . . . . . . . . . . . . . . . . . . . . . . . . . . . . . . . . . . .

Es ist mehr Leben in der Bude, sagt Ulrich spontan auf die Frage, was ihm am meisten an der Wohngemeinschaft »jung und alt« gefällt. Hier fühlt er sich seit fünf Jahren wohl. Fünf Frauen und vier Männer teilen sich einen ehemaligen Kindergarten im Hamburger Stadtteil Winterhude. Die Wohnung bietet jedem Mitglied der Gruppe ein eigenes Zimmer und dazu einen Gemeinschaftsraum. Drei Generationen leben unter einem Dach: zwei knapp

Siebzigjährige, eine Gruppe zwischen 37 und 40 und Studenten oder Berufsanfänger zwischen 22 und 27. Die bisherigen Erfahrungen zeigen: Bei »Wahlverwandtschaften« kann das Wohnen mit jüngeren Generationen besser gehen als in der Familie.

▪▪▪▪▪▪▪▪▪▪▪▪▪▪▪▪▪▪▪▪▪▪▪▪▪▪▪▪▪▪

Charlotte (65), sitzt in ihrer Münchner Wohnung auf gepackten Koffern. So rasch wie möglich will die seit zwei Jahren pensionierte Buchhalterin mit anderen Frauen zusammenziehen. Die meiste Zeit ihres Lebens war Charlotte allein und hatte nie Probleme damit. Doch vor einem Jahr wurde sie von einem Auto angefahren. An der Beinverletzung laboriert sie noch immer. Das zehrt an den Kräften. Auch ihre finanzielle Situation ist nicht rosig. Eine Wohngemeinschaft – diese Idee ist ihr schon seit langem durch den Kopf gegangen. In ihrem engsten Kreis hat sie niemanden dafür gefunden. Dann hörte sie im Radio eine Sendung über das Münchner Projekt »ERGO – Frauen leben im Alter zusammen«. Sie ging zu einem Treffen, begann sofort mitzuarbeiten und nun ist sie »auf dem Sprung« in eine Wohngemeinschaft.

▪▪▪▪▪▪▪▪▪▪▪▪▪▪▪▪▪▪▪▪▪▪▪▪▪▪▪▪▪▪

*Informationen über Siedlungen und Initiativen, die betreutes Wohnen fördern, geben in Deutschland alle Beratungseinrichtungen für Ältere und Vereine wie »Neues Wohnen im Alter« (Marienplatz 6, 50676 Köln).*

- *Altenheime*, in denen ältere Menschen, die nicht pflegebedürftig, aber zur Führung eines eigenen Haushalts außerstande sind, Unterkunft, Verpflegung und Betreuung erhalten.
- *Altenpflegeheime*, in denen ältere Menschen, die wegen Krankheit oder Behinderung pflegebedürftig sind, Unterkunft, Verpflegung und Pflege erhalten.

Anfangs fiel mir das Leben im Heim nur unter alten Leuten schwer, ich war viel allein. Inzwischen habe ich hier Freunde gefunden, mit denen ich viel unternehmen kann. Jetzt fahre ich auch gelegentlich zu meinen Kindern. Das Zusammensein verläuft viel harmonischer als früher, wo wir uns täglich sahen.

*Tagespflegeheime* sind eine relativ neue Einrichtung. Sie helfen vor allem den Familien, die ihre älteren Angehörigen trotz eigener Berufstätigkeit weiter selbst versorgen wollen. Einen Ausweg bietet das Tagespflegeheim. In ihm können die Pflegebedürftigen tagsüber versorgt werden, während sie abends und nachts sowie an Wochenenden in ihren eigenen vier Wänden sind. Alten Menschen helfen, daß sie möglichst lange in der eigenen Wohnung leben können – das ist das Hauptziel der Bemühungen der Tagespflegeheime. Darauf zielen auch die vielfältigen körperlichen, geistigen und sozialen Anregungen und therapeutischen Hilfen, die dort angeboten werden.

# LEBEN IM ALTEN- UND PFLEGEHEIM

*Worauf sollte ich achten, wenn ich für mich oder für meinen Angehörigen einen Altenheim- oder Altenpflegeplatz suche?*

Name und Anschrift der Einrichtung:

Telefon:

Heimleiterin/ -leiter:

| 1. FINANZIELLES UND ORGANISATORISCHES ||||||
|---|---|---|---|---|---|
| Wieviel Pflegestufen gibt es? | (1) | (2) | (3) | (4) ||
| Was kosten sie? | (1) —DM | (2) —DM | (3) —DM | (4) —DM ||
| Sind die Pflegesätze vom Sozialamt anerkannt? | ( ) ja ||| ( ) nein ||
| Wofür muß extra gezahlt werden? (Diät, Getränke, Wäsche oder ähnliches) _____ ||||||
| Kann meine besondere Diät eingehalten werden? | ( ) ja ||| ( ) nein ||
| Wieviel Mahlzeiten gibt es? | _____ |||||
| Wann werden sie gereicht? | _____ |||||
| Bin ich an die Essenszeiten gebunden? | ( ) ja |||| ( ) nein |
| Bekomme ich einen Heimvertrag? | ( ) ja |||| ( ) nein |
| Kann ich diesen ohne Grund kündigen? Mit welcher Frist? | ( ) ja |||| ( ) nein |
| Gibt es einen Heimbeirat? | ( ) ja |||| ( ) nein |
| Kann ich meinen Arzt wählen? | ( ) ja |||| ( ) nein |

## 2. WOHNSITUATION

| | | |
|---|---|---|
| Ist mir Wohnkomfort wichtig? | ( ) ja | ( ) nein |
| Darf ich meine Möbel mitbringen? | ( ) ja | ( ) nein |
| Bekomme ich ein Einzelzimmer? | ( ) ja | ( ) nein |
| Kann ich mir ein Kleintier halten (Vogel, Fisch, Hamster)? | ( ) ja | ( ) nein |
| Gibt es im Hause eine Cafeteria? | ( ) ja | ( ) nein |
| Kann ich mir Telefon legen lassen? | ( ) ja | ( ) nein |
| Gibt es gute Verkehrsverbindungen oder fährt ein Bus vom Heim zum Einkaufen? | ( ) ja | ( ) nein |
| Bekomme ich einen Haus- und Zimmerschlüssel? | ( ) ja | ( ) nein |
| Gibt es eine Gemeinschaftsantenne? | ( ) ja | ( ) nein |
| Ist die Aufbewahrung von Wertsachen und persönlichen Dingen möglich? | ( ) ja | ( ) nein |

## 3. BETREUUNG (PASSIV) UND SOZIALE KONTAKTE (AKTIV)

| | | |
|---|---|---|
| Wieviel Personal betreut wieviel Bewohner? | Personal:—— | Bewohner:—— |
| Gibt es Unterhaltung, wie z.B. Chorsingen, Spaziergänge, Theaterbesuche, Kaffeefahrten, Lesestunden, Seniorentanz, Gymnastik usw.? | ( ) ja | ( ) nein |
| Gibt es Besuchs- oder Ausgehzeiten? | ( ) ja | ( ) nein |
| Gibt es die Möglichkeit religiöser Betreuung in meiner Konfession? | ( ) ja | ( ) nein |

## 4. PFLEGE

| | | |
|---|---|---|
| Kann ich auf Wunsch länger schlafen? | ( ) ja | ( ) nein |
| Kann ich im Heim bleiben, wenn ich ein Pflegefall werde? | ( ) ja | ( ) nein |

| | | |
|---|---|---|
| Wieviel qualifiziertes Personal ist da? Krankenschwester/-pfleger, Altenpflegerin/-pfleger) | _____ | |
| Gibt es eine Nachtwache? | ( ) ja | ( ) nein |
| Gibt es eine Rufbereitschaft? | ( ) ja | ( ) nein |
| Für wie viele Personen sind sie zuständig? | _____ | |
| Muß ich zu einer bestimmten Zeit ins Bett? Wenn ja, wann? _____ | ( ) ja | ( ) nein |
| Besteht die Möglichkeit, daß ich so lange wie möglich aus dem Bett genommen werde? | ( ) ja | ( ) nein |
| Wird aktivierend (unterstützend) gepflegt? (Lassen Sie sich erklären, was unter aktivierender Pflege verstanden wird.) | ( ) ja | ( ) nein |
| Können pflegebedürftige Bewohner an allen Heimveranstaltungen teilnehmen? | ( ) ja | ( ) nein |
| Sind die Pflegebetten zu ebener Erde? | ( ) ja | ( ) nein |
| Gibt es einen Fahrstuhl? | ( ) ja | ( ) nein |
| Gibt es einen Einkaufsdienst? | ( ) ja | ( ) nein |
| Gibt es eine Klingel oder Gegensprechanlage in den Zimmern? | ( ) ja | ( ) nein |
| Wann beginnt die Morgenwäsche? | _____ Uhr | |
| Gibt es einen Frisör? | ( ) ja | ( ) nein |
| Gibt es einen Fußpfleger? | ( ) ja | ( ) nein |

### Nun fragen Sie sich selbst

Wurde ich bereitwillig informiert?
Bin ich ausreichend informiert?

**Kapitel 11**

# Für sich sorgen

## Geistig und körperlich fit bleiben

# Essen und Trinken hält Leib und Seele zusammen

»Sei freundlich zu deinem Leib,
damit deine Seele Lust hat, darin zu wohnen!«

Theresia von Avila, 1515-1582

Unsere Eßgewohnheiten haben sich aufgrund unserer Lebensgeschichte ausgeprägt. Zeiten der Entbehrung in und nach dem Kriege, Essen allein, in der Familie oder in der Kantine ... Oft hat man sich angewöhnt, zu schnell und zu viel bei einer Mahlzeit zu essen. Manchmal war man versucht, seelische Probleme durch Essen und Trinken zu bewältigen. So entsteht der bekannte »Kummerspeck«. Solche Eßgewohnheiten haben sich im Alter verfestigt und lassen sich nur schwer verändern. Doch wie sich unsere körperliche und seelische Lage mit dem Alter ändert, so müßten sich auch unsere Eßgewohnheiten diesen Veränderungen anpassen. Der menschliche Körper ist wie ein riesiges Kraftwerk. Im Alter wird er etwas anfälliger und bedarf deshalb einer besonderen Sorgfalt bei der »Energiezufuhr«.

Unser seelisches Wohlbefinden wird weithin von unserer Art zu essen beeinflußt. Essen stillt eben nicht nur den Hunger; Essen hält Leib und Seele zusammen. Wir essen deshalb auch mit allen Sinnen. »Das Auge will auch etwas haben«, sagt man. Es kommt nicht nur darauf an, was man ißt, sondern auch, wie man ißt.

Solange es geht, sollten Sie deshalb auch selber kochen, ganz nach Ihrem Geschmack. Vielleicht erproben Sie hin und wieder ein neues Rezept. Auch wenn Sie denken, »für mich alleine lohnt es sich doch nicht zu kochen«, so kann gerade die Vorbereitung und das Kochen selber eine gelungene Abwechslung im Tagesablauf sein. Vielleicht können Sie auch hin und wieder jemanden zum Essen einladen oder mit einer/einem Bekannten gemeinsam kochen.

# Der menschliche Körper ist ein hochtechnisiertes Kraftwerk!

Jede Zelle,
jeder Muskel,
jeder Nerv,
jede Ader,
jeder Knochen,
jedes Haar
wird ständig erneuert —
ein Leben lang,

jede Wahrnehmung,
jede Reaktion,
jedes Gefühl,
jede Anstrengung,
jede seelische Belastung
jedes Wachsen und Altern
muß durch Nährstoffe
gespeist werden,

jedes Nahrungsmittel
muß zerkleinert, aufgeweicht,
erwärmt, angefeuchtet,
aufgespalten, aufgelöst,
aufgesogen, durch Zellenwände
und in Arterien transportiert,
abgebaut, umgebaut, eingebaut,
entgiftet, abgelagert,
ausgeschieden werden.

## Die Hauptstationen der Verdauung

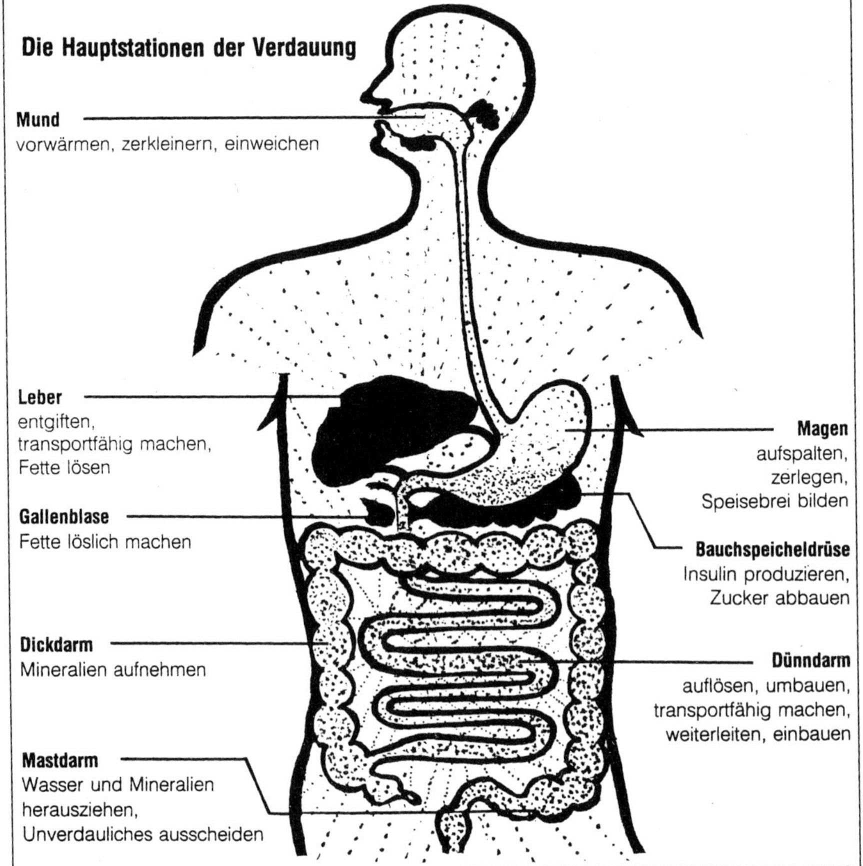

**Mund**
vorwärmen, zerkleinern, einweichen

**Leber**
entgiften,
transportfähig machen,
Fette lösen

**Gallenblase**
Fette löslich machen

**Dickdarm**
Mineralien aufnehmen

**Mastdarm**
Wasser und Mineralien
herausziehen,
Unverdauliches ausscheiden

**Magen**
aufspalten,
zerlegen,
Speisebrei bilden

**Bauchspeicheldrüse**
Insulin produzieren,
Zucker abbauen

**Dünndarm**
auflösen, umbauen,
transportfähig machen,
weiterleiten, einbauen

| im Mund | im Magen | im Dünndarm | im Dickdarm | im Mastdarm |
|---|---|---|---|---|
| Sekunden | 2—5 Std. | 3—11 Std. | 10—24 Std. | 24—36 Std. |

EVANGELISCHE ERWACHSENENBILDUNG NIEDERSACHSEN

Ein schön gedeckter Tisch (und nicht nur der gleiche, immer wieder abgewaschene Teller) läßt das Essen noch mal so gut schmecken. Wählen Sie an Sonn- und Feiertagen ein etwas festlicheres Geschirr und Besteck für die Mahlzeiten aus. So können Sie das Einerlei des oft grauen Alltags durchbrechen.

# Kochen mit Pfiff

## 1. Gönnen Sie sich etwas Gutes!

Eine altersgerechte Ernährung ist keine langweilige »Alterskost«, sondern vollwertiges, vielseitiges, wohlschmeckendes Essen. Einseitige Menüs, immer nur Milchkaffee und Butterbrot, können Mangelkrankheiten zur Folge haben. Machen Sie sich deshalb einen Spaß daraus, einen abwechslungsreichen Menüplan aufzustellen, neue Rezepte auszuprobieren und hübsch anzurichten. Das Auge ißt nämlich mit! Nehmen Sie sich Zeit für den Einkauf, und achten Sie auf Frische und Qualität.

| Idealgewicht über 60jährige Personen | | |
|---|---|---|
| Größe | Frauen | Männer |
| 158 cm | 51 kg | 56 kg |
| 160 cm | 53 kg | 57 kg |
| 162 cm | 55 kg | 58 kg |
| 164 cm | 56 kg | 60 kg |
| 166 cm | 57 kg | 61 kg |
| 168 cm | 58 kg | 62 kg |
| 170 cm | 59 kg | 64 kg |
| 172 cm | 61 kg | 65 kg |
| 174 cm | 62 kg | 67 kg |
| 176 cm | 63 kg | 68 kg |
| 178 cm | 65 kg | 70 kg |
| 180 cm | 66 kg | 72 kg |

Bei leichtem Körperbau liegt das Idealgewicht ca. 10% unter, bei schwerem Körperbau etwa 10% über diesen Werten.

## 2. Weniger ist mehr

Der Mensch im Pensionsalter braucht keine Riesenmengen mehr. Ein Siebzigjähriger sollte ein Drittel weniger essen als ein Dreißigjähriger. Zur ausgewogenen Ernährung gehört deshalb auch die regelmäßige Gewichtskontrolle. Übergewicht beeinträchtigt die Gesundheit erheblich, denn

- zusätzliche Kilos verursachen Herz- und Kreislaufbeschwerden,
- Fettablagerungen in den Arterien erhöhen den Blutdruck und damit das Risiko von Schlaganfällen, Krampfadern usw.,
- Magen, Darm, Leber, Galle müssen mehr arbeiten und werden überlastet,
- Hüft- und Kniegelenke werden durch schwereres Gewicht vorzeitig abgenützt, was zu Gehbeschwerden und Arthrosen führt.

Darum:
»Je kürzer der Gürtel, um so länger das Leben.«

## 3. Fünfmal ist besser als dreimal

Bekömmlicher für die Verdauung als drei große Mahlzeiten sind drei kleinere Hauptmahlzeiten und dazwischen ein leichter Bissen. Frühstücken Sie reichlich; lassen Sie sich stets Zeit und kauen Sie so gut wie möglich. Wählen Sie für das »Zwischendurch« Früchte, Magerquark, entrahmte Yoghurts. Vermeiden Sie schwere Mahlzeiten am späten Abend. Sie werden besser schlafen.

## 4. Vital durch Vitamine

»Ein Apfel pro Tag hält den Doktor fern«, lautet ein englisches Sprichwort. Vitamine und Faserstoffe, wie sie in Früchten, Gemüse, Salat, Milchprodukten und Getreide vorkommen, erfüllen für den Körper unentbehrliche Aufgaben. Sie sorgen für richtige Verwertung der Nahrung und beeinflussen das Wohlbefinden. Ältere Menschen benötigen Vitamine ganz besonders. Vollkornbrot, Obst und Gemüse enthalten auch Ballaststoffe. Diese Pflanzenfasern haben keinen eigentlichen Nährwert, aber sie besitzen die wichtige Eigenschaft, Wasser zu binden. Sie quellen auf und regen damit die Darmbewegung an. Verstopfung ist also auf natürliche Weise vermeidbar, wenn man genügend Obst und Getreideflocken zu sich nimmt.

## 5. Minerale sind kostbar

Ebenso wichtig wie Vitamine sind Mineralstoffe, denn sie bilden wesentliche Bausteine von Knochen und Zähnen. Mit zunehmendem Alter werden die Knochen spröder – sie brauchen darum mehr Calcium. Mit Milch und Milchprodukten können Sie Ihren Bedarf am besten decken. Aber auch Hülsenfrüchte und Nüsse enthalten Minerale. Fleisch, Leber, Innereien und Getreide liefern weitere gesunderhaltende Spurenelemente.

## 6. Eiweiß bringt Energie

Eiweiß ist lebensnotwendig für die ständige Erneuerung der Zellen. Es beeinflußt die körperliche und geistige Leistungsfähigkeit. Eiweißmangel macht lustlos, reizbar und krankheitsanfälliger. Deshalb sollten Sie mit jeder Mahlzeit einen dieser Eiweißlieferanten einnehmen: Milch, Quark, Yoghurt, Käse, (mageres) Fleisch, (mageren) Fisch, Kartoffeln, Getreideflocken, Eier. Da eiweißreiche Nahrungsmittel oft auch beträchtliche Mengen an Fett enthalten, ist auf fettarme Produkte zu achten.

## 7. Die »unsichtbaren« Fette

Fett ist oft da, wo man es kaum vermutet: in der Wurst, in Saucen, in zahlreichen Käsesorten, in Gebäck und Pralinen, aber auch in der Milch und im Eidotter. Deshalb ist es wichtig, beim Einkaufen mageren Käse, mageres Fleisch, entrahmte Milch zu verlangen. Verwenden Sie beim Kochen nur hochwertige, pflanzliche Fette wie Sonnenblumenöl, Distelöl oder Margarine. Salat läßt sich auch mit Yoghurt und Zitronensaft schmackhaft zubereiten.

## 8. Kohlenhydrate heizen ein

Wie Fett kommt auch Zucker, unser eigentlicher Brennstoff, in den verschiedensten Nahrungsmitteln vor. In Form von Stärke in Mehl und Kartoffeln, als Fruchtzucker in Obst oder verarbeitet in Getränken, Schokolade usw. Kohlenhydrate bilden den Hauptteil unserer Nahrung, sie spenden Kraft und Wärme. Überschüssiger Zucker wird allerdings in Fett umgesetzt! Beschränken Sie darum Teigwaren und Süßigkeiten auf ein vernünftiges Maß. Es gibt heute auch vielerorts Schokolade, Biskuits oder Konfitüre zu kaufen, die wenig Zucker enthalten oder künstlich gesüßt sind. Die Gefahr des Altersdiabetes läßt sich vermeiden!

## 9. Kochen mit Pfiff

Mit dem durchdachten Einkaufen allein ist es noch nicht getan. Auch die Art der Zubereitung ist wichtig. Vitamine und Mineralstoffe sind empfindlich. Waschen Sie Früchte und Gemüse nur kurz; Salat nicht in Wasser einlegen. Dämpfen und Dünsten ist besser als langes Kochen, dadurch gehen weniger Vitamine verloren. Teflon-, Grillpfannen und Dampfkochtöpfe verkürzen die Kochzeit. Sie benötigen zudem weniger Fettzugaben.

Benützen Sie reichlich Küchenkräuter und Gewürze; sparen Sie an Salz. Kochsalz speichert nämlich die Flüssigkeit im Körper und belastet damit den Kreislauf. Gewürze hingegen regen den Appetit an und unterstützen die Verdauung. Wenn Sie Diät benötigen, lassen Sie sich vom Hausarzt einen Diätplan erstellen. Verschiedenerlei Rezeptbücher, speziell auf die Bedürfnisse älterer Menschen zugeschnitten, sind in Buchhandlungen erhältlich.

## 10. Trinken ist lebenswichtig

Ihr Organismus braucht zusätzlich zu der in den Speisen enthaltenen Flüssigkeit noch mindestens einen Liter. Kräutertees, Frucht- und Gemüsesäfte, ungezuckerte Mineralwasser oder Magermilch sind Getränke, die dem Körper zudem wertvolle Nähr- und Aufbaustoffe zuführen. Ein »Gläschen in Ehren« (Rotwein – wenn schon) wirkt verdauungsfördernd. Alkohol enthält aber auch viele »unsichtbare« Kalorien, so daß Wein und vor allem hochprozentige Spirituosen zurückhaltend genossen werden sollten.

### 11. Gemeinsam essen macht Freude

Wenn Sie zu den vielen Alleinstehenden gehören, die für sich allein kaum kochen mögen, dann schließen Sie sich einem Mittagsklub an. Vielerorts treffen sich heute Gruppen, die einmal wöchentlich in froher Gemeinschaft essen. Viele Altersheime und Alterszentren kennen auch den »offenen Mittagstisch« für Leute aus der Nachbarschaft. Gemeinsame Mahlzeiten in angenehmer Atmosphäre mit heiteren Gesprächen haben eine »lebensversöhnende« Wirkung ...
Übrigens: Falls so etwas in Ihrer Gegend nicht besteht, ergreifen Sie doch selber die Initiative. Viele werden es Ihnen danken.

### 12. Kennen Sie den Mahlzeitendienst?

Für jene, die nicht mehr selber größere Mahlzeiten zubereiten können, gibt es in vielen Ortschaften den Mahlzeitendienst. Diese Organisation bringt auf Bestellung vollwertige und vielseitige Hauptmahlzeiten ins Haus, wo sie nur erwärmt zu werden brauchen. Meist sind auch Diätmenüs erhältlich. Erkundigen Sie sich bei der nächsten Beratungsstelle, der Gemeinderatskanzlei, der Fürsorgestelle oder beim Pfarramt.

# Bewegung gehört dazu

Das unmittelbare Zusammenspiel zwischen körperlichem Befinden und seelischem Empfinden machen einige Redensarten deutlich.

- ❏ Das ist mir auf den Magen geschlagen.
- ❏ Das ist mir an die Nieren gegangen.
- ❏ Dabei ist mir die Galle hochgekommen.
- ❏ Da läuft einem das Wasser im Munde zusammen.
- ❏ Das hat sich mir aufs Gemüt gelegt.
- ❏ Das hat mir den Appetit verdorben.
- ❏ Das habe ich mir zu Herzen genommen.
- ❏ Das hat mir das Herz gebrochen.

Im Alter hat man viel mehr Zeit, etwas für sich und seinen Körper zu tun. Entscheidend für Körper, Geist und Seele ist hier die Bewegung. Wer in Bewegung bleibt, der rostet nicht, sagt eine Redensart. Körperliche Bewegungen halten auch den Geist beweglich. Gartenarbeit, Laufen, Schwimmen, Radfahren – jede(r) muß hier die Möglichkeit für sich entdecken, die ihr oder ihm guttut. Entscheidend ist hierbei die Regelmäßigkeit, weniger die Anstrengung.

Trägheit und Bequemlichkeit sind große Gefährdungen des Alters. Und dennoch neigen wir Menschen dazu, uns gehenzulassen. Es fällt oft so schwer, sich aufzuraffen. Alleine ist dies sicher nicht immer einfach. Am besten verabreden Sie sich mit jemanden zur bestimmten Tageszeit zu einem gemeinsamen Spaziergang. Das bewahrt vor Trägheit!

> »Der Körper als Grundlage unseres Wohlbefindens und Austragungsort unserer Konflikte kann Opfer unserer ungelösten Probleme werden. Wir können ihm übel mitspielen.
> Aber wir können ihm auch viel Gutes tun: durch Ernährung und Schlaf, durch Bewegung und Erholung, Anspannung und Entspannung und viele andere Zuwendungen und Anwendungen.«
> (L. Rosenmayr)

## Täglich 15 Minuten zusätzlich gehen!

# GEHEN hat viele Vorteile:

**Gehen** bewegt den ganzen Körper
**Gehen** trainiert das Herz-Kreislaufsystem schonend
**Gehen** verbessert die Zirkulation des Blutes in den Beinen
**Gehen** übt die Bein- und Rückenmuskulatur
**Gehen** macht den Kopf frei
**Gehen** fördert gute Einfälle
**Gehen** bringt positive Stimmung

> **Empfehlung vom Internisten-Kongreß:**
> ■ Wieviel Sport ist nun aber gesund? »Bei Männern zwischen 30 und 70 Jahren ist ein täglicher Verbrauch von 300 Kilokalorien durch Sport ideal. Das sind zum Beispiel 20 Minuten Joggen, 40 Minuten Radfahren, eineinhalb Stunden spazierengehen oder 40 Minuten Tennis«, erläuterte Rost. Die Wirkung stelle sich aber nur beim regelmäßigen Training ein: am besten täglich, mindestens aber zweimal die Woche. »Wer glaubt, durch einen Aktivurlaub einmal im Jahr fit zu sein, täuscht sich gewaltig.«

# Lachen ist gesund

Lachen lindert Asthma, Migräne und Rückenschmerzen, Depressionen und Phobien, kräftigt und schützt das Herz, stärkt Kreislauf und Immunsystem, fördert Verdauung und Schlaf. 17 Muskeln sind in Aktion, wenn wir lachen. Sie aktivieren unsere Lebensgeister. Beim Lachen gelangt drei- bis viermal mehr Sauerstoff in den Körper als bei ernsthafter Ruhe.

Die intensive Atmung verändert den Herzrhythmus:
Das Herz schlägt schneller. Dann aber wird der Pulsschlag langsamer, der Blutdruck sinkt, die Muskeln entspannen sich. Lachen ist ein völlig unschädliches Anti-Streß- und Schlafmittel.

Das Gehirn erhält dabei eine regelrechte Sauerstoffdusche. Die Produktion von Streßhormonen, wie Adrenalin, wird gebremst, die von Endorphinen (inneres Morphium), Wachstumshormonen und Abwehrstoffen angekurbelt.

> *Der Himmel hat dem Menschen als Gegengewicht*
> *zu den vielen Mühseligkeiten des Lebens*
> *drei Dinge gegeben: die Hoffnung, den Schlaf und*
> *das Lachen.*
>
> Immanuel Kant, 1724-1804

# Den ganzen Tag vor dem Fernseher?

»Wow! Wow! Wow!« Das ist die *Space Night*, der nächtliche Bildschirmschoner des Bayerischen Fernsehens, beschrieben von Hedwig Schneider. »Oh!« Hier nun handelt sich's um das Samstagabend-Programm als solches: »Im Dritten gibt's um sieben einen Tierfilm, um acht dann einen Kulturfilm. Am besten sind aber die *Seitenblicke* im ORF.« Aus Hedwig Schneider wurde eine Süchtige: »Von da an bin ich nicht mehr weggekommen.« Das hatte sie noch nie gesehen, das war so spannend, da ist sie voll eingestiegen: »Ich habe alles in mich reingeschaufelt.« Der Fernseher ist ihr zum Kumpel geworden, »weil ich mit niemandem reden konnte«, aber nicht nur Kumpel ist er, sondern eben auch eine Welt mit vielen großen und kleinen Merkwürdigkeiten, »die du nicht zu sehen kriegst, selbst wenn du da bist«. Musik, Geologie, Biologie! »Über die Anden kann ich sonst nicht fliegen, die Sahara nicht sehen. Das ist doch großartig.« Welt im Wohnzimmer, eine Endlosschleife: »Man kann kontinuierlich in der Sendersphäre bleiben, irgendwer bringt immer was.« Dabei sind es nur fünf Sender, die Hedwig Schneider was bringen, die drei öffentlich-rechtlichen deutschen und zwei österreichische; sie hat weder Kabelanschluß noch eine Schüssel auf dem Dach, und sie will das auch nicht. Herrje! – den ganzen Kabelsalat hat sie bei Bekannten gesehen und sofort ausgeschaltet: »Ich hab's nimmer derpackt«, so verwirrend war das. (SZ)

. . . . . . . . . . . . . . . . . . . . . . . . . . . . . . . . . . . . .

Für viele ältere Menschen ist das Fernsehen eine der wenigen Kontakte zur Außenwelt: ein wirklicher »Kumpel« – immer da, redend, singend, spielend, unterhaltend ...

So kann man wirklich auf dem laufenden bleiben. Und man hat das

Gefühl, nicht allein zu sein. Die wirkliche Einsamkeit zerstreut das Fernsehen allerdings nicht. Aus Zerstreuung kann mit der Zeit eine Fernsehsucht werden. Dann verliert man jedes Interesse an einer anderen Beschäftigung oder am Treffen und Zusammensein mit anderen Menschen.

• • • • • • • • • • • • • • • • • • • • • • • • • • • • • • • • • • • • •

Da sie erst ungefähr um fünf Uhr abends einschaltet, gehört der Tag Hedwig Schneider, nicht dem Fernsehen. Freilich kommt es darauf an, ihn gut einzuteilen, denn was sie bis zum Knopfdruck nicht geschafft hat, das wird nie mehr was an diesem Abend. Geselliges Beisammensein mit Freunden, Bekannten? Hält sich in Grenzen, obwohl es an Bekannten und Freunden nicht mangelt – doch sie ist auch gerne allein, und manchmal geschieht es, daß sie allein ist unter Menschen und sich dann freut auf »mein Reich und den Kumpel Fernseher«. Ein wenig einsam allerdings ist es schon in diesem Reich, »die Stille in der Enge der Wohnung ist bedrückend«: Es spricht in die Stille hinein der Kumpel. Und Hedwig Schneider spricht mit ihm: »Ich schimpfe über die dummen jungen Moderatoren. Oder beim Golfkrieg, was habe ich mich da aufgeregt.« Es sei, sagt sie, fast schon eine Kommunikation, »eine merkwürdige, aber doch«. (SZ)

• • • • • • • • • • • • • • • • • • • • • • • • • • • • • • • • • • • • •

Fernsehen kann nicht Menschen als Gesprächspartner ersetzen. Wenn es zur Sucht geworden ist, d.h. wenn ich tagsüber und abends nicht mehr ohne Fernsehen auskomme, wird es Zeit, die Tage und Abende wieder bewußter zu planen. Auch meine Fernsehgewohnheiten gilt es zu überprüfen:

❒ Wähle ich die Sendungen bewußt aus, oder sehe ich alles, was kommt?
❒ Sehe ich wirklich hin und denke mit, oder lasse ich mich einfach berieseln?
❒ Spreche ich mit anderen über Fernsehsendungen, oder interessiert mich eigentlich gar nicht, was ich sehe?

❐ Sehe ich nur zu bestimmten Zeiten, oder lasse ich den ganzen Tag und Abend über das Gerät laufen?
❐ Wechsle ich mit der Fernbedienung dauernd die Programme, oder sehe ich wirklich noch eine Sendung ganz?

Wenn ich *bewußt* fernsehe, kann die Fernsehzeit eine gute Zeit für mich sein.

# Kleider machen Leute

»Was soll ich denn anziehen?« – haben wir uns in früheren Jahren oft gefragt, wenn wir zur Arbeit, »auf Besuch« oder zu einem Fest gingen. Wenn solch äußere Anlässe weniger werden, besteht die Gefahr, auch in der Kleidung nachlässig zu werden. Die Verlockungen sind immer ähnlich:

❐ nach dem Aufstehen den ganzen Tag im Morgenmantel bleiben;
❐ sich nur noch »häuslich« kleiden, es sieht ja doch keiner;
❐ keine neue Kleidung anschaffen, denn man geht ja kaum noch »unter Leute«.

Doch auch im Alter kann man anziehend bleiben, wenn man sich gut überlegt, was man anzieht. Anziehend für die Partnerin und den Partner, anziehend für die Menschen, mit denen ich zusammenkomme. So kann ich nicht nur gut aussehen, sondern auch für andere ansehnlich und anziehend bleiben.
Kleider machen Leute – damit kann auch eine übertriebene, auffallende Kleidung gemeint sein: mehr Schein als Sein! Doch in einem weiteren Sinne stimmt diese Aussage durchaus. Unsere Kleidung kann zu unserem Wohlbefinden beitragen. Sich zu bestimmten Tageszeiten umziehen, bei unterschiedlichen Gelegenheiten sich entsprechend anziehen, das hält lebendig, schenkt sichtbare Abwechslung und macht mich ansehnlich vor mir und anderen. Mode ist nicht nur etwas für junge Leute.

## »Alte« Mode

◆◆◆◆Mode, eben nicht nur ein Thema für die Frau zwischen 20 und höchstens 40 Jahren. Die Modemacher haben es längst erkannt. Mode für Senioren, inzwischen schon eine Branche für sich mit wachsender »Zielgruppe«. Und weil Claudia Schiffer & Co. schlecht mit dem Kostüm für die Oma auf dem Laufsteg posieren können – manchmal sieht's trotzdem so aus – hat die Mode für Senioren auch ihre Models und Dressmen. Die verdienen weit weniger als die berühmten Jungstars, sind auch nicht in Klatschspalten zu finden, aber offenbar fit wie der berühmte Turnschuh. Der Spaß an der Sache macht's. ◆◆◆◆ GS

## Mutti was meinst du?

Was ich schon vor Jahren gesagt habe
Wird mir in der letzten Zeit
Immer wieder bestätigt
Nämlich:
Die meisten Männer können sich nicht
Selbst anziehen
Nicht weil sie sich einen Arm oder ein Bein
Gebrochen haben
Oder einfach nicht wissen wie man einen Pullover
Überzieht
Sondern sie sind völlig hilflos bis willenlos
Wenn es darum geht
Was Neues zum Anziehen einzukaufen
Sie sind mit einem Wort kopflos
Als hätten sie nie Augen und Ohren im Kopf

Und am Kopf gehabt
Sie sind auch meistens sprachlich nicht
In der Lage
Sich auszudrücken
Wenn es darum geht
Sich für oder gegen etwas zu entscheiden
Sie stehen fast analphabetisch in so
Einem großen Kaufhaus
In der Herrenabteilung herum
Haben keine Vorstellung kein Vorbild
Kein Anziehbild
Keinen Geschmack
Geschweige denn eine eigene kleine Vorliebe
Keine Begeisterung kein Traum keine Textil-Trance
Aber wie sollten sie denn auch
Wie könnten sie denn auch
Von dürfen ganz zu schweigen
Sind doch die meisten Herren-Männer
Schon als Kleinstkind
Von Müttern oder Patentante
Älterer Cousine Omma und Ommi gegängelt
Und gedrängelt
Und immer wieder in Sack und Asche
Gesteckt worden
Alltags Bleyle
Sonntags Matrose
Die Männer können eigentlich gar nix dafür
Daß sie nicht erwachsen geworden sind
Ganz besonders viele von den
Nordrheinwestfälischen Männern
Sagen immer noch zu ihrer Frau:

Mutti was meinst du?
Wenn sie da in der 3. Etage von V & D
Das heißt: Verdammt und zugenäht
Herumstehen
Und man ihnen ansieht
Daß es ihnen eigentlich völlig wurscht ist
Was sie kaufen und was sie anziehen
Hauptsache man kommt so schnell wie möglich
Wieder aus dem Laden raus
Das kann ich allerdings gut verstehen
Die ewige Anzieherei und Auszieherei und
Umzieherei
Dies Rumdrehen und in den Spiegel gucken
Stundenlang
Und dann diese Absteckerei wenn die Hosen gekürzt
Werden müssen
Und heute müssen alle Hosen gekürzt werden
Ich gehe so gut wie gar nicht in so einen Laden hinein
Da muß mich meine Frau schon überlisten
Nämlich sich erst selbst was kaufen
Und dann sagt sie ganz plötzlich
Eine schöne neue Jacke für dich
Wäre auch längst fällig
Ich meine Jacken gehen ja noch
Und da ich wenn ich allein gehe die Jacken
Zu groß oder zu klein kaufe
Sag ich dann meistens:
Also gut eine Jacke
Meine Frau ist für Beige
Ich für Anthrazitgrau
Und der Verkäufer sagt ständig:

Dann hätte ich noch das und dann hätte
Ich noch jenes
Und dann hätte ich noch dies und dann
Hätte ich noch das
Und dann hätte ich noch solches
Und nichts gefällt mir
Nein ich bin da drin sehr eigen
Ich gucke sogar
Wenn ich im Intercity im Großraumwagen sitze
Bei den Herren zwischen Hose und Schuhen
Auf die Strümpfe
Was da für Muster hervorlugen: Skandalös!
Und dann guck ich mir den Herrn an
Und dann weiß ich ganz genau
Der hat nicht mal gefragt:
Mutti was meinst du?
Dem sind die Socken einfach auf den Tisch
Geknallt worden
Und das sollen unsere Führungskräfte sein
Mit beiden Beinen auf der Erde
Aber mit beiden Füßen in der Freizeitsocke
Da schrei ich mich weg

Hanns Dieter Hüsch

**Kapitel 12**

# Das »liebe Geld«

## Finanzielle Vorsorge und Erbschaftsregelungen

*Wer im Leben nur rechnet, kommt nie auf seine Rechnung.*

*Albrecht Goes*

# Reiche Rentner

Früher mußten die Kinder ihre alt gewordenen Eltern durchfüttern – heute ist es umgekehrt. Viele junge Familien kommen ohne den Zuschuß von Oma und Opa kaum noch aus. Die Großeltern bezahlen die Kleidung für ihre Enkel, geben das Taschengeld für den Urlaub oder bürgen für den Wohnungskredit. Und sie können es sich leisten: Noch nie ging es den Alten so gut wie heute – zumindest in Westdeutschland.

Rentner und Pensionäre haben heute im Durchschnitt doppelt soviel auf der hohen Kante wie Berufstätige. Bis zur Jahrtausendwende wird ein Viertel des gesamten Geldvermögens (6 Billionen Mark) und des Grundvermögens (Wert: 4,6 Billionen Mark) den über 65jährigen gehören.

Armut hat schon längst nichts mehr mit Alter zu tun. Während sich die Zahl der Sozialhilfeempfänger in der alten Bundesrepublik 1973 verdreifacht hat, ist sie unter den Ruheständlern stark zurückgegangen. Nur noch 1,5 Prozent von ihnen beziehen Sozialhilfe.

Allerdings profitieren längst nicht alle vom Trend zum Altersreichtum. Viele Senioren sind zwar Mehrfachverdiener; zur eigenen Versicherungsrente oder Pension gesellen sich Witwenrente, Betriebsrente, Zinseinnahmen, ausgezahlte Lebensversicherungen, Mieterträge und anderes. Aber die Zusatzeinnahmen kommen meist nur jenen zugute, die sowieso schon recht hohe Renten haben. Jeder zweite wird auch in Zukunft ausschließlich auf eine Rente oder Pension angewiesen sein.

Besonders schlecht geht es alleinstehenden Frauen. Eine weitere Problemgruppe sind die älteren Menschen in Ostdeutschland.

per

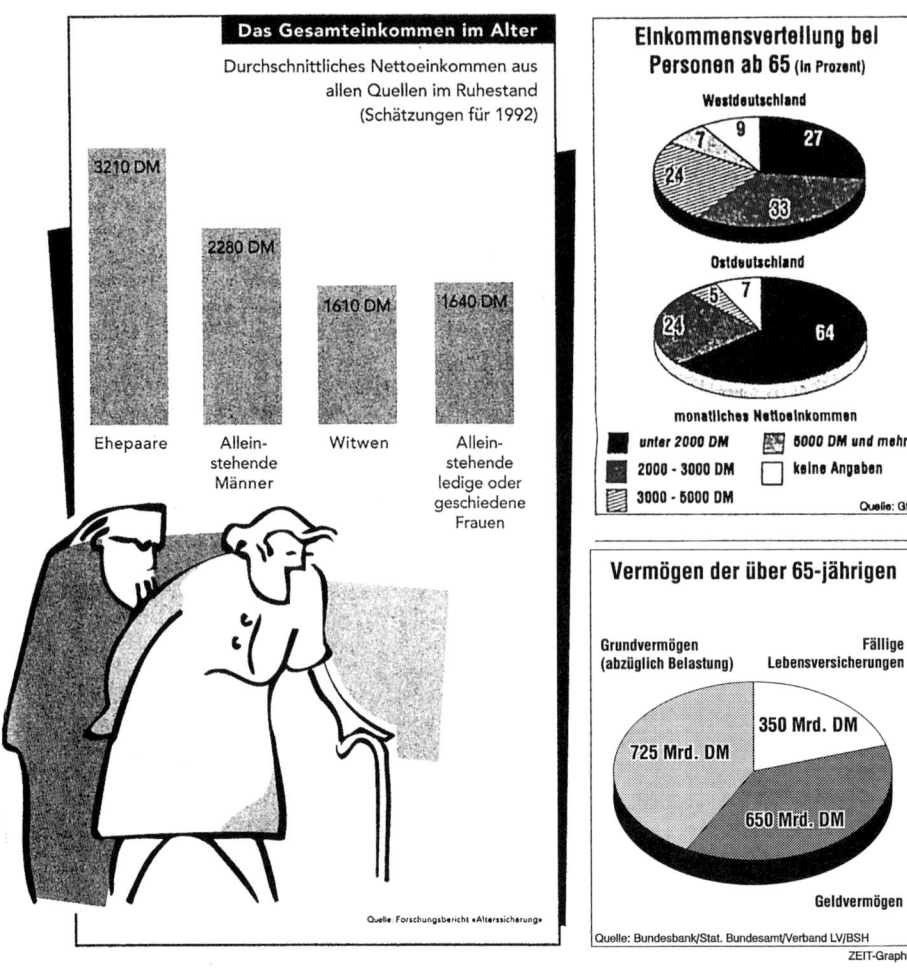

Die meisten Menschen haben im Alter ihr Auskommen. Vor allem sind aber alleinlebende Frauen nach wie vor arm und leben nicht selten an der Grenze der Sozialhilfe. Die Altersarmut ist eben weiblich. Wer wenig hat, wird all seine Sorgen darauf verwenden, über die Runden zu kommen. Viele ältere Frauen scheuen dabei den Gang zum Sozialamt, obwohl ihnen eine Hilfe zum Lebensunterhalt rechtlich zusteht. Aus Scham, Ehrgefühl oder weil sie die Kinder nicht mit Rückerstattungen belasten wollen, verzichten sie auf ihr gutes Recht. Schließlich – so sagen sie – haben sie sich immer alleine durchschlagen müssen.

Auch wenn Sie den unmittelbaren Gang zum Sozialamt scheuen, können Sie sich dennoch zumindest unverbindlich beraten lassen bei den Wohlfahrtsverbänden, wie der Caritas, der Diakonie oder auch der Arbeiterwohlfahrt. Die Adressen finden Sie unter diesen Namen in jedem örtlichen Telefonbuch.

# Alt und Sparsam

Auch diejenigen, die jetzt im Alter mehr Geld, vielleicht sogar ein kleineres oder größeres Vermögen zur Verfügung haben, sind in einer Zeit aufgewachsen, in der man sparte und sparsam lebte.

- Sie knipsen das elektrische Licht aus, wenn sie einen Raum verlassen.
- Sie überprüfen, ob nicht vielleicht die Heizung etwas niedriger gestellt werden kann.
- Sie warten bis zum späten Abend oder bis zum Sonntag, um ihre Telefonate zu erledigen.
- Sie fahren lieber mit dem Bus und steigen mehrfach um, als daß sie sich ein Taxi leisten.
- Die tägliche Dusche kommt ihnen verschwenderisch vor.
- Auch wenn sie könnten, würden sie niemals erster Klasse im Zug fahren.

Ihre Kinder und vor allem ihre Enkelkinder dagegen sind in einer »Überflußgesellschaft« groß geworden. Ihnen fällt es leichter, Geld auszugeben. Alle drei Generationen sind also entscheidend geprägt von den jeweiligen Gesellschaften. Sowenig es das Verdienst der Älteren ist, sparsam gelebt zu haben – weil sie eben sparsam leben mußten, sowenig ist es die Schuld der Jüngeren, leichter das Geld auszugeben – weil sie eben herausgefordert werden durch die Überangebote der Konsumgesellschaft.

# Geld und Beziehungen

> Es gibt nur einen wirklichen Reichtum, unsere menschlichen Beziehungen.
>
> Antoine de Saint-Exupéry

Der unterschiedliche Umgang mit und die jeweiligen Einstellungen zum Geld bestimmen weithin die Beziehungen der Generationen untereinander. Spannungen bleiben da nicht aus.
»Das hat es früher bei uns nicht gegeben!« sagen die Älteren.
»Wir wollen etwas vom Leben haben und uns etwas leisten dürfen!« meinen die Jungen.
Wenn es um das Thema Geld geht, sind alle aufmerksam und sehr sensibel bei der Sache. Dabei ist Geld oft das größte Tabu, selbst zwischen Ehepartnern, Eltern und Kindern oder auch Freunden.

> Mit Geld öffnet sich dir jede Tür, nur nicht die Türe zum Herzen.
>
> Phil Bosmans

Der unterschiedliche Umgang mit dem Geld wird hauptsächlich durch die folgenden Motive bestimmt:

## Freiheit

Geld sichert die Unabhängigkeit und Freiheit. Wenn ich Geld habe, kann ich mein Leben unabhängiger gestalten, mir einen Urlaub leisten, neue Kleidung kaufen, hin und wieder Essen gehen, eine entsprechende Wohnung zahlen. Selbst im Krankheits- und Pflegefall kann ich eine optimale Behandlung wählen.

# Sicherheit

»Geld macht zwar nicht glücklich, aber es beruhigt.«
Gerade alte Menschen fragen sich: Reicht das Geld bis zum Ende? Wieviel Geld brauche ich im Falle einer Krankheit und Pflegebedürftigkeit?
Sorge um die Finanzen ist eben auch immer eine Sorge um Sicherheit.

# Macht

Mit Geld kann man auch Macht ausüben und Abhängigkeiten schaffen. Wer kennt nicht den Spruch aus seiner Jugend: »Solange du die Füße unter meinen Tisch setzt ...« oder die Auseinandersetzungen in Fragen der Erbschaft. Wem ich was vererbe, ist auch Ausdruck von Macht.

> Nicht in dem, was man besitzt, sondern in dem, was man ist, äußert sich die Persönlichkeit.
> Oscar Wilde

# Liebe

Das »liebe Geld«? – Ob man Geld »lieben« kann? Manchmal gewinnt man diesen Eindruck, wenn man beobachtet, wie behutsam und sorgfältig ältere Menschen mit ihren Sparbüchern umgehen, sie immer wieder hervorholen und liebevoll ihr Guthaben betrachten. Andererseits lassen sich mit Geld durchaus gute Beziehungen pflegen und aufbauen. Zwar kann ich mir Zuneigung und Liebe nicht mit Geld erkaufen, auch und gerade nicht in der eigenen Familie bei Kindern und Enkelkindern. Doch eine liebende Beziehung kann sich durch Geschenke (gelegentlich auch Geldgeschenke) ausdrücken. Solche Geschenke sollten aber immer umsonst sein, Gegenleistungen dürfen nicht erwartet werden. Selbst heimliche Erwartungen einer entsprechenden Gegenleistung verhindern, daß das »liebe Geld« wirklich Ausdruck einer liebevollen Beziehung ist.

Unser Umgang mit Geld kann von einem dieser vier Faktoren schwerpunktmäßig bestimmt sein. Die einen setzen an erster Stelle ihr Geld zur Sicherung der Freiheit ein, andere zur Sicherung ihres Lebens, wieder andere zur Ausübung ihrer Vorrangstellung und Macht, manche auch zur Pflege guter Beziehungen. In den meisten Fällen aber sind diese Motive »gemischt« vorhanden.

Dabei ist der Umgang mit Geld im Alter bestimmt von meinen früheren Einstellungen zum Geld. Wer Geld immer schon als Machtmittel eingesetzt hat, wird dies vermutlich im Alter in verschärfter Weise tun und vielleicht alle paar Wochen sein Testament ändern. Wer immer nur an seine eigene Sicherheit denken wollte, wird wohl nicht selten im Alter knauserig und geizig. Wer immer schon großzügig war mit seinem Geld, wird wahrscheinlich auch im Alter ein großzügiger Mensch sein.

In jedem Fall gilt:

## Das letzte Hemd hat keine Taschen!

### Mir ist damals hell gewesen

Ein Rabbi lebte lange Zeit mit seiner Frau in großer Armut. Am Sabbatabend steckte die Frau die Kerzen in einen Leuchter aus Lehm, den sie selber geknetet hatte.
Später wurden sie reich.
An einem Sabbatabend sah der Rabbi, als er, vom Bethaus heimkehrend die Stube betrat, wie seine Frau mit einer stolzen Freude den breitarmigen Silberleuchter betrachtete. »Dir ist jetzt hell«, sagte er, »mir ist damals hell gewesen«. ■

*Martin Buber*

# Schaffen Sie klare Verhältnisse!

Häufig kommt es beim Tod eines älteren Menschen – gerade wenn er alleinstehend war – zu großen Komplikationen. Manchmal sind die persönlichen Unterlagen über Einkünfte und Versicherungen, Konten und Grundbesitz, Versicherungen und Mietverträge nicht aufzufinden. Von daher sollte man rechtzeitig sein Haus bestellen.

# Das Haus bestellen

## Kontovollmacht

Geben Sie rechtzeitig einem Ihrer Angehörigen eine Vollmacht über Ihre Vermögensangelegenheiten. Hierzu gehört vor allem eine Kontovollmacht, damit überhaupt jemand nach Ihrem Tod über Ihr Geld verfügen kann, um die notwendigen Dinge zu erledigen. Eine entsprechende Regelung können Sie mit Ihrer Bank absprechen.

## Vorsorge-Mappe
Eine Hilfe für die Angehörigen

**Wichtig**

▶ Diese Mappe soll nicht an irgendeinem Ort der Wohnung versteckt werden, sondern an einer allgemein bekannten Stelle hinterlegt werden (zum Beispiel in einem Bankschließfach, bei einem Anwalt, einer Vertrauensperson).

**Inhalt der Vorsorge-Mappe:**

1. Hinweise für den, der den Nachlaß zu richten hat. – Entsprechende Vollmachten

2. Das Testament

3. Willenserklärung für lebensbedrohliche Situationen

4. Verfügung über die Art der Bestattung

5. Namensliste (mit Anschriften) der Personen, die im Todesfall benachrichtigt werden sollen

6. Alle relevanten Urkunden:
   – Familienstammbuch
   – Geburtsurkunde
   – Heiratsurkunde
   – Bescheinigung über Taufe, Konfirmation und Trauung
   – Zeugnisse
   – Gesellen-, Meisterbrief
   – Anstellungsverträge
   – Ernennungen, Ehrungen, Auszeichnungen

7. Urkunde über Grabstätte – Schriftliche Niederlegung besonderer Wünsche

8. Besitzdokumente
   – Hinweise auf Konten
   – Hinweise auf Wertpapiere, Aktien
   – Grundbuchauszüge im Falle von Grundbesitz
   – Geschäftsanteile, Beteiligungen, Kaufverträge
   – Forderungen an Dritte

9. Dokumente über Einkünfte und Versicherungen
   – Sozialversicherungsunterlagen, Renten- und Pensionsbescheide
   – Mitgliedsausweis der Krankenkasse
   – Lebensversicherungspolicen
   – Hinweis auf die Mitgliedschaft in einer Sterbekasse

- Haftpflicht- und Unfallversicherungspolicen
- Sonstige Versicherungen

10. Verträge und Verbindlichkeiten
    - Mietverträge
    - Pachtverträge
    - Ratenverträge
    - Sonstige Verträge

# Sein Testament machen

Vererben, ein richtiges Testament machen, das sind Themen, die Sie nicht verdrängen sollten. Vor allem dann nicht, wenn Sie sicher sein wollen, daß es unter Ihren Erben keinen Streit gibt und Ihr letzter Wille auch eingehalten wird. Es ist also ratsam, sich rechtzeitig mit dem Vererben auseinanderzusetzen und seinen Nachlaß zu ordnen. Klare Verhältnisse können Sicherheit schaffen und manchen unnötigen Streit in der Verwandtschaft verhindern.

Mit dem Tod eines Menschen geht dessen Vermögen auf eine oder mehrere Personen oder auf den Staat über. Wenn die im Gesetz festgelegten Regelungen Ihren Vorstellungen entsprechen, dann brauchen Sie nichts mehr zu unternehmen. Wollen Sie aber bestimmte Personen mehr, andere weniger bedenken als im Gesetz vorgesehen, oder soll der Nachlaß auch Nichtverwandten zugute kommen, dann sollten Sie diesen Ihren Willen in einem Testament festhalten.

Es gibt drei verschiedene Testamentsarten:
- das eigenhändige Testament
- das öffentliche Testament und
- das Nottestament

## Das eigenhändige Testament

Das eigenhändige Testament, das den Regelfall darstellt, muß vom Erblasser selbst geschrieben oder unterschrieben sein und in verständlicher Sprache und Schrift die Erben bezeichnen. Es muß *handschriftlich* verfaßt sein.

Ein Testament sollte folgenden Inhalt aufweisen:

- Kennzeichnung als Testament.
- Genaue Beschreibung, welche Personen welche Gegenstände und Werte erben sollen. Sowohl die Person wie auch das zu vererbende Gut sollen eindeutig und zweifelsfrei benannt werden. Es empfiehlt sich, die Erbberechtigten mit vollem Namen zu benennen und nicht nur mit dem Grad ihrer Verwandtschaftszugehörigkeit.
- Es können Bedingungen an die Erbverfügung geknüpft werden, jedoch nur, wenn diese nicht gegen ein gesetzliches Verbot oder die guten Sitten verstoßen.
- Ort und Datum.
- Unterschrift.

Man kann das eigenhändige Testament amtlich verwahren lassen. Zuständig ist hierfür jedes Amtsgericht. Durch die amtliche Verwahrung ändert sich jedoch nichts am Inhalt und an der Gültigkeit des Testaments.

## Das Öffentliche Testament

Wer ein eigenhändiges Testament nicht mehr verfassen kann, der sollte sich zum Notar begeben und mit ihm die Errichtung eines sogenannten öffentlichen Testaments besprechen. Man unterscheidet zwei unterschiedliche Formen:

1. Das Testament wird mit seinem vollen Inhalt mündlich zu Protokoll des Notars erklärt, das heißt, es wird die Erklärung des Letzten Willens zu Protokoll genommen.
2. Der Erblasser übergibt bereits ein fertiges Schreiben mit der mündlichen Erklärung, daß dieses Schreiben den Letzten Willen enthält.

Ist man sich nicht sicher, wie man ein Testament verfassen soll, so ist das öffentliche Testament zu Protokoll des Notars zu empfehlen.

## Nottestamente

Nun kann auch der Notfall eintreten, so daß die Testamentsniederlegung nur mit Einschränkungen möglich ist.

*Bürgermeister-Testament*
Kann ein Notar nicht mehr geholt werden, da der Erblasser zu sterben droht, so kann der Bürgermeister einer Gemeinde, in der man sich gerade aufhält, die Niederschrift vornehmen. Der Bürgermeister muß zur Beurkundung zwei Zeugen hinzuziehen.

*Drei-Zeugen-Testament*
Ist auch kein Bürgermeister mehr zu erreichen, so genügen drei Zeugen. Diese drei Zeugen sollten im Testament jedoch nicht bedacht werden. Die drei Zeugen hören sich das Testament an, verfertigen eine Niederschrift und unterschreiben diese.

Nottestamente (Bürgermeister-Testament, Drei-Zeugen-Testament) werden automatisch ungültig, wenn der Erblasser drei Monate nach dieser Niederschrift noch lebt.

**Kapitel 13**

# Wenn der Körper nicht mehr will ...

## Krankheit und Pflege im Alter

**Die Statistik ist gnadenlos.**

Vom vierzigsten Lebensjahr an macht sich demnach der Alterungsprozeß des Körpers eindeutig bemerkbar: Die Anfälligkeit für Krankheiten steigen. Männer und Frauen zwischen 40 und 64 leiden fast doppelt so häufig an Gebrechen verschiedenster Art wie die 15- bis 39jährigen. Im siebten Lebensjahrzehnt steigt überdies das Risiko, sich eine chronische Krankheit einzuhandeln. Auch tauchen häufig mehrere Leiden gleichzeitig auf. Ältere Menschen müssen im Schnitt mit fünf Diagnosen gleichzeitig fertigwerden. Bei diesen Angaben handelt es sich, wohlgemerkt, um Durchschnittswerte; bei einzelnen kann die Entwicklung viel positiver, aber auch negativer verlaufen. (SZ)

Altern ist unvermeidbar, weder verhütbar noch heilbar. Doch: Altern ist keine Krankheit. Jedoch verringern sich mit den Jahren die Widerstandskräfte des Körpers; die Menschen werden anfälliger für Krankheiten und Gebrechen. Selbst bei bester Vorsorge und Fürsorge lassen sich bestimmte körperliche, geistige und seelische Entwicklungen allenfalls aufhalten, aber keineswegs gänzlich vermeiden. So klagen ältere Menschen darüber, daß sie schlechter sehen und hören, weniger beweglich sind, schneller ermüden, ängstlicher werden, an Schlafstörungen leiden usw. Solche oder ähnliche Symptome zeigen nicht unbedingt Krankheiten an, vielmehr hängen sie mit dem Alterungsprozeß zusammen: *Altern ist ein biologischer Prozeß* mit teils tiefgreifenden Veränderungen für das Leben betroffener Menschen.

# Altern auf unterschiedliche Weise

Menschen altern auf je eigene Weise. Wie sie mit ihrem Alter, besonders aber mit den vermehrt auftretenden Beschwerden und Belastungen umgehen, hängt zum einen von den persönlichen Einstellungen, zum anderen von den Reaktionen der Umwelt ab. Die einen leben mit ihren Behinderungen, ohne das Gefühl zu haben, wirklich krank zu sein. Sie behaupten immer wieder, daß es ihnen gutgehe und ihnen die kleinen Gebrechen des Alltags nichts anhaben können. Gesundheit läßt sich nicht allein vom Körper und seinen Funktionen her definieren – maßgeblich sind zudem persönliche Lebenseinstellungen, gesundheitsbewußte Lebensführung und menschenfreundliches Klima im unmittelbaren Umfeld.

Andere Menschen wiederum »leben« geradezu ihre Krankheiten. Sie scheinen ihr alleiniger Lebensinhalt zu sein. Jedenfalls sind sie, zum täglichen Gesprächsstoff hochstilisiert, dankbarer Anlaß ständigen Wehklagens und fortdauernder Selbstbemitleidung. Bei solchen Menschen besteht die Gefahr, mit der Zeit unausstehlich zu werden und sich selbst zu isolieren.

Mit zunehmendem Alter erleben sich Menschen immer häufiger als Patienten. Patient stammt vom lat. *pati* ab, das bedeutet: *leiden, erdulden, belastet werden.*

Die eigene Unduldsamkeit zu ertragen, erfordert viel Geduld – mit sich und den anderen. Wer bislang für sich selbst sorgen konnte, dem fällt es schwer, die Fürsorge anderer anzunehmen. Nicht mehr über sich selbst bestimmen zu können, sondern anderen hilflos ausgeliefert zu sein, provoziert zunächst Widerstand, ja Auflehnung. Kaum jemand ist als Patient, als »geduldiger Mensch«, geboren ...

Man bat einen Rabbi, dessen Großvater ein Schüler des Baalschem gewesen war, eine Geschichte zu erzählen. »Eine Geschichte«, sagte er, »soll man so erzählen, daß sie selber Hilfe sei.« Und er erzählte. »Mein Großvater war lahm. Einmal bat man ihn, eine Geschichte von seinem Lehrer zu erzählen. Da erzählte er, wie der heilige Baalschem beim Beten zu hüpfen und zu tanzen pflegte. Mein Großvater stand auf und erzählte, und die Erzählung riß ihn so hin, daß er hüpfend und tanzend zeigen mußte, wie der Meister es gemacht hatte. Von der Stunde an war er geheilt. So soll man Geschichten erzählen.« ∎

*Chassidische Erzählung*

# Mit körperlichen Veränderungen im Alter rechnen

Im Verlauf des »normalen« Alterns vollziehen sich funktionale Veränderungen, die auf unterschiedliche Weise, aber in zunehmendem Maße die einzelnen Organe des Körpers betreffen und ihre Funktionen beeinträchtigen:

❒ Im Laufe der Jahre verliert man an Muskelkraft und -masse, an Gleichgewicht und Beweglichkeit, weshalb der Gang und allgemein alle Bewegungen langsamer und schwerfälliger werden.
❒ Die Knochen sind einem Verkalkungsprozeß unterworfen, weshalb sie spröder werden und die Gefahr von Brüchen, Kompressionen der Wirbel usw. zunehmen kann.
❒ Die Gelenke leiden unter zunehmendem Verschleiß, wobei häufig arthrotische Erkrankungen auftreten können, die manchmal zu Behinderungen führen und schmerzhaft sind.
❒ Die Herzleistungsfähigkeit läßt nach, weshalb ältere Menschen

schneller ermüden und bei Anstrengungen und in Streßsituationen erschöpft sind.
- ❒ Der Verdauungs-»Apparat« ist Veränderungen unterworfen, die die Ernährungsweise beeinflussen können: Zahnverlust, Verlangsamung des Verdauungsprozesses, erschwerte Verarbeitung bestimmter Nahrungsmittel usw. ...
- ❒ In den Harnorganen vollziehen sich Veränderungen, z.B. in der Blasenfunktion, die Perioden der Harninkontinenz oder -verhaltung hervorrufen können, welche beim Mann oft durch Prostatabeschwerden verschlimmert werden. Diese Veränderungen haben beim älteren Menschen Auswirkungen sowohl auf seine sozialen Aktivitäten als auch auf sein Selbstwertgefühl.
- ❒ Die Sehschärfe nimmt mit den Jahren ebenso ab wie die Hörfähigkeit, und so werden soziale Beziehungen umständlicher.
- ❒ Die männlichen und weiblichen Geschlechtsorgane sind Veränderungen unterworfen; wenn auch die sexuelle Aktivität bis ins fortgeschrittene Alter hinein erhalten bleiben kann, da sie eher von seelisch-emotionalen als von eigentlich organischen Gegebenheiten abhängt.
- ❒ Das Gefäßsystem wird erheblich beeinträchtigt, nicht nur durch den Alterungsvorgang selbst, sondern im wesentlichen in Verbindung mit Arteriosklerose, einem Prozeß, der mehr oder weniger alle alten Menschen erfaßt.
- ❒ Das Gehirn zeigt eine Abnahme seines Gewichtes und Volumens und eine Verminderung von Hirn- und Nervenzellen. Das bleibt nicht ohne Folgen auf die geistige und seelische Entwicklung im Alter, z.B. auf die Konzentrationsfähigkeit, muß aber nicht zwangsläufig zum oft befürchteten »geistigen Abbau« führen.

## Ein interessanter Vergleich

So etwas hatten die Heimbewohner noch nie erlebt: Da kommen zwei Wissenschaftlerinnen und fordern jeden einzelnen auf, sein Leben wieder mehr in die eigene Hand zu nehmen. Zum Beispiel selbst zu entscheiden, wo und zu welcher Uhrzeit man den Freitagabendfilm sehen oder in welchem Raum man Gäste empfangen will. Bevor die beiden Ladys von der Universität sich verabschieden, händigten sie jedem eine Topfpflanze aus mit der Bitte, diese gut zu pflegen: »Wir kommen bald wieder.«

Was die staunenden Zuhörer nicht wissen: Die US-Psychologinnen Ellen Langer und Judith Rodin hatten kurz vorher fast ebensovielen Hausgenossen einen ganz anderen Vortrag gehalten. Darin lobten sie den umfassenden Service im Heim, der so hervorragend sei, daß ein alter Mensch sich endlich einmal richtig ausruhen könne. Noch nicht einmal seine Zimmerpflanzen müsse er selbst gießen. »Lassen Sie das die Schwester machen«, sagten die beiden Psychologinnen, als sie ihr Topfgrün verteilten.

18 Monate später kommen diese Forscherinnen wie versprochen wieder. Sie registrieren, daß die zu eigenverantwortlicher Tätigkeit animierten Bewohner wesentlich vitaler und gesünder als die in ihrer Abhängigkeit unterstützten Menschen geworden sind. ■

*Lilo Berg*

Mit zahlreichen Untersuchungen konnten gängige Vorurteile und Klischees über den zwangsläufigen und unabhänderlichen Niedergang körperlicher und geistig-seelischer Fähigkeiten im Alter durchbrochen und abgebaut werden. Jahrzehntelang beherrschte diese negative Sichtweise des Alters nicht nur das wissenschaftliche Denken, sondern auch das praktische Alltagsleben älterer Menschen. Heute wird viel von der *Kompetenz* der Betroffenen gesprochen, von ihren ungebrochenen Fähigkeiten und Möglichkeiten, eigenverantwortlich ihr Leben zu gestalten. Das Leben selbst in der Hand zu halten und es nicht anderen zu überantworten, ist vordringliche Aufgabe älter werdender Menschen. Dann können sie »alt werden – und dabei doch die alten bleiben« (Lilo Berg).

Selbst die häufigsten Altersleiden gehören *nicht* schicksalhaft zum Altwerden. Durch gesundheitsbewußte Lebensführung und aktive Lebensgestaltung lassen sie sich zwar nicht völlig vermeiden, aber doch beträchtlich mindern und mildern oder zumindest zeitlich verzögern. Das trifft sowohl für die körperlichen Gebrechen, wie *Arteriosklerose* (Gefäßverkalkung) und *Osteoporose* (Verminderung der

Knochenmasse) als auch für die weitverbreitete geistig-psychologische Erkrankung, die *Demenz* (Altersschwachsinn), zu.

**Arteriosklerose**

In diesem Begriff sind Veränderungen der Blutgefäßwände – Ausbuchtungen, Versteifungen, Ablagerungen – zusammengefaßt, die sich jahrzehntelang »stumm« ausbreiten, um dann auf einen Schlag lebensbedrohlich zu werden. Sobald eine Ader gänzlich verstopft ist, kann es, je nachdem wo das Blut nicht mehr fließt, zu einem Herzinfarkt, einem Schlaganfall oder Arterienverschluß in den Beinen oder im Becken kommen. Die Arteriosklerose ist in den westlichen Industrieländern die Todesursache Nummer eins und der häufigste Grund für Frühinvalidität. Sie gilt als typische Wohlstandskrankheit: Überreichliches, fettes Essen, Bluthochdruck, Rauchen, Bewegungsmangel sowie ständige nervliche Überlastung führen über kurz oder lang zu dieser Krankheit. Genetische Einflüsse spielen bei den meisten Patienten keine große Rolle; nur bei ganz wenigen ist eine ererbte Störung des Stoffwechsels die Ursache. Die Chancen für die Prävention sind deshalb sehr gut: So sterben in den USA weniger Menschen an Herz-Kreislauf-Erkrankungen, seitdem ein gesunder Lebensstil dort zum Credo der Massen geworden ist. (SZ)

**Osteoporose**

Unter brüchigen Knochen haben vor allem Frauen über 60 zu leiden; jenseits des 80. Geburtstages ist bereits jede zweite betroffen. Es handelt sich bei dieser Krankheit um einen fortschreitenden Verlust an festigendem Kalzium und Knochenbälkchen im Skelett. Sie verursacht oft chronische Schmerzen im Rücken und beim Gehen und ist der Grund für Knochenbrüche bei geringer Belastung. Die schlimmste Komplikation ist der Oberschenkelhalsbruch. Zu dessen Behandlung sind eine Operation und danach eine oft wochenlange Rehabilitation im Krankenhaus notwendig. Frauen leiden weitaus häufiger an Osteoporose als Männer, weil ihre Knochenmasse geringer ist als beim Mann, und bereits nach dem 35. Lebensjahr Abbauprozesse im Skelett allmählich überwiegen. Einen Schub erhält diese Entwicklung durch die Menopause, weil dann die bei der Frau für die Knochenfestigkeit wichtigen weiblichen Geschlechtshormone allmählich versiegen. Neben kalziumreicher Ernährung – empfohlen werden nach den Wechseljahren 1500 Milligramm pro Tag – und viel Bewegung raten die Ärzte oft, Medikamente einzunehmen. Als besonders wirksam hat sich eine Kombination weiblicher Hormone erwiesen, die den Knochenverlust zu bremsen vermag. Damit dieser im Alter nicht an die Substanz geht, sollten Frauen ihr »Kalziumkonto« bis Ende zwanzig gut auffüllen. (SZ)

**Demen**z

Wenn ein alter Mensch vergeßlich und unkonzentriert wird, spricht man häufig von »Verkalkung«. Dabei liegt der Anteil der Demenzen, die durch eine Arteriosklerose bedingt sind, in unseren Breiten nur bei 25 Prozent. Dieser Typus ist, wie bereits erwähnt, durch Vorbeugung vermeidbar. Über die Hälfte aller organischen Hirnleiden gehen auf das Konto der Alzheimerschen Krankheit, gegen die bisher noch kein Kraut gewachsen ist. Beide Formen führen zu einer Verringerung geistiger Fähigkeiten, bis hin zur völligen Abhängigkeit von Pflegepersonen. Die Demenz gilt als eine der häufigsten Krankheiten des Alters und als die primäre Ursache von Pflegebedürftigkeit. Während unter den 60- bis 65jährigen nur circa ein Prozent betroffen ist, steigt die Rate jenseits des 90. Lebensjahres auf rund 30 Prozent an. Noch sind die Ursachen der Alzheimer-Demenz umstritten. Die meisten Experten gehen von einem starken genetischen Einfluß aus, wobei es sich allerdings meist nicht um eine erbliche Erkrankung im üblichen Sinne handelt. Neuerdings ist ein bestimmtes Gen, die Erbanlage für ein Transporteiweiß für Cholesterin nämlich, als auslösender Faktor für die Spätform der Krankheit ins Gerede gekommen. Es handelt sich dabei aber nicht um »das Alzheimer-Gen«. Studien haben gezeigt, daß auch die Umgebung großen Anteil daran hat, wann die Krankheit ausbricht und wie sie verläuft. Bei allen

Kranken gibt es zahlreiche Ablagerungen eines bestimmten Eiweißes im Gehirn.

Das Protein ist auch für Gesunde wichtig; es setzt sich bei ihnen jedoch nicht fest, sondern wird regelmäßig abgebaut. Noch können die Forscher nicht erklären, warum solche Deponien entstehen. Diskutiert werden immer wieder die Einflüsse von Aluminium, bestimmter Viren, Gehirnerschütterungen und neuerdings vermehrt die Auswirkungen von extremem psychosozialen Streß. (SZ)

## Gesundheitsbörse

Damit es Menschen gelingt, das Alter eher zu erleben und weniger zu erleiden, ist frühzeitige Vorsorge zu treffen. Vorbeugende Maßnahmen sind unter anderem angemessene Lebensweise, ausgewogene Ernährung, körperliches und geistiges Training, rechtzeitige Erkennung von Risikofaktoren durch regelmäßige Untersuchung.

Die Gesundheitsbörse will auf spielerische Art und Weise testen, ob und inwieweit Sie in Ihrem Gesundheitsverhalten richtig liegen.

*Auswertung:*

Zählen Sie alle »Ja« zusammen.

Über 14: Sie achten vermutlich recht gut auf Ihr Gesundheitsverhalten.

Unter 14: Sie können in Ihrem Gesundheitsverhalten noch einiges verändern.

|   |   | ja | nein |
|---|---|---|---|
| 1 | Ich schlafe normalerweise gut und genug | | |
| 2 | Ich trinke weniger als 3 normal große Tassen Kaffee oder Tee mit Coffein am Tag | | |
| 3 | Ich trinke mindestens 1,5 l Flüssigkeit täglich | | |
| 4 | Ich habe normalerweise warme Hände *und* Füße | | |
| 5 | Ich bin Nichtraucher/Nichtraucherin | | |
| 6 | Ich gehe regelmäßig zu Vorsorgeuntersuchungen | | |
| 7 | Ich fühle mich insgesamt körperlich wohl | | |
| 8 | Ich fühle mich selten über- oder unterfordert | | |
| 9 | Ich esse regelmäßig und nehme mir Zeit dafür | | |
| 10 | Medikamente nehme ich nur nach ärztlichem Rat ein | | |
| 11 | Ich habe Zeit für ein Hobby | | |
| 12 | Ich habe einen persönlichen Glauben, der mir Halt gibt | | |
| 13 | Ich bin gern Frau/Mann | | |
| 14 | Ich sorge jede Woche für ausreichende Bewegung | | |
| 15 | Ich nehme mir täglich Zeit mich zu entspannen | | |
| 16 | Ich freue mich über Aufmerksamkeit und Lob von anderen | | |
| 17 | Ich kann anderen zeigen, wenn ich glücklich, traurig oder wütend bin | | |
| 18 | Ich unternehme gern etwas mit anderen gemeinsam | | |
| 19 | Ich esse wenig Zucker und Süßigkeiten | | |
| 20 | Ich finde Freude und Befriedigung in meinem Alltag | | |

# Das Alter

ist nicht nur ein
**BIOLOGISCHER PROZEß**
des Abbaus der Organe und Kräfte

♦

und auch nicht nur ein
**SOZIALES SCHICKSAL**
der Ausgliederung und
Abschiebung

♦

sondern immer auch eine
**PERSÖNLICHE CHANCE**
die man nutzen kann
um in den biologischen
Prozeß einzugreifen
und das soziale Schicksal
zu bewältigen.

Zwei ältere Frauen stehen auf der Straße und unterhalten sich. »Ja, was!« sagt die eine, »das hab' ich ja gar nicht gewußt, daß da ein Vortrag über gesunde Ernährung im Alter gewesen ist!«- »Ja mei!«, ereifert sich die andere, »das hat doch in der Zeitung gestanden!« Die erste seufzt: »Ach, Sie wissen ja, da steht so viel drin. Bis man das alles gelesen hat!« Die andere kontert: »Es war schon das zweite Mal, denn beim ersten Mal war der Saal überfüllt, so daß viele Leute nicht mehr eingelassen wurden.« – »Ja, gibt's denn das auch!«, läßt sich die andere vernehmen. »Sagn's, was wird denn da so erzählt?« – »O, ich hab' gar nicht alles behalten können! Der Doktor hat ja so schrecklich viel gewußt. Denken Sie nur: man soll gar nicht so viel salzen, und die Einbrenne, die lehnt er auch ab. Ja, und was man nicht alles falsch macht! Also, ich sage Ihnen: Da geh ich noch mal hin, denn der Vortrag wird noch mal wiederholt, weil wieder nicht alle reinkamen.« Die andere macht immer größere Augen: »Ja, und machen Sie jetzt das alles, was der Doktor da erzählt?« – »Ach wo«, beschließt die eine ihren Bericht, »das tät mir ja nicht mehr schmecken! Aber der Doktor redet halt so lustig.« ■

# Pflegebedürftig – aber kein »Pflegefall«

Verwandlung

Aus dem
Pflegefall XY
wurde
Frau Roth,
die sich
jedesmal freut
wenn Ich
komme

Bernhard Kraus

## Manchmal hätte ich gerne gewußt ...

Es ist sechs Uhr früh. Im Halbschlaf höre ich schon, wie sie sich mit quengelnder Stimme bemerkbar zu machen versucht – fast kindliche Ungeduld, Verlangen nach sofortiger Zuwendung. Ich weiß, mich erwartet das Morgenritual. Ich öffne leise die Tür, halte zögernd inne, beobachte sie. Der Schlaganfall vor einem Jahr hat Spuren hinterlassen. Unselbständig, beinahe hilflos – dennoch unruhig drängend liegt sie im Bett. Ihr Blick haftet starr im Raum. Sie sieht, aber erkennt nicht.
Sofort denke ich an die körperlichen und seelischen Anstrengungen, die nervliche Belastung, die Anforderungen. Wie oft habe ich sie schon im Bett aufgerichtet, sie gewaschen, angezogen, versucht, sie zu füttern. Doch wie soll es mir gelingen, sie wieder zu Kräften zu bringen? Sie schluckt ja nicht.
Ihr gewohntes Zimmer, hell und freundlich, ist für sie nur noch Aufenthaltsort: ein rustikaler Schrank, ein alter, abgenutzter Sessel, das große Fenster mit zurückgezogenen Vorhängen. Sie bemerkt mich, schaut mich mit leeren Augen an. Während ich mich ihr nähere, beginne ich mit ihr zu reden. Ich setze mich auf die Bettkante und fahre ihr zärtlich übers Gesicht. Sie lächelt; ich spüre, daß sie meine Berührung versteht. Den Sinn meiner Worte erfaßt sie nur selten.
Ich schüttle kurz das Kopfkissen auf, decke sie zu. Schweigend dreht sie sich auf die Seite.
Manchmal hätte ich gerne gewußt, was in ihr vorgeht. ■

*Simone Hoffmann / Annegret Bauer*

Je älter Menschen werden, desto größer wird das Risiko, ernsthaft zu erkranken und pflegebedürftig zu werden. Fast alle Alterskrankheiten sind »chronische Krankheiten« und werden das Leben der Erkrankten und auch das der Angehörigen über viele Jahre beeinflussen. Da immer mehr Menschen ein hohes Alter erreichen, wird die Zahl pflegebedürftiger Menschen weiter zunehmen.

■■■ In Deutschland sind etwa 1,2 Mill. zu Hause lebende Menschen regelmäßig auf Betreuung und Pflege angewiesen: 190.000 von ihnen »ständig«, 468.000 »täglich« und 465.000 »mehrfach wöchentlich«. Hinzu kommen weitere 450.000 in Heimen gepflegte Menschen, so daß die Zahl aller Pflegebedürftigen etwa 1,6 Mill. (2% der Bevölkerung) beträgt.
In den privaten Haushalten gibt es zusätzlich 2,1 Mill. Menschen, die im Haushalt oder in der Freizeit auf fremde Hilfe angewiesen sind. Der Anteil Hilfe- und Pflegebedürftiger ist unter Frauen größer als unter Männern.

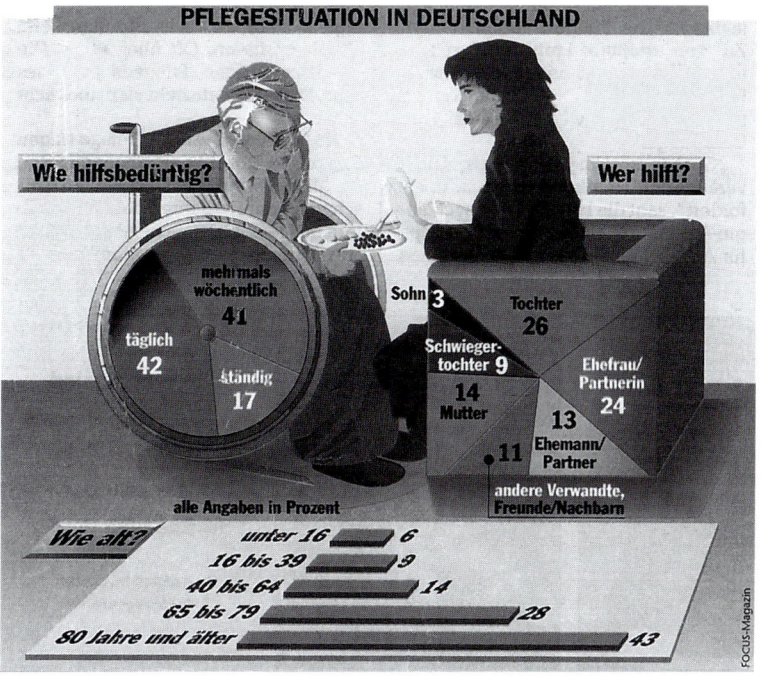

Die Zahlen widerlegen eindrucksvoll das weitverbreitete Vorurteil, daß alte Menschen, insbesondere pflegebedürftige, ins Heim »abgeschoben« werden. Der weitaus größte Teil wird zu Hause von Angehörigen gepflegt. Ob und inwieweit diese Bereitschaft (und auch die Fähigkeit) zur Pflege weiter anhält, ist ungewiß. Zu sehr haben sich die Lebensbedingungen der Familie verändert: die anhaltend niedrigen Geburtenzahlen, die zunehmende Erwerbstätigkeit der Ehefrauen, der Trend zur Kleinstfamilie und zum Ein-Personen-Haushalt, die beengten Wohnverhältnisse aufgrund hoher Baukosten bzw. Mieten. Wer kann und will unter diesen Umständen einen Kranken pflegen und sein Leben von einem Tag auf den anderen radikal umstellen? Und wer hat die notwendigen physischen und psychischen Kräfte für eine ständige Betreuung und Pflege, in nicht seltenen Fällen rund um die Uhr?

**Häusliche Pflege in Zahlen**

1,2 Mill. Menschen werden zu Hause gepflegt
90 % der Pflege zu Hause leisten Angehörige
80 % der Pflegenden sind Frauen
30 % der Pflegenden haben finanzielle Nachteile
30 % der Angehörigen verbringen täglich mehr als 6 Stunden beim Hilfebedürftigen

In der Regel sind Frauen in der Lebensmitte in besonderer Weise (heraus-)gefordert. Haben sich gerade die Kinder endgültig aus dem Haus verabschiedet, kommen die alten und pflegebedürftigen Eltern ins Haus. Die langersehnte Freiheit mit ausreichender, selbstbestimmter Freizeit bleibt weiterhin unerfüllter Wunschtraum. In einer solch schwierigen Situation – hin- und hergerissen zwischen eigenen Lebensplänen und der »moralischen Verpflichtung« – können ambulante Pflege- und Sozialstationen »vor Ort« die Entscheidung ganz wesentlich erleichtern helfen. Vor allem wegen der Entlastung der pflegenden Angehörigen sind sie inzwischen unverzichtbar geworden.
Dennoch werden in vielen Familien die Grenzen des Menschenmöglichen erreicht, mitunter sogar überschritten. Es kann durchaus gute und berechtigte Gründe geben, daß ein pflegebedürftiger Mensch in einem Pflegeheim wohnt. Schneller als erwartet kann die Situation eintreten, daß der/die Pflegende aufgrund der permanenten Überforderung nach einigen Jahren selbst zum »Pflegefall« wird – und das in relativ jungem Alter. Die Pflege fordert ihren Preis!

# Ins Heim geben wollte ich meine —— Eltern auf keinen Fall ——

Eine dieser Frauen, die ihre pflegebedürftige Mutter betreuten und daneben noch Beruf, Haushalt und Familie hatten, ist Frau P. Ihre Eltern – 83 und 87 Jahre alt – wohnen im gleichen Haus.

»Das hat so vor einigen Jahren mit kleinen Hilfen angefangen. Meine Mutter mußte morgens gewaschen werden. Das war noch ziemlich leicht. Aber dann wurde es immer schwerer. Sie ist immer kränker geworden. Nachher wurde auch noch mein Vater krank. Da war mein Junge noch ganz klein. Es war so, daß ich der Verzweiflung nahe war. Ich habe nachts gearbeitet, um das alles zu schaffen. Und nach einem halben Jahr war ich so überarbeitet, daß der Arzt mir sagte: »Das geht nicht. Sie liegen nachher noch bald mit da. Das hat keinen Zweck. Sie müssen sehen, daß Sie jemanden bekommen, vielleicht von einer Sozialstation.«

Ins Heim geben wollte ich meine Eltern auf keinen Fall. Ich habe immer gedacht, ich möchte sie gerne bei mir behalten, wenn es irgendwie möglich ist. Ich möchte sie nicht abschieben. Mein Vater hatte zwar damals angeboten, nachdem es so schwer geworden war: »Wir gehen in ein Altersheim, das kannst du gar nicht machen.« Aber ich habe gesagt: »Wir versuchen es.«

Wenn jemand so krank ist wie meine Mutter, ist das kaum zu schaffen. Und wenn man dann noch berufstätig ist, ist es unheimlich schwer, das alles durchzuziehen, dafür zu sorgen, daß alles seinen normalen Gang nimmt. Wenn mein Mann nicht dieses große Verständnis aufgebracht hätte, wäre dies auch noch eine große Schwierigkeit gewesen.

Freunde und Bekannte haben mir natürlich oft gesagt: Wie das überhaupt möglich ist, dies zu schaffen! Andererseits hat man mir gesagt, man würde es bewundern, daß wir das überhaupt machen könnten. Aber ich muß sagen, ohne die Hilfe der Sozialstation hätten wir es wahrscheinlich nicht geschafft.«

. . . . . . . . . . . . . . . . . . . . . . . . . . . . . . . .

# Gewalt gegen Pflegebedürftige

## Kein Einzelfall

Er kam über Nacht – der Schlaganfall. Am anderen Morgen erst fand man den alten Mann, völlig hilflos am Boden liegend. Eine linksseitige Lähmung blieb zurück. Von nun an war Herr K., 79jährig, ans Bett gefesselt, auf jede noch so kleine Hilfestellung angewiesen.
Mit dem Schlaganfall veränderte sich »schlagartig« die Situation der ganzen Familie. Aus dem einst so verträglichen, lebensfrohen und unternehmungslustigen Großvater war ein »gebrochener Mann« geworden: ständig nörgelnd, mit sich und der Welt unzufrieden – Tochter und Schwiegersohn, ja selbst die beiden Enkelkinder gaben sich jede erdenkliche Mühe, aber sie machten stets alles verkehrt. Der alte Mann zeigte eine vorher nie gekannte Aggressivität, die sich schon bald auf die anderen Familienmitglieder übertrug. Immer häufiger kam es zu lautstarken Wortwechseln und gelegentlich sogar zu persönlichen Beleidigungen und Drohungen.
Eines Tages explodierte die angestaute Wut, und es prasselten Schläge auf den alten Mann, bis er besinnungslos wurde. Alle Ausreden halfen nichts: Der herbeigerufene Arzt durchschaute schon bald die Situation ...

. . . . . . . . . . . . . . . . . . . . . . . . . . . . . . . . .

Ein Vorfall, der kein Einzelfall ist. Ungewöhnlich nur, daß er bekannt wurde. Denn das Thema Mißhandlung alter, pflegebedürftiger Menschen ruft weithin Schweigen hervor. Die Dunkelziffer ist hoch, das Problem jedenfalls kein Randphänomen mehr. Eine erste umfassende Studie »Gewalt gegen Alte« im Auftrag des deutschen Bundesministeriums für Familie und Senioren geht von über 140.000 Personen aus, die jährlich in Familien und Alteneinrichtungen mißhandelt werden. Aus Scham oder Angst decken ältere Menschen nur in seltenen Fällen innerfamiliäre Gewalt auf.

»Wenn du nicht brav bist, mußt du ins Heim« – neben körperlicher Mißhandlung durch Schläge, Einsperren, Unterdrückung gibt es auch psychische Gewaltanwendung durch Erpressung, Tadeln, Schuldzuweisung und Demütigung. Die subtilste und schlimmste Form der Gewalt ist die Gesprächsverweigerung, die völlige Vernachlässigung und Isolierung alter Menschen.

Gewalt ist weder persönlichkeitsbedingt noch milieuabhängig. Die Ursachen liegen in extremer Überforderung, sozialer Isolierung, physischer und psychischer Erschöpfung der Pflegenden, nicht zuletzt aber auch im Verhalten der Pflegebedürftigen. Nicht alle alten Menschen sind »pflegeleicht«. So manche Haltungen und Verhaltensweisen verfestigen sich mit zunehmendem Alter und können den Angehörigen gehörig auf die Nerven gehen. Bis es dann eines Tages zu gewalttätigen, unkontrollierten Ausbrüchen kommt.

## Die Schlafwandler

In meiner Heimatstadt lebte eine Frau mit ihrer Tochter. Beide wandelten im Schlaf. Eines Nachts, als alle Welt schlief, trafen sich Mutter und Tochter schlafwandelnd in ihrem nebelverhangenen Garten. Und die Mutter sprach und sagte: »Endlich habe ich dich, Feindin! Du warst es, die meine Jugend zerstörte, und auf den Ruinen meines Lebens bist du groß geworden. Ich möchte dich töten!« Und die Tochter erwiderte und sagte: »Verhaßtes Weib, selbstsüchtige Alte. Immer noch stehst du meiner Freiheit im Weg. Mein Leben soll wohl immer nur ein Echo deines Lebens sein. Ach, wärest du doch tot!«

In diesem Augenblick krähte der Hahn, und beide Frauen erwachten. Voller Sanftmut fragte die Mutter: »Bist du es, mein Herz?«, und die Tochter antwortete sanftmütig: »Ja, liebe Mutter.« ■

*Kahlil Gibran*

*»Gewalt gegen Alte«* darf kein Tabu-Thema mehr bleiben. Mißstände und Mißhandlungen sind aufzudecken und zu bestrafen. Sie dürfen keinesfalls wie bisher verharmlost oder vertuscht werden. Vordringlich erscheinen aber auch *Entlastung* und *Beratung* pflegender Angehöriger durch Pflege- und Sozialstationen und durch Selbsthilfegruppen (vgl. Anschriften im Anhang dieses Buches).

# Die Pflege hat ihren Preis

Wenn jemand krank wird und ambulant oder stationär behandelt werden muß, ist er oder sie durch die Krankenkasse abgesichert. Im Pflegefall gab es bisher keine entsprechende finanzielle Absicherung. Die anfallenden Unkosten hatten die Pflegebedürftigen selbst (und ihre Angehörigen) zu tragen. Weil die meisten älteren Menschen damit finanziell überfordert waren – von den Pflegebedürftigen in Heimen über zwei Drittel –, wuchs die Zahl derer, die auf Sozialhilfe angewiesen war, fast sprunghaft an. Auch wenn sie darauf einen rechtlichen Anspruch hatten, empfanden viele ältere Menschen diese Leistung als »Almosen«. Ein Leben lang hatten sie gearbeitet und fest daran geglaubt, für das Alter vorgesorgt zu haben. Und dann eine solche »Entwürdigung« – ein Leben auf Kosten der Allgemeinheit, sozusagen ein »Sozialfall«.

Seit April 1995 übernimmt in Deutschland die Pflegeversicherung die anfallenden Unkosten für die häusliche Pflege, seit Juli 1996 auch die der stationären Pflege in Heimen. Voraussetzung ist jedoch, daß der Medizinische Dienst der Krankenkassen (MDK) den Pflegebedürftigen eine der drei Pflegestufen bescheinigt: »Erheblich pflegebedürftig« (Stufe 1, bei einem täglichen Hilfebedarf von einundhalb Stunden), »schwerpflegebedürftig« (Stufe 2, bei einem Bedarf von drei Stunden) und »schwerstpflegebedürftig« (Stufe 3, bei fünf Stunden Hilfe täglich).

Bei einer Pflege durch Angehörige oder Freunde zahlen die Kassen ein Pflegegeld von 400 Mark (Stufe 1), 800 Mark (Stufe 2) und 1300 Mark (Stufe 3). Ist die Pflegeperson verhindert oder urlaubsreif, werden die Kosten für eine Ersatzkraft übernommen – für längstens vier Wochen und bis zu 2800 Mark im Jahr. Außerdem sind die Pflegepersonen sozialversichert und haben Anspruch auf kostenlose Pflegekurse.

Übernehmen ambulante Dienste die Pflege, zahlen die Kassen für diese sogenannte Pflegesachleistung 750 Mark (Stufe 1), 1800 Mark (Stufe 2) und 2800 Mark (Stufe 3). Es kann auch beides miteinander kombiniert werden: Der nicht ausgeschöpfte Teil der Pflegesachleistung wird dann anteilig als Pflegegeld gezahlt.

Seit Juli 1996 liegen die Beiträge zur Pflegeversicherung bei 1,7 Prozent des Bruttoeinkommens. Die Kassen zahlen nun auch für stationäre Pflege in Heimen, bis zu 2800 Mark im Monat, in Härtefällen auch bis zu 3300 Mark – jedoch nur für die »pflegebedingten Aufwendungen« – für Unterkunft und Verpflegung müssen die Versicherten selbst aufkommen.

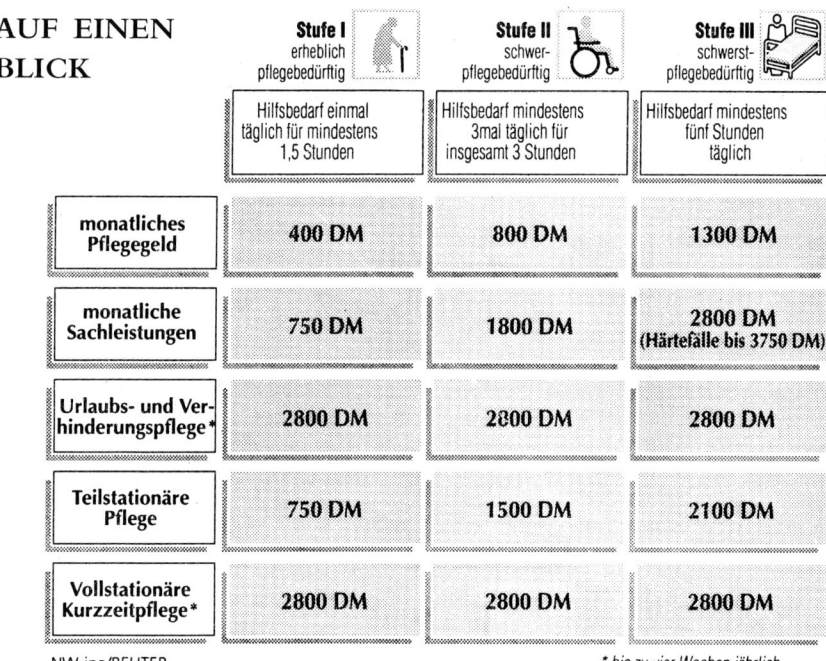

**AUF EINEN BLICK**

| | Stufe I<br>erheblich pflegebedürftig | Stufe II<br>schwerpflegebedürftig | Stufe III<br>schwerstpflegebedürftig |
|---|---|---|---|
| | Hilfsbedarf einmal täglich für mindestens 1,5 Stunden | Hilfsbedarf mindestens 3mal täglich für insgesamt 3 Stunden | Hilfsbedarf mindestens fünf Stunden täglich |
| monatliches Pflegegeld | 400 DM | 800 DM | 1300 DM |
| monatliche Sachleistungen | 750 DM | 1800 DM | 2800 DM (Härtefälle bis 3750 DM) |
| Urlaubs- und Verhinderungspflege* | 2800 DM | 2800 DM | 2800 DM |
| Teilstationäre Pflege | 750 DM | 1500 DM | 2100 DM |
| Vollstationäre Kurzzeitpflege* | 2800 DM | 2800 DM | 2800 DM |

NW-ina/REUTER  * bis zu vier Wochen jährlich

## Ausgleich der Liebe

Die Eltern lieben
die Kinder nicht nur,
wenn sie klein und noch ganz
auf sie angewiesen sind.

Die Kinder lieben
die Eltern auch dann,
wenn sie alt und schon ganz
auf sie angewiesen sind.

Die Liebe zwischen
Eltern und Kindern
gleicht sich gerade
in der Ungleichheit aus.

Josef Dirnbeck

**Kapitel 14**

# »Das Zeitliche segnen«

## Leben im Angesicht des Todes

Ich kann es nicht lassen, beim Zeitunglesen die Todesanzeigen zu beachten – ich gebe zu: Das ist verdächtig. Wenn der Tod von Kindern und Jugendlichen angezeigt wird, rührt es mich: Ich kann nicht leugnen, daß mich das hohe Alter sentimentaler gemacht hat. Wenn alte Menschen »nach langem schweren Leiden« oder »völlig unerwartet« aus dem Leben geschieden sind, besonders natürlich die Männer, denn ich bin ja selber einer von ihnen, dann vergleiche ich ihr Alter mit meinem eigenen.
Ich reagiere als Uralter ein bißchen arrogant, wenn die End-Siebziger es nicht so weit gebracht haben wie ich. Aber die gleichaltrigen oder älteren Männer empfinde ich als meine Kameraden; da zuckt es manchmal in mir: Sehr bald werde ich so tot sein wie sie, »nach langem schweren Leiden«, gar auf der Intensivstation, oder »völlig überraschend« – oder aber auch so, eben tot, und zwar nach einem Vorgang, vor dem ich mehr Angst habe als vor dem Tod selbst, nämlich nach dem Sterben.
Aber warum vom Tod reden, warum so umständlich vom Tod reden? Ganz einfach: Weil der häufige Gedanke an den Tod ganz entschieden zu unserem Thema gehört, zur Erfahrung, zum täglichen Leben des alten Menschen.
Natürlich wäre es vernünftig und würdig, den Tod anzunehmen und das Sterben auch. Den Tod ja, da bin ich manchmal soweit. Ich stelle ihn mir vor, meinen Tod, und manchmal nehme ich ihn tatsächlich an, mindestens im Bewußtsein; daß in der Tiefe doch eine Angst lauert, muß ich annehmen. Ich bin also fast sicher, daß ich bei der Wahrheit bleibe, wenn ich sage, daß ich dabei bin, den Tod einzuüben. Auch das Sterben? Ich versuche es immer wieder. Manchmal tut mir die stoische Formel Beethovens gut. »Muß es sein? Es muß sein!« So unendlich viele Menschen haben das Sterben annehmen müssen, und was dieser oder jener fertiggebracht hat, sollte ich doch auch fertigbringen: selbst qualvolles Leiden anzunehmen, sogar etwas besonders Schlimmes: das Siechtum.
Manchmal gelingt es mir, den Gottesglauben und den Christusglauben aufzurufen. Dann gelingt mir eine Annahme, die stiller

ist als die stoische; sie ist nicht mehr trotzig, sondern friedlich. Dann bin ich sogar dankbar, dankbar fürs Leben und für den guten Augenblick. ■

*Walter Dirks*

Nicht nur ältere und alte Menschen sterben. Der Tod kann in jedem Lebensalter eintreten. Doch der ältere Mensch ist dem Tode näher. Er spürt intensiver, daß der Tod zum Leben gehört. »So Gott will und wir noch leben ...« (Jakobusbrief 4,15), unter diesem Vorbehalt des Jakobus, einem engen Verwandten Jesu, verabschiedet sich so mancher von seinen Freunden für die Zeit bis zum nächsten Geburtstag.
Zwar fällt es auch im Alter nicht leicht, über Sterben und Tod zu sprechen, aber in Gedanken sind sie oft gegenwärtig.

## Wir wissen es

**Clubleiterin S.:**
Ich muß mit den alten Menschen in meinem Club über Tod und Auferstehung reden, sonst sind sie nicht vorbereitet. Sie leben ja so oberflächlich.

. . . . . . . . . . . . . . . . . . . . . . . . . . . . . . . . .

**Antwort einer Frau:**
Daß mir sterbe müssen, brauchet Sie uns Alde nett z'sage. Des wisset mir, daß mir's meischte hender uns hen. Was moinet se, wie oft ons der Tod scho über da Weg glaufe isch. Daß mir net dauernd von em redet, hat nix mit oberflächlich z'do. Des isch oifach a Selbschtverschtändlichkeit. Sollet mir deshalb nemme lacha und bloß no in Stub neihocke und d'Kep hänga lassa?

. . . . . . . . . . . . . . . . . . . . . . . . . . . . . . . . .

**Für Nichtschwaben:**
Daß wir sterben müssen, brauchen Sie uns Alten nicht zu sagen. Wir wissen es gut, daß wir das meiste hinter uns haben. Was meinen

Sie, wie oft schon der Tod unseren Weg gekreuzt hat. Daß wir nicht ständig vom Tod reden, hat mit Oberflächlichkeit nichts zu tun. Der Tod ist eine Selbstverständlichkeit. Sollten wir deshalb nicht mehr lachen, nur noch im Zimmer sitzen und die Köpfe hängen lassen?

. . . . . . . . . . . . . . . . . . . . . . . . . . . . . . . .


Abschied nehmen gehört zum Leben. Das haben ältere Menschen immer wieder erfahren. Von vielem mußten sie sich trennen: von Kindern und Freunden, von Besitz und Beruf, von Wohnung und vertrauter Umgebung ... immer war der Abschied so etwas wie sterben.
Das Wissen um den Tod macht die Zeit des Lebens so wertvoll. Der Tod stößt uns darauf, wie kostbar jede Stunde, jeder Tag, jedes Jahr in unserem Leben sind. Jeder Augenblick könnte unsere »letzte Stunde« sein. Der Tod mahnt uns, das Leben nicht aufzuschieben ... nicht bis zum Wochenende, zum nächsten Jahr, nicht bis ich noch älter sein werde ... Leben ist immer jetzt und hier! Keine Minute kehrt wieder, keine versäumte Stunde läßt sich zurückholen, kein Leben wird noch einmal gelebt. Im Angesicht des Todes duldet das Leben keinen Aufschub. Wir stehen »in der Zeit«. Und diese Zeit ist endgültig. Unsere Vorfahren wußten darum: »Das Zeitliche segnen« war ihre Redeweise über das Ende des Lebens, über das Sterben.


> »Wann aber sollen wir das Zeitliche segnen,
> wenn nicht jetzt?«
>
> Kurt Marti

# Abklang

> Ein wenig stirbt man Tag für Tag und faßt es nicht
> wie etwas weitergeht und ist vorbei.
> und wie ein Tag verrinnt in seine Nacht
> und aufersteht ein fremdes Einerlei
> und schwer erträglich ist wie Stunden fallen
> im Puls der Stille kommen und vergehen
> und wie Geburt und Tod ist Gegenwart
> und ganz alltäglich Schritte die verhallen
> indessen innen noch Knospen stehen und Neues harrt
>
> Norbert Elias

Die Nähe des Todes im Alter kann aber auch angst machen. Vielleicht ist es mehr die Angst vor dem Sterben als vor dem Tod? Aus solcher Angst wachsen Wünsche und Hoffnungen:

- der Wunsch, möglichst ohne Schmerzen und bei klarem Verstand zu sterben;
- die Hoffnung, den eigenen Tod annehmen zu können;
- der Wunsch, zu Hause oder in vertrauter Umgebung zu sterben und nicht alleingelassen zu werden;
- die Hoffnung, alle offenen Angelegenheiten noch geregelt zu bekommen;
- die Hoffnung, daß es ein Leben nach dem Tod gibt.

## »Kürzlich fragte mich ein vierzehnjähriger Verwandter:

Hast du eigentlich Angst vorm Sterben?« – »Soviel ich weiß nicht«, war meine Antwort. »Ich freue mich beinahe darauf. Der Junge war verwirrt, und je mehr ich über meine Antwort nachdenke, desto verwirrter werde auch ich. Kann es wirklich sein, daß ich mich auf den Tod freue? Ich lebe noch sehr voll und sehr gern, obwohl ich meine verminderten Kräfte vorsichtig rationieren muß. Wenn ich an den Tod denke, ist das mit dem Wunsch verbunden, bis zum Schluß lebendig und bewußt zu bleiben, selbst wenn physische Schwierigkeiten dies erschweren sollten. Dem Tod bewußt entgegenzusehen, macht das Leben wertvoller und das Fragen über seinen Sinn dringender.« ■

*Ida Lamp*

# Hilft der Glaube, mit Sterben und Tod zu leben?

Auch Christen wünschen sich nicht das Sterben und den Tod herbei. In der Bibel wird der Tod an keiner Stelle idealisiert. Im Gegenteil, er ist eine schmerzliche Tatsache, mit der auch Jesus kämpft. Nicht der Tod, sondern das Leben des Menschen ist Gottes Wille. Der Tod ist nicht der Herr des Lebens, nicht sein Ziel.

> Als ob es die Toten gäbe!
> Herr, es gibt keine Toten,
> Es gibt nur Lebende,
> Auf unserer Erde und im Jenseits.
> Herr, den Tod gibt es,
> Aber er ist nur ein Moment,
> Ein Augenblick, eine Sekunde, ein Schritt
> Der Schritt vom Vorläufigen ins Endgültige,
> Der Schritt vom Zeitlichen ins Ewige.

Michael Quoist

*»Im Tod vom Leben umfangen.«* Diesen Satz schrieb Martin Luther als Umkehrung des ursprünglichen Satzes »Im Leben vom Tod umfangen«. Wie der Weg Jesu nicht mit dem Tod am Kreuz endet, so endet auch unser Leben nicht mit dem Tode, sondern führt uns in ein neues, endgültiges Leben. Jeder Tod ist ein Lebens-mittel, ein Signal für alle Lebenden.

Die Selbstaussage Jesu macht deutlich, was Christen von Jesus bekennen: »Ich bin die Auferstehung und das Leben. Wer an mich glaubt, wird leben, auch wenn er stirbt, und jeder, der lebt und an mich glaubt, wird auf ewig nicht sterben« (Johannes 11,25-26). Und Paulus, Jesu weitgereister Apostel, der sich auch mit griechischer Philosophie auseinandergesetzt hat, schreibt im 1. Korintherbrief: »... Wo ist, o Tod, dein Sieg? Wo ist, o Tod, dein Stachel? Der Stachel des Todes aber ist die Sünde, die Kraft der Sünde aber das Gesetz. Doch Gott sei Dank, der uns den Sieg verleiht durch unsern Herrn Jesus Christus.«

Christoph Blumhardt, ein evangelischer Theologe, sagte einmal: »Wir Christen sind Protestleute gegen den Tod.« Er meinte damit, Christen ergeben sich nicht im Tod, finden sich nicht mit ihm ab, gestatten ihm nicht das letzte Wort über ihr Leben. Christen können einen Nachruf auf den Tod sprechen. Zum Tod »Adieu« sagen – darin bewährt sich christliches Gottvertrauen auch im Sterben. Denn »Adieu« heißt auf deutsch »Gott befohlen«. Gott hat den Tod besiegt. Er hat das letzte Wort. Und sein Wort im Angesicht des Todes ist: »Du wirst leben!«

# Menschenwürdig sterben

Das Verlangen, zu Hause oder zumindest in vertrauter Umgebung zu sterben, ist groß. Andererseits möchte gerade der ältere Mensch seinen Angehörigen nicht zur Last fallen. Ein offenes Gespräch mit den engsten Verwandten kann auf eine solche Situation vorbereiten. Doch guter Wille von beiden Seiten allein genügt nicht. Einige Voraussetzungen müssen in jedem Fall mit bedacht werden:

- ❐ Der Sterbende muß wirklich den Wunsch haben, zum Sterben nach Hause zu kommen.
- ❐ Manch einer fühlt sich auch im Krankenhaus sicherer und besser aufgehoben.
- ❐ Eine Pflege und ein Sterben zu Hause sind nur verantwortbar, wenn der ältere Mensch bzw. die Angehörigen wissen, daß die Erkrankung unheilbar geworden ist und eine künstliche lebensverlängernde Maßnahme weder sinnvoll noch wünschenswert erscheint.
- ❐ Im Haushalt wird eine Person die Verantwortung für die Versorgung übernehmen müssen. Sozial- und Pflegedienste können hierbei hilfreich zur Seite stehen.

> ## Nur jeder zehnte stirbt zu Hause
>
> **Düsseldorf (dpa)**
> **Tod und Sterben bleibt in den meisten Familien ein Angstthema.**
> Nur einer von zehn Sterbenden in den städtischen Ballungsräumen von Nordrhein-Westfalen stirbt zu Hause. Alle anderen ereilt der Tod in Krankenhäusern oder Heimen. In den ländlichen Regionen sterben 40% in ihrer häuslichen Umgebung. ❐

# Wenn es soweit sein wird mit mir

Wenn es soweit sein wird
mit mir,
brauche ich den Engel
in Dir.

Bleibe still neben mir,
in dem Raum,
jag den Spuk, der mich schreckt,
aus dem Traum,
sing ein Lied vor dich hin,
das ich mag,
und erzähle was war
manchen Tag.

Zünd ein Licht an,
das Ängste verscheucht,
mach die trockenen Lippen
mir feucht,
wisch mir Tränen und Schweiß
vom Gesicht,
der Geruch des Verfalls
schreck dich nicht.

Halt ihn fest, meinen Leib,
der sich bäumt,
halte fest, was der Geist
sich erträumt,
spür das Klopfen, das schwer
in mir dröhnt,
nimm den Lebenshauch wahr,
der verstöhnt.

Wenn es soweit sein wird
mit mir,
brauche ich den Engel
in Dir.

Aus dem Faltblatt einer Hospizgruppe

# Sterben ist oft ein langer Weg

Sterben ist oft ein langer Weg. Auf diesem Weg legen Sterbende verschiedene Wegstrecken zurück. Die erste entscheidende Wegstation ist die Wahrheitsvermittlung: Der Todkranke erfährt von der Ausweglosigkeit seiner Situation. Die Sterbeforscherin Kübler-Ross hat aufgrund eingehender Beobachtungen und Gespräche fünf verschiedene Stadien des Sterbevorgangs beschrieben:

## 1. Die Verneinung der Todeswahrheit

Die Wahrheit wird nicht angenommen, die Situation verleugnet, der Tod verneint. Der Verdrängungsmechanismus setzt ein. Das kann soweit gehen, daß der Kranke ungewohnte Aktivitäten entwickelt, z.B. neue Kleidung kauft oder Reisen plant. Es kann aber auch zu einem inneren Rückzug kommen, mit der Tendenz der Isolierung und Entfremdung. Der Todkranke denkt den Tod voraus, leugnet aber weiterhin die tödliche Bedrohung. In diesem Zustand der Verneinung erübrigen sich alle Ansätze der Wahrheitsvermittlung.

## 2. Auflehnung

Protest, Ärger, Aggression, Hader mit »Gott und der Welt« gipfeln in der Frage: Warum ich? Warum ausgerechnet ich? Wut und Zorn entladen sich gegen sich selbst, gegen den kranken, gebrechlichen Körper, gegen die Umwelt. Mißtrauen entwickelt sich gegenüber Ärzten und Angehörigen, die mehr wissen als sie sagen und einen hinters Licht zu führen versuchen. Diese »negativen Gefühle« müssen zur Sprache gebracht werden. Selbst Zornesausbrüche gegenüber nahestehenden Menschen, auch gegenüber Gott, sollten auf diesem Hintergrund verständnisvoll aufgenommen werden. Mit der Auflehrnung gegen das Unabwendbare geht die Suche nach einem Sündenbock einher.

## 3. Verhandeln mit dem Schicksal

Der Todkranke kann seine Situation noch nicht annehmen; er hadert nach wie vor mit seinem Schicksal. Er versucht, mit seiner Umgebung – den Ärzten, Pflegern und Schwestern, nicht zuletzt mit Gott – zu verhandeln, um sein Schicksal abzuwenden oder zumindest eine »Gnadenfrist« zu erreichen. Vergleichbar dem Verhalten eines Kindes, verspricht er Besserung und »Liebsein« um den Preis einer Lebensverlängerung. Hinter der Maske anbiedernder Vertraulichkeit und gleichmütiger Leutseligkeit verbirgt sich oft tiefe Not. In dieser Zeit sind behutsame Gespräche von besonderer Bedeutung, damit der Todkranke allmählich aus dem Stadium des »Nicht-wahr-haben-Wollens« herausfinden kann.

## 4. Depression und Mutlosigkeit

In diesem Zustand der Mutlosigkeit sieht der Todkranke keinen Ausweg mehr. Das Leben ist vorbei, alles scheint verloren. Eine trostlose Traurigkeit überfällt ihn angesichts des endgültigen Verlustes seines Lebens. Der Todkranke zieht sich zurück, verschließt sich dieser Welt, weist Besucher ab. Er will nur noch einige wenige Menschen um sich haben. Seine Depression bleibt nicht ohne Auswirkungen auf die Familie. Auch die Angehörigen können in einen depressiven Zustand verfallen. Für sie ist das abwehrende Verhalten des Todkranken fast unerträglich. Selbst wenn ein offenes Gespräch jetzt unmöglich erscheint, müssen sie dem Sterbenden gerade in dieser Situation nahebleiben, damit er sich nicht resignierend völlig aufgibt.

## 5. Annahme oder Bejahung des Todes

Der Sterbende ist nun soweit, daß er den Tod mehr oder weniger akzeptieren kann. Der eine ergibt sich erschöpft in sein Schicksal, der andere geht nun bewußt den letzten Schritt, ausgesöhnt mit Gott und der Welt. Das kann zu einer inneren Gelassenheit führen, die das Leben nicht mehr krampfhaft festhalten will, sondern es mehr und mehr loslassen kann. Der Todkranke kann nun in Frieden sterben. Für die Angehörigen ist es wichtig, diese letzte Stunde mitzuerleben, um selbst zur inneren Ruhe zu gelangen und sich bei aller Trauer doch getröstet zu wissen.

Nicht jeder Sterbevorgang verläuft in den beschriebenen Stadien. Nicht jeder Sterbende durchlebt sie in dieser Reihenfolge, und nicht alle erreichen das letzte Stadium. Unkenntnis, Unsicherheit und Ängste bei allen Betroffenen verhindern in vielen Fällen das mutige Fortschreiten auf diesen letzten Wegstationen.

## Die Wahrheit

Daß niemand prahl, ich sei ein Held gewesen!
Zwar konnt ich fest dem Tod entgegenschauen
Jedoch vorm Sterben fühlt ich kaltes Grauen.
Sterben ist einsam. Tod ist das Genesen.

Wohl werdet ihr in diesen Zeilen lesen
von unerschütterlichem Gottvertrauen.
Doch niemand kann auf Menschenkräfte bauen –
oh nein! Gott weiß: ich bin kein Held gewesen.

Ich habe viel und bitterlich geweint
in leerer Krankenzimmernacht gefangen
schwach wie ein Kind, das nach der Mutter greint

von Angst gewürgt, gejagt von schwarzem Bangen
dem nicht das kleinste Erdenlicht mehr scheint –
So, nackt und zitternd, sollt ich heimgelangen.

Ernst Ginsberg

# Hilfe beim Sterben – nicht Hilfe zum Sterben

»Er kommt nicht zum Sterben« oder »Sie tut sich schwer mit dem Sterben«, so sprechen wir von Menschen, die einen langen und schwierigen Sterbeprozeß erleiden müssen. Die Medizin ist heute in der Lage, das Leben selbst schwerkranker Menschen zu erhalten und zu verlängern. Es stellt sich jedoch dringlicher denn je die Frage, ob und unter welchen Umständen es sinnvoll und verantwortbar ist, den Sterbeprozeß eines Menschen – ohne die geringste Aussicht auf eine positive Veränderung – aufzuhalten und hinauszuzögern. Hat ein Mensch nicht das Recht, nachdem alles Menschenmögliche für ihn getan wurde, menschenwürdig zu sterben?

Dem steht zweifellos gegenüber das Recht auf Leben. Daraus erwächst die Pflicht, alles zu tun, um menschliches Leben zu erhalten und zu schützen, auch und gerade dann, wenn es sich absehbar seinem Ende zuneigt. Niemand darf aus eigenem Ermessen – schon gar nicht gegen den Willen des Patienten – in den Sterbeprozeß bewußt eingreifen mit der eindeutigen Absicht, ihn zu beschleunigen oder gar zu beenden. Menschliches Leben ist unverfügbar; wir können nicht so ohne weiteres darüber selbst bestimmen.

In dem Sinne darf es *keine Hilfe zum Sterben* geben, wohl aber eine *Hilfe beim Sterben*.

Man unterscheidet zwischen »passiver« und »aktiver« Sterbehilfe.

Es kann nicht Aufgabe und Sinn der Medizin sein, ein allmählich verlöschendes Leben, das am Ende einer unheilbaren Krankheit steht oder aufgrund einer Altersschwäche vom fortgeschrittenen Abbau aller körperlichen und seelischen Kräfte gezeichnet ist, durch künstliche Maßnahmen noch um Tage oder Monate zu verlängern – ohne jeden Nutzen, ohne jeden Sinn.

»Passive« Sterbehilfe meint vor diesem Hintergrund ein menschenwürdiges »Sterbenlassen« durch Verzicht oder Abbau lebensverlängernder Behandlungen – im Einverständnis mit dem Sterbenden oder dessen Angehörigen. Wo Leben nicht mehr zu retten ist, hat der Arzt Sterbebeistand zu leisten in Achtung und Ehrfurcht vor dem menschlichen Leben und der personalen Würde des Sterbenden. »Passive« Sterbehilfe bedeutet ja keinesfalls, sich »passiv« gegenüber dem Todkranken und seinem Leid zu verhalten. Das Gegenteil ist der Fall: Alle Beteiligten – Ärzte, Pflegepersonal und nicht zuletzt die Angehörigen – sind aufgerufen, durch sorgfältige Grundpflege, durch schmerzlindernde Therapie sowie vor allem durch menschliche Anteilnahme und Zuwendung dem Sterbenden – so gut es eben geht – beizustehen.

. . . . . . . . . . . . . . . . . . . . . . . . . . . . .

»Ich kann das nicht mehr aushalten.
Ich will nicht mehr weiterleben;
ich will nur noch sterben.
Machen Sie doch endlich Schluß
mit meinem Leben!«

. . . . . . . . . . . . . . . . . . . . . . . . . . . . .

Ein solcher »Notruf« oder »Hilfeschrei« eines leidgeplagten, vom qualvollen Sterben gezeichneten Menschen stößt auf großes menschliches Verständnis. Es gibt Situationen im Sterbeprozeß, wo alle Lebenskräfte und jeglicher Lebenswille zu verlöschen drohen, wo ein Mensch »einfach nicht mehr kann«, wo ein Sterbender seinem Sterben nicht mehr gewachsen ist und ihm der Tod als letzter Ausweg und zugleich als rettende Erlösung erscheint. So sehr wir menschlich diesen Wunsch verstehen können und ihm mitunter vielleicht sogar entsprechen wollen, so unbestritten sind die ethischen und rechtlichen Fragen, die die »Tötung auf Verlangen« aufwirft. Deutlich muß unterschieden werden zwischen dem Sterbewunsch bzw. der Todessehnsucht eines Menschen und der »Tötung auf

Verlangen«, das sich ja immer an einen anderen Menschen richtet. Dieser »andere« wird indirekt oder direkt aufgefordert, aktiv in den Sterbeprozeß einzugreifen. Bei der »aktiven« Sterbehilfe geht es also nicht um ein passives Sterbenlassen, sondern um eine willentlich herbeigeführte Verkürzung des Lebens, um die absichtliche und gezielte Beschleunigung des Todeseintrittes. Die tödlich wirkende Spritze oder der bewußte Handgriff an der lebenserhaltenden (Herz-Lungen-)Maschine können solche unmittelbaren und unumkehrbaren Eingriffe in das Leben sein.

Die »aktive« Sterbehilfe als Tötungsdelikt ist rechtswidrig und damit strafbar, selbst dann, wenn sie auf ausdrückliches Verlangen des Todkranken erfolgt. Allerdings wird in extremen Ausnahmesituationen teils rechtfertigender, teils entschuldigender Notstand in Betracht gezogen mit strafmildernder Wirkung.

In diesem Zusammenhang stellt sich auch die Frage nach der Entscheidungs- und Zustimmungsfähigkeit eines todkranken Menschen. Ein gesunder Mensch sieht die Problematik mit anderen Augen als ein unmittelbar Beteiligter. Seine Zustimmung ist nicht unbedingt als freie und überlegte Entscheidung zu werten. In den meisten Fällen sind als Folge der Erkrankung das Entscheidungsvermögen stark eingeschränkt und das Bewußtsein ganz wesentlich getrübt.

Die Erfahrung – vor allem in der Hospiz-Bewegung – zeigt, daß der »Notruf« eines todkranken Menschen: »Ich will endlich sterben« weniger der tödlichen Injektion gilt. Vielmehr äußert sich hierin oft – mehr oder weniger verschlüsselt – die Bitte um Linderung der Schmerzen und der Wunsch nach vermehrter menschlicher Zuwendung. Wo diese Grundlagen einer humanen Sterbehilfe gegeben sind, da verstummt erfahrungsgemäß der Ruf nach unmittelbarer Herbeiführung des Todes. Wer aus Mitleid einem sterbenskranken Menschen seine Leiden und Schmerzen ersparen möchte, der muß sich fragen lassen, wem sein »Mitleid« eigentlich gilt. Spielt nicht oft das eigene Unvermögen zur Sterbebegleitung die entscheidende Rolle bei solchen Überlegungen am Krankenbett?

## Ethische Überlegungen aus christlicher Sicht

Für Christen ist menschliches Leben gleichsam Gabe und Aufgabe: Gabe, die uns als Geschenk Gottes gegeben und verantwortlich zugewiesen ist; Aufgabe, die uns auffordert, alles Menschenmögliche zu tun, dieses Leben – das eigene und das der anderen – zu schützen und zu fördern. In diesem Sinne kann der Mensch nicht über das Leben frei verfügen, selbst dann nicht, wenn er unheilbar erkrankt und vom Tode gezeichnet ist. Der Mensch ist zu keiner Zeit Herr über Leben und Tod. Er ist Geschöpf seines Schöpfergottes. *Gott ist der Schöpfer allen Lebens.*
Aber der Mensch ist nach christlicher Auffassung Ebenbild seines Schöpfers. »Gott schuf also den Menschen als sein Abbild; als Abbild Gottes schuf er ihn. Als Mann und Frau schuf er sie« (Genesis 1,27). Darin liegt die einzigartige Würde des Menschen, daß er von Gott vorbehaltlos gewollt und bejaht ist. Das gilt insbesondere auch für den geschundenen, von Krankheit und Tod gezeichneten Menschen: Selbst in seiner menschlichen Erbärmlichkeit, in seiner Gebrechlichkeit und Hilflosigkeit, in Schmerz und Leid ist und bleibt er das Abbild seines Schöpfergottes. Diese seine personale Würde gilt es, auch und gerade in den schwersten Stunden seines Lebens zu respektieren. Bei allen Entscheidungen am Sterbebett ist zu bedenken, welche menschlichen Werte auf dem Spiel stehen, und auf welche Weise der »oberste Wert« – das menschliche Leben selbst und seine Würde – gewährleistet ist.
Menschliches Leben ist Geschenk. Geschenke verpflichten zum sorgsamen Umgang. So sind wir Menschen aufgerufen, mit dem Geschenk Gottes – seiner Schöpfung – behutsam und verantwortlich umzugehen.
Kann die »passive« Sterbehilfe unter bestimmten Bedingungen auch von Christen verantwortet werden, weil hier kein aktives Eingreifen erfolgt und jeder Vorgriff auf den Willen Gottes unterbleibt, so ist die »aktive« Sterbehilfe aus christlicher Sicht unverantwortbar. Hier werden die Grenzen menschlicher Verfügungsgewalt überschritten; hier macht sich der Mensch eigenmächtig zum Richter über Leben und Tod.

# »Lerne leiden, ohne zu klagen«?

Es gibt Sprüche, die verfolgen uns ein Leben lang. Man hat sie uns als Kind gelehrt, und sie bleiben uns bis ins Alter unvergeßlich. Eine solche Lebensweisheit ist auch der Spruch: »Lerne leiden, ohne zu klagen«. Ganze Generationen haben sich klaglos in ihr Schicksal gefügt und ergeben ihr Leid getragen, auch wenn ihnen »zum Heulen« zumute war. So manche Träne blieb ungeweint, so mancher Klageruf verhallte ungehört!

»In stolzer Trauer«, so hieß es einst in den Totenbriefen und Todesanzeigen der Gefallenen im Zweiten Weltkrieg. Mütter und Väter, Frauen und Bräute, Brüder und Schwestern mußten mit dieser »tödlichen Floskel« von einem geliebten Menschen Abschied nehmen. Sie »tötete« im wahrsten Sinne des Wortes alle Gefühle und Empfindungen, allen Schmerz und alles Leid. Wie traurig und verzweifelt die trauernden Hinterbliebenen wirklich waren angesichts der Sinnlosigkeit solcher Kriegsopfer, durfte nicht an die Öffentlichkeit dringen. Die Ideologie erhöhte die Verstorbenen zu »toten Helden«. Und um Helden muß man weder weinen noch wehklagen. Was hinter der »stolzen Trauer« sich verbarg an Leid und Schmerz, konnte man an den tränenlosen, versteinerten Gesichtern nicht ablesen, wohl aber dahinter vermuten.

Was früher so oft erzwungen wurde, wird heute immer häufiger freiwillig gewählt. »Man« will seine Trauer nicht zur Schau stellen! Deshalb verbirgt man seine Gefühle, hält die Tränen zurück und schließt sich mit seinem Schmerz ein. Das alte Sprichwort vom »klaglosen Leiden« scheint aktueller denn je zu sein.

. . . . . . . . . . . . . . . . . . . . . . . . . . . . . . . . . . . .

Da sitzt eine Frau am Sterbebett ihres Mannes, aufrecht und gefaßt. »Du mußt jetzt tapfer sein!« so hatte man ihr überall gesagt. Eines Tages fragt sie der Krankenhausseelsorger: »Haben Sie schon geweint?« Die Frau ist überrascht. Irgendwie fühlt sie sich durchschaut: »Ja, aber nur, wenn ich ganz allein bin und mich niemand sieht und hört.« »Da bin ich aber froh. Ich dachte schon, Sie hätten das Weinen verlernt!«

. . . . . . . . . . . . . . . . . . . . . . . . . . . . . . . . . .

Wenn wir weinen, fühlen wir uns im nachhinein erleichtert. Tränen erlösen und befreien. Sie sind eine Wohltat! Sie sind keine Schande! Unserer Tränen müssen wir uns nicht schämen! Um einen Menschen zu weinen, ist eine ehrenvolle Angelegenheit. Jede Träne zeigt an, was der andere mir bedeutet (hat).
Wer weint, gibt zu, daß er schwach ist, hilflos und erschüttert. Wer mit anderen weint, nimmt teil an dessen Schwäche und stärkt ihn zugleich, statt ihn noch schwächer zu machen, indem er den Starken spielt. Vielleicht tun sich Männer mit ihren Tränen so schwer, weil sie Weinen mit Schwachsein verwechseln. Weinen ist »Sache« der Frauen, dem »schwachen Geschlecht«. Die meisten Männer flüchten vor den Tränen und fühlen sich hilflos gegenüber Weinenden. »Laßt mich weinen, das ist keine Schande! Weinende Männer sind gut«, diese Bitte äußerte Johann Wolfgang von Goethe und setzte sich über alle Gepflogenheiten der damaligen (und heutigen) Zeit hinweg.

> »Mein Elend ist aufgezeichnet bei dir.
> Sammle meine Tränen in einem Krug,
> zeichne sie auf in deinem Buch!«
> Psalm 56,9

Keine Träne wird vergeblich geweint, keine Träne zerrinnt sinnlos auf der Erde. Der Psalm gibt mir zu verstehen: Gott sammelt meine Tränen in einem Krug. Er hebt sie auf; er bewahrt sie. So wie er die Tränen seines Sohnes aufgesammelt hat, als Jesus am Grab seines Freundes Lazarus stand und um ihn weinte.
Das Wissen um die Tränen Jesu ist so wohltuend und menschenfreundlich, daß alle Trauernden befreit aufatmen können in ihren Tränen.

Das Wissen um die Klagerufe Jesu in seiner letzten Stunde am Kreuz ist so wohltuend und menschenfreundlich, daß alle Trauernden befreit aufatmen können in ihren Klagen. Seine Tränen und seine Klagen sind auch unsere Hoffnung.
Deshalb muß Trauer zugelassen werden. Nur wer wirklich trauern darf, wird den schmerzlichen Verlust »auftrauern« können. Trauer muß erlebt und durchlebt werden. Durch die Trauer findet der Mensch zu neuem Lebensmut. Doch die Trauerbewältigung ist ein ganz persönlicher Vorgang: Jedem Menschen muß zugestanden werden, daß er in seiner Art und zu seiner Zeit trauern darf. Zur Trauer gehört heute Mut, aber ohne den Mut zur Trauer gibt es keinen neuen Lebensmut.

. . . . . . . . . . . . . . . . . . . . . . . . . . . . . . . . .

Auf die Frage »Was wäre für Sie das größte Unglück?« hatte Hilde Domin mit einer Doppel-Antwort geantwortet: Der Verlust der Zweisamkeit – Ein menschenunwürdiges Dasein.
Der Verlust der Zweisamkeit hat sie vor vier Jahren mit dem Tod ihres Mannes ereilt. Die Lebensgemeinschaft, das Lebensgespräch mit Erwin Walter Palm, das am ersten Tag des Sommersemesters 1931 in der Heidelberger Mensa begonnen hatte und fast 60 Jahre währte, ist beendet worden.
»Und Erwin wäre so gerne hundert Jahre alt geworden«, erzählt sie mir. Den Verlust des Lebenspartners hat die Dichterin nicht überwunden. »Wissen Sie«, sagt sie, »man sagt immer, im Laufe der Jahre käme man darüber hinweg. Aber das ist nicht so. Das Gegenteil ist der Fall.«
Wie sehr sie auch jetzt noch geistig mit ihrem Mann zusammenlebt, zeigt sich immer wieder in Gesprächen, in die sie ihn einbezieht, als könnte er jeden Moment wieder zur Tür hereinkommen. Sein Arbeitszimmer hat sie unverändert gelassen seit seinem Tod. Es wirkt so, als wäre dort noch einer an seiner Arbeit. Und dann stehen Photos von ihrem Mann an vielen Stellen der Wohnung. Und mitgebrachte Blumen stellt sie stets zu diesen.

. . . . . . . . . . . . . . . . . . . . . . . . . . . . . . . . .

Werde auch ich
einmal sagen dürfen
am Feierabend
meines Lebens:
Es ist vollbracht;
ich habe
den Auftrag erfüllt,
den du
mir gegeben hast –?
Werde auch ich
dein hohepriesterliches
Gebet
dir nachbeten dürfen,
wenn die Schatten des Todes
auf mich fallen:
Vater, die Stunde
ist gekommen ...
Ich habe dich
auf Erden verherrlicht,
indem ich
das Werk vollbracht,
das zu vollbringen
du mir aufgetragen hattest.

Vater, verherrliche mich
nun bei dir (Joh 17,1) –?
O Jesus, mag der Auftrag,
den der Vater
mir gegeben hat,
sein, wie er will –
groß oder klein,
süß oder bitter,
Leben oder Tod –:
gib, daß ich
ihn vollbringe
wie du,
der du alles,
auch mein Leben,
schon vollbracht hast,
damit ich
es vollbringen könne.

                        Karl Rahner

# Keine Lebensverlängerung um jeden Preis

Wenn es mit dem Leben zu Ende geht, kann der Zeitpunkt eintreten, wo alle medizinische Hilfe nur noch eine sinnlose Lebensverlängerung bedeutet. Für diese Situation könnte man eine Vorkehrung treffen und rechtzeitig eine Willenserklärung vorbereiten, die ein menschenwürdiges Sterben gestattet.

## Willenserklärung für die Endphase meines Lebens
### Menschenwürdig sterben

Für den Fall, daß ich eine unheilbar zum Tode führende Krankheit erleide oder durch einen Unfall so geschädigt werde, daß mit nicht mehr behebbaren und zum Tode führenden Beeinträchtigungen meiner Gesundheit zu rechnen ist, bitte ich darum, daß ich in Ruhe und Würde (möglichst zu Hause) sterben kann, ohne nur noch künstlich am Leben gehalten zu werden.

**1** Ich bestehe darauf, daß mein Sterben in den genannten Situationen weder künstlich verlängert noch durch gegenteilige Maßnahmen verkürzt wird.
Insbesondere lehne ich den Einsatz apparativer Angebote mit dem Effekt einer sinnlosen Leidensverlängerung ab.

**2** Dagegen wünsche ich, daß im Falle eines zum Ende meines Lebens führenden Prozesses nur noch lindernde (palliative) Maßnahmen angewendet werden, z.B. nach den Vorgaben der IGSL (Internationale Gesellschaft für Sterbebegleitung und Lebensbeistand e.V., Im Rheinblick 16, D-55411 Bingen (Rhein) 1, 06721/165 56 und 103 28).
Zudem wünsche ich, daß mir für die Endphase meines Lebens die Pflege in der Familie ermöglicht oder die Aufnahme in einer Palliativstation bzw. in einem Hospiz vermittelt wird.

**3** In einer solchen Situation wünsche ich außerdem, daß man meine Angehörigen (Vertrauensperson oder Freunde), meinen Hausarzt, meinen Seelsorger und die IGSL benachrichtigt. Wenn ich selbst nicht mehr über mich verfügen kann, soll einer der Genannten meine Rechte als Bürge wahrnehmen.

**4** Ich behalte mir vor, diese Willensbekundungen im Verlaufe einer Erkrankung oder Schädigung jederzeit ändern oder bestätigen zu können, notfalls durch meinen Bürgen.

**[Dieser Text wurde verfaßt unter der Federführung von Paul Becker, Initiator der Internationalen Gesellschaft für Sterbebegleitung und Lebensbeistand e.V.]**

# ... Bis der Tod uns trennt – wenn die Partnerin oder der Partner gestorben ist

Am liebsten möchten Paare, die lange zusammengelebt haben, auch zusammen sterben. Die Vorstellung, daß einer einmal allein zurückbleibt, macht angst. Ältere Männer haben dabei oft mehr Angst vor Vereinsamung als Frauen. Der Tod des Partners bzw. der Partnerin wird um so schrecklicher erfahren, je weniger die Möglichkeit bestand, wirklich Abschied zu nehmen.

> Wenn sie jemand lieben, warum möchten sie nicht der überlebende Teil sein, sondern das Leid dem anderen überlassen?
> Max Frisch

Man kann sich kaum vorstellen, wie das Leben alleine weitergehen soll. Es kann jedoch auch ganz anders sein. Der Tod des anderen kann auch als eine Erlösung erfahren werden: Erlösung von langer und schwerer Krankheit; Erlösung von einer seit Jahren schwer zerrütteten Partnerschaft, die nur noch zwangsweise gelebt wurde. In den meisten Fällen bedeutet der Tod jedoch eine schmerzliche Erfahrung der Trennung und des Abschieds von einer gemeinsamen Lebensgeschichte.

## Nach dem Begräbnis – Aus einem Brief

*... Vor einigen Tagen noch standen Sie am offenen Grab. Viele Menschen haben Ihnen ihre Anteilnahme bekundet. Sie selber konnten das kaum wahrnehmen. Zu tief war Ihre Trauer und Ihr Schmerz.*
*Inzwischen werden Sie die Einsamkeit zu Hause spüren. Möglicherweise verlassen Sie kaum noch die Wohnung. Bekannte und Freunde zögern, Sie anzurufen oder zu besuchen. Was können Sie auch tun? Vielleicht haben Sie sogar gesagt, daß Sie eigentlich niemanden sehen wollen. Vielleicht hilft es Ihnen auch, wenn Sie allein sind und sich nicht »zusammennehmen« müssen. Oft werden Ihnen die Tränen kommen. Sie brauchen sich nicht und vor niemanden zu schämen!*
*Sie werden noch eine ganze Zeit den Schmerz spüren und oft genug weinen. Niemand kann Ihnen die Trauer nehmen!*
*Sie werden jetzt viel Zeit für sich allein haben. Gehen Sie getrost Ihren Erinnerungen nach. Erinnern Sie sich auch der guten und frohen Stunden Ihres gemeinsamen Lebensweges. Es ist gut, sich zu erinnern, die vielen Stationen des Weges noch einmal nachzugehen in Bildern, Erlebnissen und Gesprächen mit Freunden und Bekannten. Dankbare Erinnerung kann helfen, den Schmerz zu ertragen, auch wenn er zeitweise unerträglich scheint. Hin und wieder überfällt Sie vielleicht auch die Versuchung, den Verstorbenen wieder ins Leben zurückzurufen.*
*Aber dieser Wunsch ist unerfüllbar. Die Toten können nicht zu uns zurückkehren. Nur wir Lebenden können so leben, daß wir ihnen nahebleiben und nahekommen.*

*Eine andere Versuchung in der Trauer kann es sein, dem Verstorbenen nachsterben zu wollen. Ob dieses der Wille und Wunsch des Verstorbenen wäre?*
*Sie müssen jetzt Ihr Leben weiterleben! Ich weiß nicht, ob Sie eine Beziehung zu Gott haben und an ein ewiges Leben bei ihm glauben können. Dieser Glauben nimmt uns nicht den Schmerz und die Trauer. Vielmehr hat Gott selbst diese Trauer gekannt. Als Jesus am Grab seines Freundes stand, wurde er zornig und erregt. Er weinte bitterlich. Tränen sind die Sprache unserer Trauer. Nur wer geliebt hat, vermag zu weinen. Dieses Wissen um Gottes Liebe ist stärker als der Tod. Als Glaubende leben wir in der Hoffnung auf ein Wiedersehen. So schwer wir uns dies auch vorstellen können. Aber Gott ist ein Gott der Lebenden, nicht der Toten. Gott schützt die Liebenden und will uns alle zu einer großen Liebesgemeinschaft zusammenführen.*
*Vielleicht hilft dieser Glaube auch Ihnen, nicht ohne Hoffnung zu trauern.*
*Möglicherweise quält Sie auch noch der Gedanke, manches versäumt zu haben, versagt zu haben oder auch dem Verstorbenen gegenüber noch in großer Schuld zu stehen. Quälen Sie sich nicht zu sehr mit diesen Gedanken. Sie können es nicht nachholen. Was Sie tun können? Vertrauen Sie es im Gebet Gott an. Möge er es in seine Hand und als Last von Ihnen nehmen. Bringen Sie im Gebet Ihren Schmerz und Ihre Trauer, Ihre Hoffnung und Ihre Verzweiflung, Ihre Sehnsucht und Ihre Liebe vor Gott.*
*Im Gebet können Sie mit dem Verstorbenen verbunden bleiben. Der Tod hat nicht das letzte Wort. Gott will, daß wir leben, auch wenn alles Leben durch den Tod hindurch muß. Die Toten sind nicht tot. Sie leben bei Gott. Ob dies ein Trost für Sie sein kann? Ich wünsche es Ihnen von Herzen.*

Jemand erzählte von der alten Mutter eines Freundes, die ungeduldig darauf wartete zu sterben, um mit ihrem Mann vereint zu sein: Sie sagt zu ihrem Sohn: »Dein Vater steht bestimmt schon da, sieht auf seine Uhr und sagt: Sie war immer unpünktlich, und jetzt kommt sie wieder zu spät!« ■

## Kein Rückzug

Mit dem Tod des anderen ändert sich auch das Beziehungsfeld. Man lebt nicht mehr zu zweit in Beziehung zu anderen, sondern allein. Dies führt bei vielen Menschen zu einem wachsenden Bedürfnis nach menschlicher Nähe und Trost, das sich in einer starken Inanspruchnahme von Kindern und ihren Familien ausdrücken kann. Hier können zu hohe Erwartungen auch zu großen Enttäuschungen führen. Die Folge ist ein Sichabkapseln, ein Rückzug in die eigenen vier Wände. Wichtig ist es, nach einer Zeit der Trauer alte Beziehungen zu pflegen und möglichst auch neue Kontakte mutig zu knüpfen.

# Glauben an ein Leben nach dem Tod

Die meisten Menschen hoffen, daß mit dem Tod nicht alles aus ist. Sie machen sich verschiedenste Vorstellungen von einem Weiterleben nach dem Tod.
Christen hoffen auf die Auferstehung, auf ein Leben nach dem Tod. In Alter und Krankheit aber kann auch Christen solch eine Hoffnung verlorengehen.

In einem modernen Roman wird von einer Frau berichtet, die gerade angesichts des Todes ihren Glauben verliert. Zeitlebens war sie eine fromme Frau. Ihr Sohn war Priester geworden. In ihrer Sterbestunde kommt der Sohn zu ihr:

Meine Mutter setzte sich mühsam auf.
»Paul, ich konnte nicht ...« Sie brach mitten im Satz ab. »Paul, ich möchte dich fragen ...« »Was Maman?« »Es geht mit mir zu Ende.« »Aber nein«, versetzte ich hilflos. »Pere Demarais hat mir schon die Sterbesakramente gespendet, daher weiß ich, daß es zu Ende geht. Paul, ich habe Angst.« Sie begann zu weinen. »Hab keine Angst«, sagte ich. »Niemand möchte gern sterben, aber niemand ist besser auf den Tod vorbereitet als du. Du wirst bald im Himmel sein.«
Als ich das sagte, hob sie den Kopf und sah mich mit starrem Blick an. Ihr Gesicht war das einer Fremden, angstvoll, verzweifelt. »Nein Paul, nein!«
War da eine Sünde in ihrem Leben, eine wirkliche oder eingebildete, die ihr das eingab? »Warum nicht, Maman?« »Erinnerst du dich noch, Paul, wenn du als kleiner Junge etwas angestellt hattest? Wie ich dann zu dir gesagt habe: ›Vergiß nicht, Paul, der Mann da oben sieht dich.‹ Weißt du das noch?«
»Ja natürlich.« »Es war unrecht von mir, dir das zu sagen«, fuhr meine Mutter fort. »Es gibt niemanden, der über uns wacht. Letzte Woche, als ich wußte, daß ich sterben würde, habe ich die Wahrheit gesehen. Paul, ich habe mein ganzes Leben lang gebetet. Ich habe an Gott geglaubt, die Kirche, ich habe an meine unsterbliche Seele geglaubt. Aber ich habe keine Seele. Wenn wir sterben, bleibt nichts übrig. Darum habe ich dich rufen lassen. Ich mußte mit dir sprechen – mit dir von allen meinen Kindern. Hör zu, Paul. Du mußt den Priesterrock ablegen. Wenn ich daran denke, wie ich dich zu diesem Beruf hingeführt habe, wenn ich daran denke, wie oft ich zu dir gesagt habe, es würde mich so glücklich machen, wenn du Priester würdest! Ohne mich wärst du jetzt vielleicht Arzt und würdest etwas Nützliches tun, wie dein Vater und Henri. Du wärst verheiratet,

hättest Kinder. Du hättest dein Leben nicht damit vertan, den Menschen etwas zu erzählen, was nicht wahr ist. Bitte, Paul. Du bist jetzt siebenundvierzig. Es ist noch nicht zu spät. Versprich es mir. Gib den Priesterberuf auf, sofort.« »Du irrst, Maman, Du hast mich nicht zum Priester gemacht. Das war ganz allein mein eigener Entschluß. Und du kommst in den Himmel. Bestimmt.« »Nein.« Sie ließ den Kopf wieder ins Kissen sinken, und ihr Blick ruhte nicht mehr auf mir, sondern auf dem roten Votivlämpchen, das zwischen den bemalten Gipsfiguren auf dem Kaminsims flackerte. »Es gibt kein anderes Leben, kein Leben danach«, sagte meine Mutter.

*Brian Moore*

Kann eine Christin, ein Christ so ungläubig im Sterben werden? – Offensichtlich gibt es beides und manches noch dazwischen: Menschen, die in gutem Glauben an ein Leben nach dem Tode sterben, aber auch solche, die daran nicht (mehr) glauben können oder zumindest zweifeln. Vielleicht haben sie zuviel im Leben und Sterben durchmachen müssen und deshalb alle Hoffnungen verloren. Vielleicht sind sie auch zu sehr enttäuscht worden von gläubigen Mitchristen und Mitmenschen.
Im Leben und Sterben bleiben Christen nicht frei von Zweifel und Unglaube. Jesus selbst sah sich in seiner Todesstunde auch von Gott und der Welt verlassen. »Mein Gott, mein Gott, warum hast du mich verlassen?« (Matthäus 27,46), – war sein letzter Schrei, bevor er starb.
Gottes Liebe aber ist stärker als unser schwacher Glaube. Darauf dürfen wir vertrauen, auch wenn es uns schwerfällt, an ein Leben nach dem Tod zu glauben.

Herr,
ich verstehe den Tod nicht,
auch nicht beim Anblick eines Toten.
Ich weiß,
auch ich werde sterben
irgendwann
oder demnächst ...
aber dieser Gedanke läßt mich kalt,
denn er ist noch ohne Inhalt für mich.
Und doch fürchte ich mich vor dem Begreifen. –
Dein Wort verheißt ewiges Leben,
denen, die auf Dich hoffen.
Auch das verstehe ich nicht.
Aber ich möchte hoffen,
ich möchte vertrauen,
ich möchte glauben,
ich möchte leben! –
Herr, Dein Wille geschehe.

# Hinter die Dinge kommen – hinter sich selbst und vor Gottes Gesicht

Es gibt Menschen, die haben keine Angst vor dem Tod. Nicht, weil sie des Lebens müde oder gar überdrüssig wären – im Gegenteil! Es drängt und verlangt sie nach mehr Leben. Sie wollen den ganzen Sinn des Lebens trotz Sterben und Tod entdecken.

Der Dominikanerpater Rochus Spiecker war einer von ihnen. Er war erst 46 Jahre, als er an Krebs starb (1968). Wenige Wochen vor seinem Tod schrieb er an seine Mutter folgenden Brief:

»… und über den armen Rochus nachzugrübeln, ist vollends abwegig. Dies schreibe ich weniger, um Dich zu beruhigen … ich schreibe es vielmehr, weil es mich schlicht verdutzt macht, wenn Du nicht verstehen solltest, daß ich noch nie so ›da‹ war wie jetzt; daß ich noch nie so neugierig war wie jetzt! Und das alles gerade darum, weil ich seit zwei Jahren weiß, daß ich diese friedliche, höchst erbauliche Zeitbombe in meinem Bauche trage: dieses wahre Gottesgeschenk, diese Kontrolluhr der Wahrheit, dieses akkurate Gleichgewicht, das mich in Distanz hält von den lächerlichen Sorgen der Kleinkarierten und Schmalspurigen.
Kommt Dir das heroisch vor? Hoffentlich nicht. Denn heroisch kann man doch nur sein, wenn man Angst hat. Und wovor sollte ich Angst haben? Vor dem Sterben? Natürlich, das Sterben ist peinlich. Aber … diese paar peinlichen Tage oder Stunden, in denen man womöglich sowieso ein bißchen abständig ist oder so gepiesackt, daß man ohnehin nicht viel Vernünftiges denkt: diese paar Tage oder Stunden verdienen nicht viel Beachtung. Aber was dann kommt: das ist aufregend! Ich platze vor Neid, wenn ich in der Zeitung lese, daß der und der das Zeitliche gesegnet hat! Das ist mein voller Ernst. Denn hinter die Dinge kommen, hinter sich selbst und vor Gottes Gesicht – dieser Augenblick der Wahrheit erfüllt mich mit maßloser Neugier. Und wenn man dabei auch ein bißchen über sich selbst ent-täuscht wird? Immer noch besser, als sich zu täuschen! Ich will über mich selbst Bescheid wissen …«

# Woher die Hoffnung auf Auferstehung nehmen?

Wie oft ist zu hören: Es ist noch niemand wiedergekommen aus dem Reich der Toten. Dies stimmt für alle Menschen – außer für Jesus. Die Geschichte Jesu ist uns aus der Bibel bekannt. Er wußte Menschen anzusprechen und erzählte ihnen, daß es nicht sinnlos sei zu leben. Immer wieder sagte er: »Das Reich Gottes ist nahe.« Merkwürdigerweise richtete er sich vor allem an jene Menschen, die nicht so recht glauben konnten, die verzweifelt waren, ferner an die Kranken, an die Gesetzesbrecher und an die Toten. Es wird auch berichtet, daß seine Verheißungen eingetroffen sind. »Blinde sehen, Lahme gehen, Aussätzige werden rein und Taube hören, Tote stehen auf: Den Armen wird frohe Botschaft verkündet« (Lukas 7,22).
Von drei Toten wird sogar ausführlich berichtet, daß er sie ins Leben zurückgeholt hat, – einen – Lazarus – sogar aus dem Grab.
So lebte Jesus einige Jahre, bis er denen, die damals die Macht hatten, gefährlich wurde. Sie ließen ihn gefangennehmen, foltern und kreuzigen. Er selbst wurde getötet. Dieser Tod gab offensichtlich seinen Gegnern Recht: Er starb, von Gott und den Menschen verlassen. Seine Anhänger waren enttäuscht. All die Hoffnungen, die sie auf ihn und sein Leben gesetzt hatten, schienen auf einen Schlag vernichtet. Resignation, Trauer und Angst befiel sie. Einer von ihnen sagte gar: »Wir hatten doch gehofft, daß er es sei, der Israel erlösen würde« (Lukas 24,21).
Aber sie erfuhren, daß sich die Verheißung Gottes in Jesus Christus erfüllte: Jesus, der Mensch aus dem Grabe, lebt! Die alte Sehnsucht: Es komme ein Mensch aus dem Grabe wieder, hatte sich erfüllt. Die Frauen, die damals zum Grab gingen, haben es als erste bezeugt,

dann die Apostel und andere Anhänger. Und seither – seit 2000 Jahren – verlassen die Christen sich auf diese Zeugnisse.
Jesus Christus ist wiedergekommen aus dem Reich des Todes. Er ist auferstanden.
Kann man das glauben?
Der Apostel Paulus sagt:

Wenn aber verkündigt wird, daß Christus von den Toten auferweckt worden ist, wie können dann einige von euch sagen: Eine Auferstehung der Toten gibt es nicht? Wenn es keine Auferstehung der Toten gibt, ist auch Christus nicht auferweckt worden ... Wenn wir unsere Hoffnung nur in diesem Leben auf Christus gesetzt haben, sind wir erbärmlicher dran, als alle anderen Menschen. Nun aber ist Christus von den Toten auferweckt worden als der Erste der Entschlafenen. ■

*1 Korinther 15,12-20*

Im strengen Wortsinn *wissen* Christen nicht, wie das andere Leben, das Leben nach dem Tod, sein wird. Sie halten sich an eine Hoffnung. Für begründet gilt ihnen diese Hoffnung auf neues Leben, weil sie Jesus glauben. Das Leben jetzt hat seinen Wert, das Leben dann gehört ihm. Nichts war umsonst. Alles lebt, auch wenn wir sterben. Dieses andere neue Leben strahlt auch in unseren Ängsten vor dem Tod, im Sterben. Denn der christliche Glaube macht Menschen ein Angebot: Alles wird bleiben – nichts geht verloren.
Wilhelm Breuning, ein katholischer Theologe, hat es sehr anschaulich gesagt:
»Gott liebt mehr als die Moleküle, die sich im Augenblick des Todes im Leib befinden. Er liebt einen Leib, der gezeichnet ist von der ganzen Mühsal, aber auch der rastlosen Sehnsucht einer Pilgerschaft, der im Lauf dieser Pilgerschaft viele Spuren in einer Welt hinterlassen hat, die durch diese Spuren menschlich geworden ist; einen Leib, der sich mit der Fülle dieser Welt immer wieder vollgesogen hat, damit der Mensch nicht kraftlos und spurlos in dieser Welt bliebe;

einen Leib, der sich an der mangelnden Schmiegsamkeit dieser Welt wundgestoßen und viele Narben davon zurückgehalten hat und der sich doch immer wieder zärtlichkeitsbedürftig dieser Welt entgegengestreckt hat. Auferweckung des Leibes heißt, daß von all dem Gott nichts verlorengegangen ist, weil er die Menschen liebt. Alle Tränen hat er gesammelt, und kein Lächeln ist ihm weggehuscht. Auferweckung des Leibes heißt, daß der Mensch bei Gott nicht nur seinen letzten Augenblick wiederfindet, sondern seine Geschichte ...«

All unsere Erfahrungen, das ganze schöne und schreckliche Leben, sind gut aufgehoben. Alles hat seinen Platz, findet seine Würdigung. Nichts wird weniger wert durch die Erwartung ewiger Lebendigkeit. Gerade der Glaube an das ewige Leben ist für Christen kein Grund, das irdische Leben bis in die letzten Jahre des Alters anzunehmen und wenn es geht – zu genießen.

So sind wir Alte in einer seltsamen, einmaligen Spannung stehend zwischen einem Muß des diesseitigen Lebens und der Hoffnung des ewigen Lebens. Wir leben noch, also müssen wir noch weiterzuleben suchen. Gewiß brennt unser hiesiges Lebenslicht allmählich kleiner und niedriger und zittert oft ängstlich. Gewiß haben wir diesbezüglich nur begrenzte Möglichkeiten und brauchen uns nicht illusioniert vorreden, wir könnten den alten Schwung des Lebens weiter bewahren, wenn wir nur wollen. Diesbezüglich gibt es hohle Parolen (»Man ist so alt, wie man alt sein will« usw.), die man sich nicht anquälen sollte, sondern ehrlich und nüchtern zur Abnahme seiner Lebenskraft in allen Dimensionen (auch des Geistes) sich bekennen. Aber man lebt eben doch noch und sollte das Leben, das einem noch geblieben ist, wirklich leben und ausfüllen wollen. Es gibt Alte, die ihre Körperpflege vernachlässigen, obwohl sie dazu durchaus noch in der Lage wären. Das ist dumm und feige. Die alte Dame, die sich bemüht, noch gepflegt auszusehen, ohne die jungen Mädchen zu kopieren, hat ganz recht. Man kann sich bis ins hohe Alter noch für vieles interessieren, Bekanntschaften weiterführen, sich ein neues Hobby zulegen und so weiter. Es kommt gewiß voraussichtlich eine Zeit, wo einem auf dem letzten Krankenlager die Möglichkeit zu solchem genommen wird. Aber was man jetzt noch tun kann, soll man auch wirklich tun und nicht griesgrämig in einer falschen Resignation und Feigheit sich selber schon in jene Finsternis hineinstoßen wollen, in die freilich uns Gott, er aber sanft und mild und so anders als wir selbst, einmal hineinführen wird. Man kann auch im Alter noch über etwas anderes reden als über seine Krankheiten und Beschwerden. Solange man überhaupt Macht über sich selbst hat, die man sich nicht selber voreilig absprechen soll, kann man sich solches Gerede durchaus verbieten, das einem nichts nützt und anderen lästig fällt.

Kurz und gut: Solange man lebt, sollte man auch leben wollen. Aber zu diesem Leben hienieden gehört für den Christen auch der Ausblick auf das ewige Leben. Er ist nicht nur ein billiger Trost, wenn uns sonst nichts anderes übrig bleibt, er ist eine heilige Aufgabe. Warum sollten die Alten nicht mehr beten, als sie es während des früheren Lebens getan haben? Im Alter soll man ruhig den Mut haben, frömmer zu werden ... Der alte Mensch ist auf die Grenzlinie zwischen Zeit und Ewigkeit gestellt. Und da hat er seine heiligste Aufgabe. Sie kann eine schwere Last sein. Aber Gott trägt sie mit uns und nimmt sie uns ab, wenn wir wirklich nicht mehr können.

*Karl Rahner*

**Hinweis:**
**In unserem Buch »Denn sie werden getröstet werden. Das Hausbuch zu Leid und Trauer, Sterben und Tod« (München 1994) finden Sie weitere vertiefende Anregungen, sich rechtzeitig mit den schwierigen Fragen zu Sterben und Tod auseinanderzusetzen.**

**Kapitel 15**

# Mein Gott, wie die Zeit vergeht ...

### Vom Umgang mit der Zeit

»Was ist Zeit? Wenn mich niemand fragt, weiß ich es.
Wenn ich es jemandem erklären will, weiß ich es nicht.«

*Augustinus*

Junge Leute haben keine Zeit – alte Menschen haben eigentlich viel Zeit. Warum geben jene, die viel Zeit haben, nicht etwas davon denen, die keine oder zu wenig Zeit haben? Offensichtlich geht es so einfach nicht. Die Zeit ist eben nicht etwas, das sich wie eine Sache verteilen läßt. Man kann sie zwar messen und zählen in Sekunden, Minuten und Stunden, in Tagen, Monaten und Jahren – und doch kann ich sie nicht einfach wie eine Ware verteilen oder gar verkaufen. Wir sagen: »Zeit ist Geld.« Doch welchen Wert die Zeit hat, hängt von jedem einzelnen von uns ab. Unser persönliches Zeit*erleben* ist maßgebend für den Wert, den wir der Zeit geben.

Welches von allen Dingen der Welt ist das längste und zugleich das kürzeste, das schnellste und auch das langsamste, das am leichtesten teilbare und doch ausgedehnteste, das am wenigsten beachtete und doch am meisten beklagte, ohne das nichts geschehen kann und das alles vernichtet, was da klein ist, und alles belebt, was da groß ist?«
Gibt es das? Kann etwas zugleich das Längste und das Kürzeste sein, das Schnellste und das Langsamste? Was kann so Gegensätzliches in sich vereinen?
Die Zeit! ■

*Voltaire*

Früher war das Leben und Erleben der meisten Menschen vom Rhythmus der Jahreszeiten bestimmt. Die Zeit von Saat, Wachstum und Ernte, von Frühjahr, Sommer, Herbst und Winter bestimmte das Leben. Die Zeit kreiste: Es gab immer Wiederkehrendes und zugleich ein allmähliches Wachsen.

### Geburtstagsbrauchtum

**Einst stand ein »starkes Lebenslicht« auf dem Geburtstagskuchen – Zeichen der einen Lebenszeit. Später wurde für jedes Lebensjahr eine Kerze auf den Geburtstagskuchen gesteckt – Zeichen der zerstückelten Zeit.**

Im Mittelalter begann man zunächst in den Klöstern und Städten, die Zeit mit Uhren zu messen. So konnte man zu bestimmten Zeiten bestimmte Aufgaben gemeinsam erfüllen. Lange hatte jedes Dorf und jede Stadt dabei noch ihre eigene Zeit. Erst im Zuge der Industrialisierung und der Entwicklung von Verkehrsmitteln, die die Orte und Städte untereinander verbanden, kam es zur Vereinheitlichung der Ortszeiten bis hin zur mitteleuropäischen Zeit, die heute unser ganzes Leben bestimmt.
Eine fremde Zeit, eine künstliche Zeit! Dies hat auch Bedeutung für das Lebensgefühl der Menschen. Je mehr ich in dieser Welt der Industrie, des Handels und des Verkehrs lebe, muß ich mich jener künstlichen Zeit anpassen und nach ihr richten: Mit der Zeit gehen, sich nach der Zeit richten, Zeiten einhalten ...

# Zeit

Sonnenuhren sind seit 400 v.Chr. bekannt – Zeitmaß ist die Wanderung des Schattens. Erst im 14. Jahrhundert gibt's in Europa die ersten Penduluhren. 100 Jahre später die ersten Taschenuhren mit Stundenzeigern. Sekundenzeiger kennt Europa erst ab dem 19. Jahrhundert, Armbanduhren zum Aufziehen seit der Jahrhundertwende. Da ist längst was passiert, das die Zeit-Geschichte in Europa völlig verändert: die Industrialisierung. Überall entstehen Fabriken, große Eisenbahngesellschaften werden gegründet, Schienen in ganz Europa verlegt. Europa wird mobil. Und erkennt den Zug der Zeit: Eine einheitliche Zeitbestimmung muß her. Die gab's im Deutschen Reich seit dem 1. April 1893. Jetzt wurde eine europaweite gesucht – und gefunden. Die Greenwich-Zeit. Der durch die 1675 im Londoner Stadtteil Greenwich gegründete Sternwarte verlaufende Meridian wird zwischen 1884 und 1911 nach vielen Konferenzen schließlich von allen europäischen Staaten (und international) als Null-Meridian anerkannt. Die mitteleuropäische Zeit ist geboren – Europa tickt richtig!

# Ach, du meine Zeit ...

... so sagen viele, wenn ein unerwartetes Ereignis sie trifft. Dann wird die Zeit ganz zur eigenen Zeit! Die Chance des Alters liegt darin, nicht nur solche Augenblicke, sondern das ganze Leben als eigene Zeit zu entdecken. Ich bin weitgehend nicht mehr der fremden Arbeitszeit ausgeliefert. Immer weniger bestimmen andere über meine Zeit. Sie kann nun wirklich meine, von mir gelebte und gestaltete Zeit werden.

Oft kann man hören: alte Menschen

- haben viel Zeit (bezogen auf den Tag),
- haben nicht mehr viel Zeit (bezogen auf die Lebenszeit),
- können ihre Zeit beliebig einteilen,
- wissen mit der Zeit nichts anzufangen,
- spüren, daß die Zeit schneller vergeht,
- genießen die Zeit,
- verschenken die Zeit,
- nutzen ihre Zeit,
- vergeuden die Zeit,
- ...

Wie erleben Sie Ihre Zeit?
Welche der Aussagen trifft auf Sie zu?

Denkt an das 5. Gebot, schlagt eure Zeit nicht tot!

Erich Kästner

## Woran man das Leben mißt

Ein Esel, eine Eintagsfliege und eine Schildkröte unterhielten sich leidenschaftlich über das Leben.

»Ja, wenn ich mehr Zeit hätte«, sagte die Eintagsfliege, »dann wäre alles einfacher. Könnt ihr euch vorstellen, was es bedeutet, alles in 24 Stunden unterzukriegen? Geborenwerden, aufwachsen, erleben, glücklich sein, alt werden und sterben? Alles in 24 Stunden?!«

»Ich gäbe was drum«, sagte der Esel, »wenn ich nur 24 Stunden zu leben hätte. In kurzer Zeit alles auskosten, was es gibt. Ich stelle mir das herrlich vor: Kurz, aber richtig.«

»Ich verstehe euch nicht«, warf die Schildkröte ein. Ich bin jetzt 300 Jahre alt. Die Zeit würde nicht reichen, wollte ich euch erzählen, was ich erlebt habe. Es ist einfach zuviel. Schon vor 200 Jahren habe ich mir gewünscht, ans Ende meiner Zeit gekommen zu sein.«

»Ich beneide dich«, sagte sie zum Esel, und zur Eintagsfliege: »Mit dir habe ich Mitleid.«

»Wenn ich das so höre«, sagte der Esel, »ich gäbe was drum, wenn ich 300 Jahre alt werden könnte. Viel Zeit haben, um das Leben richtig auskosten zu können. Ich stelle mir das herrlich vor: Lange, aber intensiv.«

Da schwiegen die drei sehr traurig, weil jeder das Leben nach der Uhr gemessen hatte und sich nun danach sehnte, das eigene Leben zu verlängern, zu verkürzen oder beides zu versuchen.

Da gingen sie zu dritt zur Spinne, die wegen ihrer Weisheit berühmt war, um sie um Rat zu fragen.

»Schildkröte«, sagte die Spinne, »hör auf zu klagen; denn wer hat schon so viel Erfahrung wie du?«

Zur Eintagsfliege sagte sie: »Fliege, hör auf zu klagen, wer hat schon so viel Freude wie du?«

Da meldete sich der Esel und fragte, was sie ihm denn riete: »Dir rate ich nichts«, erwiderte die Spinne, »denn du wolltest beides! Du bist und bleibst ein Esel.«

Als die anderen Tiere das hörten, warfen sie ihre Uhren weg und maßen das Leben fortan nach seiner Tiefe und seinem Sinn. ■

# Zeit haben

Warum gilt es als »schick« und zeitgemäß, wenn man sagt: »Ich habe keine Zeit?« Warum heißt es eigentlich nicht umgekehrt: statt »Keine Zeit« – »Ich habe Zeit«? Da erzählt einer vom Besuch beim Arzt. Das Wartezimmer war überfüllt. Es dauerte lange, bis er in das Sprechzimmer gerufen wurde. Der Arzt gab ihm die Hand und sagte so nebenbei: »Nehmen Sie Platz, ich habe jetzt Zeit für Sie«. Dieses »Ich habe Zeit« verwandelte alles. Vergessen war das lange Warten, das so nervös und unruhig gemacht hatte. Jetzt galt nur das eine: Dasein dürfen und ernstgenommen werden. Es waren eigentlich nur wenige Minuten beim Arzt. Und doch hatte der Patient das Gefühl, daß der Arzt sich für ihn eben viel Zeit genommen hatte.
Wer viel Zeit hat, gilt meist nicht viel in unserer Gesellschaft. Angesehen ist, wer keine Zeit hat.
Nach meiner Pensionierung habe ich weniger Zeit als vorher, sagen vor allem Männer – wenn auch oft mit einem zwinkernden Auge. Schließlich möchten sie auch im Alter zu denen gehören, die »keine Zeit haben« und deshalb noch angesehen sind.
Frauen dagegen haben viel früher schon lernen müssen, sich von solcher Fremdbestimmung unabhängig zu machen und ihre eigene Zeit zu leben. Der biologische Rhythmus ihres Körpers läßt sie die eigene Zeit – »ihre Tage« – immer schon leibhaftig wahrnehmen. Vielleicht haben Frauen im Umgang miteinander deshalb oft auch »mehr Zeit«!
Im Alter eröffnet sich – wie gesagt – Männern und Frauen die Chance, die Zeit nicht mehr von anderen bestimmen, sondern sie zur eigenen Zeit werden zu lassen. Dies gilt für die vergangene, für die gegenwärtige und für die zukünftige Lebenszeit.

*Geh mit der Zeit, aber komm von Zeit zu Zeit zurück!*
*Stanislav Jerzy Lec*

# Was gewesen ist, kann ich nicht mehr ändern

## – sich mit der Vergangenheit versöhnen –

Jeder hat seine eigene Lebenszeit. Nicht selten wird sie beeinflußt durch äußere Ereignisse, wie Krieg, Wiederaufbau, Rezession ... Solche Ereignisse kennzeichnen das Leben ganzer Generationen. Sie machen aber auch die Unterschiede der Generationen aus. Eine Generation, die zwei Weltkriege erlebt hat, ist von einem anderen Lebensgefühl geprägt als die Nachkriegsgeneration.

Jeder Mensch erlebt solche oder ähnliche Ereignisse in seinem Leben. Da gibt es Belastendes wie Frohmachendes. In unterschiedlicher Weise sind das eigene Leben, das Familienleben und Berufsleben davon betroffen. Ob ich mit meiner vergangenen Zeit leben kann und wie ich mich dabei erlebe, hängt davon ab, inwieweit es mir gelingt, mich mit dieser meiner vergangenen Zeit zu versöhnen. Es gilt, sie so anzunehmen, wie ich sie erlebt habe.

> »Wer die Vergangenheit nicht ehrt, verliert die Zukunft. Wer seine Wurzeln vernichtet, kann nicht wachsen.«
> Friedensreich Hundertwasser

| Generationen | nach Schlüsselereignissen und Jahrgängen | | | | | | |
|---|---|---|---|---|---|---|---|
| Jahrgang → | 1904 - 1909 | 1910 - 1919 | 1920 - 1929 | 1930 - 1939 | 1940 - 1949 | 1950 - 1959 | 1960 - 1969 |
| 1914  1. Weltkrieg | 10-5 | 4 | - | - | - | - | - |
| 1923  Inflation | 19-14 | 13-4 | 3 | - | - | - | - |
| 1929  Weltwirtschaftskrise | 25-20 | 19-9 | 9 | - | - | - | - |
| 1933  Hitler-Diktatur | 29-24 | 23-14 | 13-4 | 3 | - | - | - |
| 1939  2. Weltkrieg | 35-30 | 29-20 | 19-10 | 9 | - | - | - |
| 1945  Kriegsende | 41-36 | 35-26 | 25-16 | 15-6 | 5 | - | - |
| 1950  Wiederaufbau | 46-41 | 40-31 | 30-21 | 20-11 | 10-1 | 1 | - |
| 1960  Aufschwung | 56-51 | 50-41 | 40-31 | 30-21 | 20-11 | 10-1 | 1 |
| 1970  Vollbeschäftigung | 66-61 | 50-51 | 50-41 | 40-31 | 30-21 | 20-11 | 10-1 |
| 1980  Rezession | 76-71 | 70-61 | 60-51 | 50-41 | 40-31 | 30-21 | 20-11 |
| 1990  Wiedervereinigung | 86-81 | 80-71 | 70-61 | 60-51 | 50-41 | 40-31 | 30-21 |
| 1994  Sozialabbau | 90-85 | 84-75 | 74-65 | 64-55 | 54-45 | 44-35 | 34-25 |
| Generationslagerung | Not-Generation | Zwischenkriegs-Generation | Front-Generation | Aufbau-Generation | 68er-Generation | Konsum-Generation | Krisen-Generation |

## Eine Parabel:

Vergangenheit, Gegenwart und Zukunft bieten dem Menschen ihre Freundschaft an. »Nimm mich zur Freundin«, sagt die Vergangenheit, »ich biete dir einen riesigen Schatz an Erfahrungen.«  »Nein, nimm mich«, sagt die Gegenwart, »heute ist heute, mich brauchst du am meisten. Heute mußt du leben!«
»Wie wär's mit mir?«, sagt die Zukunft, »ohne Zukunft keine Träume, keine Hoffnung, keinen Schwung!«
Keine der drei Freundschaften hielt. Daß der Mensch alle drei zusammen als Freundinnen braucht, darauf kam er nicht.

# Aus der Sicht meines Lebens

## ➤ Kindheit

Bei welchen Arbeiten mußten Sie als Kind mithelfen?

Wenn Sie überlegen, was Ihre früheste Kindheitserinnerung ist, was fällt Ihnen dazu ein?

Welche Ereignisse Ihrer Schulzeit sind Ihnen besonders in Erinnerung geblieben?

Vor wem hatten Sie als Kind großen Respekt und wieso?

Wie wurden Feste in Ihrer Familie gefeiert?

## ➤ Jugend

In welchem Alter haben Sie Ihr Elternhaus verlassen und warum?

Wovon träumten Sie in Ihrer Jugend? Hatten Sie Ideale?

Welche Hochzeitsbräuche gab es zu Ihrer Zeit? Wie war die Brautmode?

Welche Gefühle und Erlebnisse verbinden Sie mit dem Krieg?

Not macht erfinderisch. In Notzeiten ist aus wenigem vieles gemacht worden. Können Sie Beispiele dazu nennen?

Können Sie sich an eine Situation als junger Mensch erinnern, in der Sie sich gegen andere durchgesetzt haben?

## ➤ Erwachsenenalter

An welche politischen Ereignisse nach dem Krieg erinnern Sie sich, die Sie besonders bewegt haben?

Wenn Sie sich für Partnerschaft und Kinder entschieden haben, wie veränderte sich Ihr Leben?

Was waren Ihre ersten technischen Geräte im Haushalt?

Wir werden heute überflutet mit Nachrichten aus aller Welt. Wie haben die Medien (Fernsehen etc.) Ihren Lebensalltag beeinflußt?

Erzählen Sie von der ersten Reise Ihres Lebens

Als Ihre Eltern älter wurden – was bedeutete das für Ihre Familie und/oder für Sie?

## ➤ **Alter**

Wie hat sich das Stadt- bzw. Dorfbild Ihres Heimatortes verändert? Welche Veränderungen beurteilen Sie positiv, welche negativ?

Was bedeutet es für Sie, älter zu werden, alt zu sein? Fällt es Ihnen manchmal schwer, mit den Einschränkungen des Alters zurechtzukommen?

Ältere Menschen haben viel Zeit. Gilt dieser Spruch auch für Sie?

Welche Vorteile bietet Ihnen das Alter?

Wenn Sie an Abschiede und Verluste in Ihrem Leben denken, wer oder was hat Ihnen Kraft gegeben, damit fertigzuwerden?

Gibt es in Ihrem Leben Menschen, die Sie brauchen, für die Sie wichtig sind?


## »Zu meiner Zeit«

Die unterschiedlichen Zeiterfahrungen prägen auch den oft schwierigen Umgang miteinander. Wir leben aus der eigenen vergangenen Zeit und machen sie oft zum Maßstab von Beurteilungen. Hier gilt es, in gegenseitiger Toleranz zu lernen, daß Menschen verschiedener Generationen jeweils ihre eigene Zeit erleben.

# Heute ist der erste Tag vom Rest meines Lebens
## – sich mit der Gegenwart versöhnen –

Das klingt einerseits bedrohlich, andererseits vielleicht auch ermutigend: »Heute ist der erste Tag vom Rest meines Lebens.« Ich kann offensichtlich das Vergangene nicht ungeschehen machen. Aber kann ich noch einmal neu anfangen? Wie am ersten Tag? Manche wünschen sich dies. Doch die eigene Lebensgeschichte läßt sich nicht auslöschen. Ich stehe nicht am ersten Tag meines Lebens. Vieles ist gelebt und hat mich geprägt. Und doch kann und muß ich im Heute leben, nicht nur weiter-leben. Ich kann die Weichen meines Lebensweges heute neu stellen. Dieser Tag ist wieder ein neuer Tag mit all seinen Möglichkeiten, mit all seinen Begrenztheiten. Wie ein erster Tag, jedenfalls vom Rest meines Lebens. Was will ich heute tun?

> Die Zeit ist kurz. Oh Mensch, sei weise
> und wuchre mit dem Augenblick.
> Nur einmal machst du diese Reise,
> laß eine Segensspur zurück.
>
> Vers an der Sonnenuhr des Klosters Beuron

Es kann hilfreich sein, den Tag zu planen, statt ihn einfach verstreichen zu lassen:

- ❐ Was möchte ich heute morgen tun?
- ❐ Heute nachmittag?
- ❐ Heute abend?

# Nutzet die Zeit

Immer die gleichen Redensarten am Geburtstag, am Tag der Pensionierung, beim Umzug in die Altenwohnung:

*»Man muß das Beste daraus machen.«*
*»Die Zeit steht nicht still.«*
*»Hauptsache ist die Gesundheit.«*
*»Irgendwie wird es schon werden.«*

Solche Sprüche helfen kaum weiter. Oft stehen dahinter falsche, nichtssagende Vertröstungen. Weiter kommen wir im Nachdenken und im Gespräch, wenn wir fragen:

*Was ist denn das Beste jetzt im Alter?*
*Wohin geht denn die Zeit?*
*Wie denn gesundbleiben?*
*Was wird denn werden?*

Vielleicht hilft ein altes jüdisches Sprichwort mit seinen drei Fragen:

*Wenn nicht ich, wer denn?*
*Wenn nicht jetzt, wann denn?*
*Wenn nur für mich, wer bin ich?*

Vielleicht denke ich gerade im Alter: Die anderen müßten sich mehr um mich kümmern. Oder: Ich kann doch nichts ändern an meiner Lage. Was soll ich mich denn noch engagieren im Heimbeirat, in der Gemeinde, in der Politik ...?

*Wenn nicht ich, wer denn?*

»Heute schon gelebt?« So stand es auf eine Mauer gesprüht. Wer so fragt, will sicher nicht wissen, ob ich gegessen, getrunken oder geschlafen habe. Die Frage fordert vielmehr zum Nachdenken auf: Was habe ich dafür getan, daß dieser Tag für mich lebenswert wurde?

*Wenn nicht jetzt, wann dann?*

Ich habe genug eigene Sorgen. Um mich kümmert sich auch niemand. Was hab ich denn davon, wenn ich mich in die Sorgen anderer einmische? Am besten hält man sich raus. Dann bekommt man auch keinen Ärger. Warum soll ich mir das in meinem Alter noch antun?

*Wenn nur für mich, wer bin ich?*

Vielleicht können die drei Frage helfen, gut mit der Zeit umzugehen. Das meint jedenfalls die Bibel mit der Aufforderung: Nutzet die Zeit! – Ich kann die Zeit nicht festhalten. Aber wie ich mit jeder Stunde, jedem Tag, jeder Woche, jeden Monat und jedem Jahr, wie ich mit der Zeit umgehe, das liegt an mir.

# Räume öffnen
## – Sich mit der Zukunft versöhnen –

Mit zunehmendem Alter wird die zeitliche Begrenztheit des Lebens erfahren. Aber auch in dieser begrenzten Lebenszeit ist Raum für Pläne, Wünsche und Träume.
Vielleicht vergewissern Sie sich allein oder mit Ihrem Partner bzw. mit Ihrer Partnerin:

- ❐ Wenn Sie auf die vor Ihnen liegende Zeit blicken, woran denken Sie dann?
- ❐ Welche Pläne haben Sie noch für dieses Jahr – was haben Sie sich konkret vorgenommen?
- ❐ Was möchten Sie in jedem Fall noch erreichen? Und wenn Sie fantasieren dürften, was wünschten Sie sich am meisten?

**Ein Vorschlag: Bedenken Sie einmal in Ruhe die folgenden Choralverse:**

Der du die Zeit in Händen hast, Herr, nimm auch dieses Jahres Last und wandle sie in Segen. Nun von dir selbst in Jesus Christ die Mitte fest gewiesen ist, führ uns dem Ziel entgegen.

Der Mensch ahnt nichts von seiner Frist. Du aber bleibest, der du bist, in Jahren ohne Ende. Wir fahren hin durch deinen Zorn, und doch strömt deiner Gnade Born in unsre leeren Hände.

Der du allein der Ewge heißt und Anfang, Ziel und Mitte weißt im Fluge unsrer Zeiten: bleib du uns gnädig zugewandt und führe uns an deiner Hand, damit wir sicher schreiten.

# Vom Ziel der Zeit

Das Leben in und mit der Zeit ist nicht das Ziel unseres Lebens. Die Zeit ist vielmehr wie ein Schiff, das gute Zubringerdienste leistet auf der Lebensreise durch alle Stürme und Sonnentage.
Aber wie das Schiff nicht auf dem offenen Meer zu Hause ist, so sind wir nicht in der Zeit zu Hause. Wie das Schiff braucht auch die Zeit, unsere Zeit, einen Hafen, wovon sie ausgeht und wo sie hinsteuert. Der Hafen der Zeit ist die Ewigkeit.
Wer um diesen Hafen weiß, kann die Reise – trotz der Turbulenzen – genießen. Er ist sicher, daß er einmal an seinem Ziel ankommen wird. Wer darauf vertraut, daß die Zeit auch ihren Hafen in der Ewigkeit hat und dort einmal ankommen wird, kann auch die Zeit des Lebens genießen. Die Ewigkeit ist sozusagen der Ankerplatz unserer Zeit. Je mehr ich mir jetzt schon dieses Hafens in der Ewigkeit bewußt werde, um so mehr finde ich Halt, Gelassenheit und Ruhe im Fluß der Zeit.

Mein sind die Jahre nicht, die mir die Zeit genommen;
mein sind die Jahre nicht, die etwa möchten kommen.
Der Augenblick ist mein, und nehm ich den in acht;
so ist der mein, der Jahr und Ewigkeit gemacht.

Andreas Gryphius

## Ein altes irisches Gebet

Nimm Dir Zeit zum Arbeiten –
es ist der Preis des Erfolges.

Nimm Dir Zeit zum Denken –
es ist die Quelle der Kraft.

Nimm Dir Zeit zum Spielen –
es ist das Geheimnis ewiger Jugend.

Nimm Dir Zeit zum Lesen –
es ist der Brunnen der Weisheit.

Nimm Dir Zeit, freundlich zu sein –
es ist der Weg zum Glück.

Nimm Dir Zeit zum Träumen –
es bringt Dich den Sternen näher.

Nimm Dir Zeit zu lieben und geliebt zu werden –
es ist das Privileg der Götter.

Nimm Dir Zeit, Dich umzuschauen –
der Tag ist zu kurz, um selbstsüchtig zu sein.

Nimm Dir Zeit zum Lachen –
es ist die Musik der Seele.

# Anhang

## Gebete
## Adressen

# Beten – mit Gott plaudern

Im folgenden sind einige Gebete zusammengestellt. Es sind Gebete aus der langen Tradition der Kirchen und Gebete von »großen« und »kleinen« gläubigen Menschen. Die meisten sind so formuliert, daß man sie leicht nach-beten kann. Die eigenen Anliegen kommen hier oft gut zum Ausdruck. Für manches, was wir selber gerne sagen möchten, finden wir keine besseren Worte.

Doch Beten bedeutet nicht nur, in vorgesetzten, wohlgesetzten Worten mit Gott zu sprechen. Beten ist auch so etwas wie ein Gespräch unter Freunden. Freunde teilen sich mit, was sie erleben. Ernste Dinge, die man sagen möchte, aber auch Leichtes und Amüsantes, Randbemerkungen und Einfälle. Und das muß nicht immer der Weisheit letzter Schluß sein, gestochen scharf und aufsatzreif formuliert.

Wenn wir zu Gott als unserem Vater sprechen, dann dürfen wir vor ihm unser Herz ausschütten, und das nicht nur in ernsten Situationen und feierlicher Form. Gott ist eben auch so etwas wie ein Vater oder eine Mutter. Was aber wäre das für ein Vater oder eine Mutter, mit denen die Kinder nur redeten, wenn es um ernste und letzte Dinge geht? In einer solchen Familie müßte man vermuten, daß wohl etwas in der Beziehung nicht stimmt. Was wäre das auch für eine Beziehung zum Vater oder zur Mutter, wenn sie nur als »oberster Chef« zu Rate gezogen würden, aber nichts von den alltäglichen Freuden und Leiden der Kinder erführen?

Wer wirklich mit Gott lebt, unterhält sich mit ihm, wie man mit einem Freund, einem Vater oder einer Mutter plaudert. Das meint auch der Apostel Paulus, wenn er uns auffordert »Betet alle Zeit!«

Lassen Sie sich also von den folgenden formulierten Gebeten nicht abschrecken. Sie sollen eine Anregung sein, um vielleicht noch besser mit eigenen Worten und in Ihrer Sprache mit Gott zu »plaudern«.

# Erfahrungen

- »Oft fällt es mir schwer, mich zu konzentrieren, meine Gedanken schweifen ab, und ich kann nicht ruhig werden. Ich versuche am Abend, bevor ich ins Bett gehe, zu beten. Doch oft, aus irgendwelchen Gründen, schaffe ich es nicht. Manchmal kann ich mich nicht sammeln, schlafe dabei ein, schweife ab, oder ich raffe mich nicht dazu auf, bin zu bequem.«
- »Wenn ich bete, ziehe ich ein Resümee über den vergangenen Tag. Wenn ich bete, sage ich alles Glück oder Leid, Hoffnung oder Angst aus mir heraus, und ich weiß, daß es nicht unbeachtet bleibt.«
- »Beim Tod einer Freundin betete ich, was mir an Gebeten einfiel. Für solche Situationen halte ich es für nötig, daß Gebete vorgegeben sind, weil man dann oft keinen klaren Gedanken mehr fassen und dadurch nicht frei beten kann.«
- »Beten hilft mir, wenn ich den Tag überdenke, irgendwie bin ich danach freier, irgendwo merke ich, daß jemand meine Last mit mir trägt, spüre Hoffnung, daß einer da ist, der mich versteht.«
- »Ich wünsche jedem Menschen, daß er beten kann, weil ich glaube, daß das Gebet hilft.«
- »Beten ist für mich, Gott alles sagen, an was ich gerade denke, was mich bedrückt oder für was ich alles bitten will.«
- »Für mich ist es wichtig, still zu werden, mir Zeit für Gott zu nehmen und weniger zu reden, sondern mehr zu hören.«
- »Das Gebet hilft mir, wenn ich mutlos bin, wieder mit neuem Mut und neuer Kraft in die Zukunft zu schauen, sie auf mich zukommen zu lassen, mich nicht von der Angst überwältigen zu lassen, wieder froh zu werden.«
- »Ein Gebet muß nicht unbedingt viele Worte haben, es soll meine Gefühle, Wünsche, Ängste und Hoffnungen ausdrücken. Oft ist mein Gebet einfach ein Dankeschön für etwas Schönes.«
- »Oft bete ich einfach ein Vaterunser oder das Glaubensbekenntnis und mache mir über einen Satz daraus meine Gedanken.«
- »Beten ist für mich Reden mit Gott, dem ich alles, auch Probleme, über die ich mit Menschen nicht reden kann, anvertraue.«

# GRUNDGEBETE

### ZUM KREUZZEICHEN

Im Namen des Vaters und des Sohnes und des Heiligen Geistes. Amen.

### EHRE SEI DEM VATER

Ehre sei dem Vater und dem Sohn und dem Heiligen Geist, wie im Anfang, so auch jetzt und alle Zeit und in Ewigkeit. Amen.

### DAS GEBET DES HERRN

Vater unser im Himmel,
Geheiligt werde dein Name.
Dein Reich komme.
Dein Wille geschehe, wie im Himmel so auf Erden.
Unser tägliches Brot gib uns heute.
Und vergib uns unsere Schuld,
wie auch wir vergeben unsern Schuldigern.
Und führe uns nicht in Versuchung,
sondern erlöse uns von dem Bösen.
Denn dein ist das Reich und die Kraft und die Herrlichkeit in Ewigkeit. Amen.

### DAS APOSTOLISCHE GLAUBENSBEKENNTNIS

Ich glaube an Gott, / den Vater, den Allmächtigen, / den Schöpfer des Himmels und der Erde, / und an Jesus Christus, / seinen eingeborenen Sohn, unsern Herrn, / empfangen durch den Heiligen Geist, / geboren von der Jungfrau Maria, / gelitten unter Pontius Pilatus, / gekreuzigt, gestorben und begraben, / hinabgestiegen in das Reich des Todes, / am dritten Tage auferstanden von den Toten, / aufgefahren in den Himmel; / er sitzt zur Rechten Gottes, des allmächtigen

Vaters; / von dort wird er kommen, zu richten die Lebenden und die Toten. /
Ich glaube an den Heiligen Geist, / die heilige katholische Kirche, / Gemeinschaft der Heiligen, / Vergebung der Sünden, / Auferstehung der Toten / und das ewige Leben. / Amen.

## AVE MARIA

Gegrüßet seist du, Maria, voll der Gnade, der Herr ist mit dir. Du bist gebenedeit unter den Frauen, und gebenedeit ist die Frucht deines Leibes, Jesus.
Heilige Maria, Mutter Gottes, bitte für uns Sünder jetzt und in der Stunde unseres Todes. Amen.

## ANGELUS

Der Engel des Herrn brachte Maria die Botschaft, und sie empfing vom Heiligen Geist.
Gegrüßet seist du, Maria ...
Maria sprach: Siehe, ich bin die Magd des Herrn; mir geschehe nach deinem Wort.
Gegrüßet seist du, Maria ...
Und das Wort ist Fleisch geworden und hat unter uns gewohnt.
Gegrüßet seist du, Maria ...
V Bitte für uns, heilige Gottesmutter,
A daß wir würdig werden der Verheißung Christi.
V Lasset uns beten. – Allmächtiger Gott, gieße deine Gnade in unsere Herzen ein. Durch die Botschaft des Engels haben wir die Menschwerdung Christi, deines Sohnes, erkannt. Laß uns durch sein Leiden und Kreuz zur Herrlichkeit der Auferstehung gelangen. Darum bitten wir durch Christus, unsern Herrn. A Amen.

## REGINA CAELI

Freu dich, du Himmelskönigin, Halleluja! Den du zu tragen würdig warst, Halleluja, er ist auferstanden, wie er gesagt hat, Halleluja. Bitt Gott für uns, Halleluja.

V Freu dich und frohlocke, Jungfrau Maria, Halleluja,
A denn der Herr ist wahrhaft auferstanden, Halleluja.
V Lasset uns beten. – Allmächtiger Gott, durch die Auferstehung deines Sohnes, unseres Herrn Jesus Christus, hast du die Welt mit Jubel erfüllt. Laß uns durch seine jungfräuliche Mutter Maria zur unvergänglichen Osterfreude gelangen. Darum bitten wir durch Christus, unsern Herrn. A Amen.

## DER ROSENKRANZ

*Eröffnung*
Im Namen des Vaters ... Ich glaube an Gott ... Ehre sei dem Vater ... Vater unser ... Gegrüßet seist du, Maria ...
Jesus, der in uns den Glauben vermehre
Jesus, der in uns die Hoffnung stärke
Jesus, der in uns die Liebe entzünde
Ehre sei dem Vater ...

*die freudenreichen Geheimnisse*
Jesus, den du, o Jungfrau, vom Heiligen Geist empfangen hast
Jesus, den du, o Jungfrau, zu Elisabet getragen hast
Jesus, den du, o Jungfrau, (in Betlehem) geboren hast
Jesus, den du, o Jungfrau, im Tempel aufgeopfert hast
Jesus, den du, o Jungfrau, im Tempel wiedergefunden hast

*die schmerzhaften Geheimnisse*
Jesus, der für uns Blut geschwitzt hat
Jesus, der für uns gegeißelt worden ist
Jesus, der für uns mit Dornen gekrönt worden ist
Jesus, der für uns das schwere Kreuz getragen hat
Jesus, der für uns gekreuzigt worden ist

*die glorreichen Geheimnisse*
Jesus, der von den Toten auferstanden ist
Jesus, der in den Himmel aufgefahren ist
Jesus, der uns den Heiligen Geist gesandt hat
Jesus, der dich, o Jungfrau, in den Himmel aufgenommen hat
Jesus, der dich, o Jungfrau, im Himmel gekrönt hat

# MORGEN- UND ABENDGEBET

Manche Gebete sind Ihnen von Jugend an vertraut.
Vielleicht aber möchten Sie manchmal gerade das Morgen- und Abendgebet mit eigenen Worten formulieren.
Folgende Struktur ist vielleicht hilfreich.

### MORGENGEBET
Dank für die Ruhe der Nacht
Bedenken des Tagewerks
Bitte um Beistand

»Gott, zu Dir rufe ich in der Frühe des Tages. Hilf mir beten, und meine Gedanken sammeln zu Dir. Ich kann es nicht allein.«

*Dietrich Bonhoeffer*

### ABENDGEBET
Dank für den Tag
Rechenschaft vor Gott
Fürbitte für andere
Bitte um Schutz

»Bleibe bei uns, barmherziger Gott, und behüte uns in den schweigenden Stunden dieser Nacht, damit wir, die wir müde sind von dem Wandel der vergänglichen Welt, ruhen mögen in deiner ewigen Unwandelbarkeit. Durch Jesus Christus, unseren Herrn. Amen«

*Altes kirchliches Abendgebet*

»Bleibe bei uns, Herr, denn es will Abend werden, und der Tag hat sich geneiget. Bleibe bei uns und bei deiner ganzen Kirche. Bleibe bei uns am Abend des Tages, am Abend des Lebens, am Abend der Welt. Bleibe bei uns mit deiner Gnade und Güte, mit Wort und Sakrament, mit deinem Trost und

Segen. Bleibe bei uns, wenn über uns kommt die Nacht der Trübsal und Angst, die Nacht des Zweifels und der Anfechtung, die Nacht des bitteren Todes. Bleibe bei uns und bei allen deinen Gläubigen in Zeit und Ewigkeit. Amen.«

### MEDITATIVES CHRISTUSGEBET

Dieses Gebet wird mit den Perlen des Rosenkranzes gebetet. Statt des »Gegrüßet seist du, Maria« beten wir dieses Christusgebet:

*Herr Jesus Christus,*
*Sohn des lebendigen Gottes,*
*du bist das Herz der Welt.*
*Wir preisen dich, –*
*rette uns durch deinen Tod*
*und deine Auferstehung*
*für die Ewigkeit in Gott.*

An der Stelle, wo der Gedankenstrich steht, fügen wir eine Anrufung ein. Jede Anrufung wird also zehnmal gebetet; dazwischen jeweils wie beim üblichen Rosenkranz das »Ehre sei dem Vater ...«.

*Beispiele solcher Anrufungen*

### I.
1. Dir darf ich alle Sorgen geben.
2. Du machst meine Einsamkeit zum Ort der Begegnung mit dir.
3. Du befreist mich von der Angst.
4. Du birgst mich im Schatten deiner Hand.
5. In dir darf ich ruhen.

### II.
1. Du gehst mit mir auf dem Weg durch die Ängste.
2. Du gehst mit mir auf dem Weg durch das Leiden.
3. Du gehst mit mir auf dem Weg in die Freude.

4. Du gehst mit mir auf dem Weg zu den Menschen.
5. Du gehst mit mir auf dem Weg zum Vater.

### III.

1. Du befreist mich von mir selbst.
2. Du willst mich zur Liebe befreien.
3. Du willst durch mich lieben.
4. Du führst mich zum Vater.
5. Du zeigst mir das Antlitz des Vaters.

### IV.

1. Du vergibst mir meine Schuld.
2. Du rufst mich in deine Nachfolge.
3. Du lehrst mich, zuerst das Reich Gottes zu suchen.
4. Du zeigst mir, daß Gottes Reich Liebe ist.
5. Du bist die Freude meines Herzens.

### V.

1. Du kommst in das Haus meines Lebens.
2. Du bleibst bei mir, wenn es Abend wird.
3. In deiner Nähe wird unsere Finsternis hell.
4. In deiner Nähe wird alles neu.
5. Du gehst mir voran auf dem Weg in die Freiheit.

### VI.

1. Du bist das Brot des Lebens für mich.
2. Du bist die kostbare Perle.
3. Du lebst im Grunde meines Herzens.
4. Du führst mich durch Dunkelheit zum Licht.
5. Du bist meine höchste Sicherheit.

### VII.

1. Du bist die gekreuzigte Liebe Gottes.
2. Du hast den letzten Platz gewählt.
3. Dein Bild soll ich werden.

4. Du füllst meine Leere mit deinem Leben.
5. Durch dich wird mein Sterben zum Gewinn.

### VIII.
1. Du nennst die Armen selig.
2. In dir wird Armut zum Reichtum.
3. Du wirst mein Verlangen erfüllen.
4. Du hast mir im Haus des Vaters eine Wohnung bereitet.
5. Nach dir sehnt sich die ganze Schöpfung.

### IX.
1. Ja Gottes, das uns trägt, wo sonst nichts mehr trägt.
2. Ja Gottes, das uns liebt, wo sonst niemand mehr liebt.
3. Du Ja zu allen, die du vom Kreuz an dich ziehst.
4. Du Ja, das für jeden Menschen gilt.
5. Du Ja, das beim Vater für uns eintritt.

*Johannes Bours*


### MARIENLOB

V. Maria, Mutter des Herrn und unsere Mutter, wir bitten um deine mächtige Fürsprache.
A. Du bist die Ehre Jerusalems, die Freude Israels, der Ruhm deines Volkes.
V. Du Mutter der Glaubenden. Bitte für uns, damit wir fester glauben.
A. Du Dienerin des göttlichen Wortes. Bitte für uns, damit wir bereitwilliger dienen.
V. Du Mutter der Notleidenden. Bitte für uns, daß wir uns fremder Not nicht verschließen.
A. Du Thron der Weisheit. Bitte für uns, damit wir ein weises Herz gewinnen.
V. Du Ursache unserer Freude. Bitte für uns, damit wir mehr Freude ausstrahlen.

A. Du Königin des Friedens. Bitte für uns, damit der Friede Christi in uns wohne.
V. Du Mutter des guten Rates. Bitte für uns, damit wir den Willen des Herrn erkennen.
A. Du unsere Hoffnung. Bitte für uns, daß wir zum ewigen Heil gelangen.

Herr unser Gott, Dein Sohn hat alle selig gepriesen, die dein Wort hören und befolgen. Auf die Fürsprache der seligen Jungfrau und Gottesmutter Maria hilf uns so zu leben, daß das Geheimnis unserer Erlösung an uns offenbar wird. Durch Christus unseren Herrn.

*Sr. Silvana Pfister OSB*

### GEBET EINES ALTEN MENSCHEN

Herr, Du weißt besser als ich, daß ich von Tag zu Tag älter werde und – eines Tages alt sein werde. Bewahre mich vor der großen Leidenschaft, die Angelegenheiten anderer ordnen zu wollen.

Lehre mich, nachdenklich, aber nicht grüblerisch, hilfreich, aber nicht diktatorisch zu sein. Bei meiner ungeheuren Ansammlung an Weisheit tut es mir leid, sie nicht weitergeben zu können, aber Du verstehst, daß ich mir ein paar Freunde erhalten möchte.

Lehre mich schweigen über meine Krankheiten und Beschwerden. Sie nehmen zu, und die Lust, sie zu beschreiben, wächst von Jahr zu Jahr. Ich wage nicht, die Gabe zu erflehen, mir Krankheitsschilderungen anderer mit Freuden anzuhören, aber lehre mich, sie geduldig zu ertragen.

Ich wage auch nicht, um ein besseres Gedächtnis zu bitten, aber um etwas mehr Bescheidenheit und etwas weniger Bestimmtheit, wenn mein Gedächtnis nicht mit dem anderer übereinstimmt.

Lehre mich die wunderbare Weisheit, daß ich mich irren kann. Erhalte mich so liebenswürdig wie möglich. Ich weiß, daß ich kein Heiliger bin, aber ein alter Griesgram ist das Krönungswerk des Teufels.

Und lehre mich, an anderen Menschen unerwartete Talente zu entdecken, und verleihe mir die schöne Gabe, sie auch zu erwähnen.

*Von einem unbekannten englischen Verfasser*


Ich hoffe auf Dich,
der Du der lebendige Friede bist,
für uns, die wir noch im Kampfe liegen
mit uns selbst und gegeneinander,
damit es uns eines Tages gewährt werde,
in Dich einzugehen und
an Deiner Fülle teilzuhaben.

*Gabriel Marcel*


## DANKGEBET BEI EINEM RUNDEN GEBURTSTAG
Guter Gott!
Schenke uns die Gabe,
dankbar zurückschauen zu können,
auf alles, was war –
auf die schönen und schweren Erfahrungen,
auf Zeiten des Glücks
und auf dunkle Wegstrecken –
es ist unsere Lebensgeschichte,
der Weg, den du mit uns gegangen bist.

Schenke uns Zuversicht
und laß uns voller Hoffnung
auf den Weg schauen,
der vor uns liegt.
Jeder Tag und jede Stunde,
die wir miteinander teilen dürfen,
sind deine kostbare Geschenke.

Schenke uns die Gelassenheit,
frohen Herzens zu feiern.
Heute dürfen wir unsere Sorgen und Mühen loslassen

und die Vollendung all unseres Tuns
in deine Hand legen.
Wir danken dir,
daß du uns mit jedem unserer Feste
einen Vorgeschmack schenkst
auf das große Fest in deiner Herrlichkeit.

*Bernhard Kraus*

### GROSSMUTTERS GEBET

Heilige Mutter Anna, hilf mir zu ertragen, daß meine Enkel Wege gehen, die ich nicht verstehe. Wie sie ihr Leben gestalten, ist mir fremd. Ihre Eigenheiten und ihre Hektik fordern von mir viel Geduld. Es tut mir weh, daß ihnen Glaube und Kirche nichts bedeuten. Sie lassen mich zwar zur Kirche gehen, aber selbst scheinen sie kaum noch eine Beziehung zu Jesus Christus zu haben. Ach, würde ich mich doch nur irren. Vielleicht beten sie, ohne daß ich es sehe und weiß. Heilige Anna, ich liebe meine Kinder und Enkel, wie du Maria und Jesus geliebt hast. Bitte, heilige Anna, um ein gutes Miteinander der Generationen. Stehe, heilige Anna, allen Eltern bei in ihren Sorgen.
Segne, Jesus, unsere Familien. Amen.

*P. Alexander Holzbach*

### GEBET FÜR DIE HEILENDEN

Herr,
    mach mich zum Werkzeug Deines Heils:
wo Krankheit ist,
    laß mich Heilung bringen;
wo es Verwundungen gibt,
    Hilfe;
wo es Leiden gibt,
    Linderung;
wo Traurigkeit herrscht,
    Trost;

wo Verzweiflung ist,
    Hoffnung;
wo der Tod ist,
    Einwilligung und Frieden.

Gib, daß ich nicht so sehr
danach trachte, mich zu rechtfertigen,
    als zu trösten;
Gehorsam zu finden,
    als zu begreifen;
geehrt zu werden,
    als zu lieben ...
denn dadurch, daß wir uns selber schenken,
    bringen wir Heilung,
dadurch, daß wir zuhören,
    spenden wir Trost,
und durch das Sterben
    werden wir geboren zum ewigen Leben.

*Franziskus von Assisi*

## IM ALTER

Herr, ich bin alt, schwach und krank, ich kann nichts mehr tun; aber du läßt mich leben. So will ich da sein für dich. Hilf mir, daß ich all die Dienste, die ich von anderen brauche, willig und dankbar annehme. Gib du deinen Segen allen, die mir Gutes tun.

*Gotteslob 11/1*

Himmlischer Vater, ich fühle, daß mein Leben zur Neige geht, und manchmal habe ich Angst, daß es nicht so war, wie es hätte sein sollen. Ich kann nicht mehr viel dazu tun. Trotz allem danke ich dir dafür. Laß mich nun zur Ruhe kommen. Laß diese kurzen Jahre, die du mir noch schenken willst, zu einem guten Abschluß meines Lebens werden. Laß mich offen sein für alle Menschen, die meine Liebe brauchen. Laß mich Verständnis haben für junge Menschen, mich freuen auch an

dem, was ich selber nicht mehr tun kann. Laß mich durch mein Beten teilhaben an allem, was nach deinem Willen in der Welt geschieht.
Komm du in meine Einsamkeit. Erfülle sie mit deiner Liebe. Laß den Weg sichtbar werden, den wir Menschen alle gehen, den Weg zur Ewigkeit.

*Gotteslob 11/2*

Jesus,
die Last meines Lebens zu tragen,
Forderungen und Situationen,
Menschen, die mir lästig sind,
Launen und Neigungen, das alles und mehr
fällt schwer und drückt nieder.
Auch, daß ich anderen
Last bin und Kreuz.
Ist das der Wille des Vaters?
Dir hat er aufgetragen,
mitzuhelfen, daß ich trage,
nicht zerbreche,
um stark zu sein für das Leben.
Jesus, trage die Lasten mit,
meine, und die der vielen.

*P. Alexander Holzbach*

## GEBET EINER SCHNECKE

Du weißt, Herr,
ich bin nicht eine der Schnellsten,
ich trage mein Haus,
habe Stummelfüße,
muß lange nachdenken über den Weg,
die Augen sehn bis zum nächsten Grashalm,
vielleicht bin ich
manchmal an dir vorübergekrochen
und habe dich nicht erkannt –

vergib, Herr,
der du zählst die Schleimspuren im Schotter,
und laß, wenn auch spät,
die Lastenträger, die langsamen,
ankommen bei dir.

*Rudolf Otto Wiemer*

## SELIGPREISUNGEN

Selig, die Verständnis zeigen
für unseren stolpernden Fuß
und unsere lahmende Hand.
Selig, die begreifen,
daß unser Ohr sich anstrengen muß,
um aufzunehmen,
was man zu uns spricht.
Selig, die mit freundlichem Lachen verweilen,
um ein wenig mit uns zu plaudern.
Selig, die niemals sagen:
»Das habt Ihr mir heute schon zweimal erzählt.«
Selig, die verstehen,
Erinnerungen an frühere Zeiten in uns wachzurufen.
Selig, die uns erfahren lassen,
daß wir geliebt, geachtet
und nicht allein gelassen sind.
Selig, die uns in ihrer Güte die Tage,
die uns noch bleiben, erleichtern.

*Aus Afrika*

## IN KRANKHEIT

Vater, es fällt mir schwer, zu sagen: »Dein Wille geschehe.«
Ich bin niedergeschlagen und habe keinen Mut mehr. Die
Schmerzen sind unerträglich.
Alles, was mein Leben ausgemacht hat, scheint mir weit weg:
die Menschen, die zu mir gehören, meine Arbeit, meine
Freuden, mein ganz alltägliches Tun.
Auch wenn ich mutlos bin, Herr, ich will versuchen, ja zu

sagen zu dem, was ist: zu meinen Schmerzen, zu meiner Schwäche, zu meiner Hilflosigkeit. Ich will alles ertragen, so gut es geht.
Laß mein Leiden nicht umsonst sein. Vielleicht nützt es denen, die für dich arbeiten und kämpfen. Dein Wille geschehe. Dein Sohn hat am Kreuz gezeigt, daß Leiden nicht umsonst ist. Ich danke dir, daß ich das weiß. Segne mich, Vater. Segne alle Menschen, die mir Gutes tun und mir helfen. Segne alle, die wie ich leiden müssen. Und wenn du willst, laß mich und die anderen gesund werden.

*Gotteslob 10/1*

Vater im Himmel, es will mir noch nicht gelingen, diese Krankheit anzunehmen. Ungeduldig warte ich darauf, wieder gesund zu werden. Hilf mir, daß ich zur Ruhe komme und erkenne, daß du es so willst. Vielleicht ist diese Zeit ganz heilsam für mich. Ich kann mich wieder auf dich besinnen und fragen, was du mit mir vorhast. Zeig mir, was ich in meinem Leben ändern, was ich geduldiger und liebevoller tragen soll. Zeig mir auch den Unfrieden meines eigenen Herzens und hilf mir, ihn zu überwinden. Gib mir deinen Frieden. Laß mich wieder Hoffnung haben und durch meine Hoffnung anderen Mut machen.

*Gotteslob 10/3*

Herr, du bist unsere Zuflucht für und für.
Ehe denn die Berge wurden
und die Erde und
die Welt geschaffen wurden,
bist du, Gott, von Ewigkeit zu Ewigkeit.
Der du die Menschen lässest sterben
und sprichst:
Kommet wieder, Menschenkinder!
Denn tausend Jahre sind vor dir
wie der Tag, der gestern vergangen ist,
und wie eine Nachtwache.
Du lässest sie dahinfahren wie einen Strom,

sie sind wie ein Schlaf,
wie ein Gras, das am Morgen noch sproßt,
das am Morgen blüht und sproßt,
und des Abends welkt und verdorrt.
Das macht dein Zorn, daß wir so vergehen,
und dein Grimm,
daß wir so plötzlich dahin müssen.
Denn unsere Missetaten stellst du vor dich,
unsre unerkannte Sünde
ins Licht vor deinem Angesicht.
Darum fahren alle unsere Tage
dahin durch deinen Zorn,
wir bringen unsre Jahre zu
wie ein Geschwätz.
Unser Leben währet siebzig Jahre,
und wenn's hoch kommt,
so sind's achtzig Jahre,
und was daran köstlich scheint,
ist doch nur vergebliche Mühe;
denn es fähret schnell dahin,
als flögen wir davon.
Wer glaubt's aber, daß du so sehr zürnest,
und wer fürchtet sich vor dir in deinem Grimm?
Lehre uns bedenken,
daß wir sterben müssen,
auf daß wir klug werden.
Herr, kehre dich doch endlich
wieder zu uns
und sei deinen Knechten gnädig!
Fülle uns frühe mit deiner Gnade,
so wollen wir rühmen
und fröhlich sein unser Leben lang.
Erfreue uns nun wieder,
nachdem du uns so lange plagest,
nachdem wir so lange Unglück leiden.
Zeige deinen Knechten deine Werke

und deine Herrlichkeit ihren Kindern.
Und der Herr, unser Gott,
sei uns freundlich
und fördere
das Werk unsrer Hände bei uns.
Ja, das Werk unsrer Hände
wollest du fördern.

*Lutherbibel: »Psalm 90«*

## IM ANGESICHT DES TODES

Herr, ich weiß, daß du mich liebst, daß mein Sterben genauso in deinen Händen liegt wie mein Leben. Ich will glauben, daß alles, so wie es kommt, in deine Liebe eingeschlossen ist. So wie du es fügst, wird es gut sein für mich.
Hilf mir, deinen Willen zu verstehen und anzunehmen. Hilf mir, täglich bereit zu sein, wenn du mich rufst. Laß mich versöhnt mit dir sterben, in der Hoffnung, daß du mir alles zum Guten wendest. – Herr, dein Wille geschehe.

*Gotteslob 12/1*

Allmächtiger Gott, unergründlich sind deine Geheimnisse und unerforschlich deine Wege. Du hast mich erschaffen und willst mich nun wieder zu dir nehmen. Alles, was ich bin und habe, lege ich in deine Hände zurück. Schenke mir deine vergebende Liebe. Hilf mir, daß ich allen vergeben kann. Nimm hin mein Leben und verwandle es. Laß mich auferstehn und ewig leben in deiner Herrlichkeit.

*Gotteslob 12/2*

*Dank für einen Verstorbenen*
Wir danken dir, Herr Gott, für diesen Menschen, der so nahe und kostbar war und der uns plötzlich entrissen ist aus unsrer Welt. Wir danken dir für alle Freundschaft, die von ihm ausgegangen, für allen Frieden, den er gebracht hat; wir danken dir, daß er durch sein Leiden Gehorsam gelernt hat, und daß

er bei aller Unvollkommenheit ein liebenswerter Mensch geworden ist.

Wir bitten dich, Herr, daß wir alle, die mit ihm verbunden sind, jetzt auch, gerade wegen seines Todes, tiefer miteinander verbunden sind. Und auf Erden mögen wir gemeinsam in Frieden und Freundschaft deine Verheißung erkennen: Auch im Tod bist du treu.

*Gotteslob 26/1*

*Dank für den verstorbenen Ehepartner*
Vater, du hast meinen Mann (meine Frau) zu dir genommen. Wir sind ein Stück unsres Lebens miteinander gegangen. Wir haben vieles miteinander geteilt, Freud und Leid, frohe und schwere Stunden. Es war schön, wenn es auch nicht immer leicht war. Dafür danke ich dir. Nun hat mein Mann (meine Frau) zuerst das Ziel erreicht. Ich bleibe allein zurück. Lohne ihm (ihr) alle Liebe und Treue mit ewiger Freude; mir aber gibt Kraft zu sagen: dein Wille geschehe, auch wenn dein Weg unbegreiflich ist. Und laß uns im Himmel mit dir vereint sein. Maria, Trösterin der Betrübten, bitte für uns.

*Gotteslob 26/2*

*Beim Tod eines nahestehenden Menschen*
Herr, (...) ist tot. Ich muß es ganz begreifen, was das ist, Herr. Sein Blick wird mich nie mehr treffen; seine Hand meine Hand nie mehr halten; er ist tot; er ist nicht mehr hier.
Du bist die Auferstehung und das Leben. Wer an dich glaubt, wird leben, auch wenn er gestorben ist.
Laß ihn aufwachen bei dir, Herr. Gib ihm das nie verrinnende Leben, nach dem wir uns sehnen, Herr. Kann unsere Sehnsucht uns täuschen?
Herr, du hast es versprochen. Für ihn, der tot ist, erinnere ich dich an dein Wort: »Wer an mich glaubt, wird leben.«

*Gotteslob 26/3*

# Sakrament der Krankensalbung und die Wegzehrung in der katholischen Kirche

»Ist einer von euch krank? Dann rufe er die Ältesten der Gemeinde zu sich; sie sollen Gebete über ihn sprechen und ihn im Namen des Herrn mit Öl salben. Das gläubige Gebet wird den Kranken retten, und der Herr wird ihn aufrichten; wenn er Sünden begangen hat, werden sie ihm vergeben.«

*Jakobus 5,14-15*

## Das Sakrament der Krankensalbung

Bereits in den urchristlichen Gemeinden hat sich, wie der Jakobusbrief aufzeigt, die Praxis der Krankensalbung entwickelt. Heute gibt es eine Rückbesinnung auf die ursprüngliche Ausrichtung. Denn über Jahrhunderte galt das Sakrament der Krankensalbung faktisch als *das* »Sterbesakrament«, das erst in der Todesstunde gespendet wurde. Im Volk war es auch als »Letzte Ölung« bekannt. So wurde der Priester oft erst im letzten Moment – nicht selten zu spät – ans Sterbebett gerufen. Man wollte den Sterbenskranken nicht »zu Tode erschrecken«, denn wenn der Priester auftauchte, gab es angeblich keine Rettung mehr. Er war so etwas wie ein Todesbote.

Mit dieser Einstellung wurden Sinn und zeichenhafter Charakter des Sakramentes geradewegs »auf den Kopf gestellt«: Es wurde zum Siegel der Unheilbarkeit und der Hoffnungslosigkeit und zugleich als Todesankündigung oder gar als Todesdrohung völlig mißverstanden.

Die Krankensalbung ist nicht ein Sakrament des Todes, sondern ein Sakrament des Lebens, und zwar in zweifacher Hinsicht: Hoffnung auf »neues« Leben nach Gesundung und Genesung – Hoffnung auf neues Leben im Geheimnis des Todes. So will es Zeichen der Stärkung und Aufrichtung in Krankheit und Leid sein. In den symbolhaften Gesten der Handauflegung und der Salbung mit Öl kommt dies sinnenfällig zum Ausdruck. Die *Handauflegung* – sie wurde von Jesus bei seiner Begegnung mit Kranken wiederholt geübt – ist eindrucksvolles Zeichen der Anteilnahme, des Trostes und der Ermunterung. Die *Salbung mit Öl*, das in der

Antike als weitverbreitetes Heil- und Pflegemittel diente, deutet symbolisch auf Rettung und Heilung durch Gottes Geist hin.

Die Sakramente selbst verstehen sich als wirksame Zeichen der Nähe und Güte Gottes. Sie sind zugleich Angebot und Zusage, daß Gott zu keinem Zeitpunkt – schon gar nicht in Leid, Krankheit und Not – den Menschen allein zurückläßt. Gottes Beistand – auch »Sterbebeistand« – und Gottes Hilfe – auch »Sterbehilfe« – sind allen Menschen gewiß. Gott ist der verläßliche Wegbegleiter des Menschen, nicht zuletzt auf seinem Weg in den Tod.

Das Sakrament der Krankensalbung soll folglich nicht nur bei akuter Lebensgefahr anläßlich eines »Versehgangs« gespendet werden, sondern beispielsweise schon vor einer schwierigen Operation oder bei ersten Anzeichen einer schweren Erkrankung. Es kann auch mehrfach gespendet werden. In manchen Gemeinden werden alte und kranke Menschen zum Empfang der Krankensalbung in einer gemeinsamen Feier eingeladen.

# Die Feier der Krankensalbung

Die liturgische Feier besteht aus dem Begrüßungswort, dem Wortgottesdienst mit Schuldbekenntnis, Schrifttext und Fürbittgebet sowie dem sakramentalen Gottesdienst:

Nach den Fürbitten legt der Priester dem Kranken schweigend die Hände auf. Dann salbt er die Stirn des Kranken:

*Durch diese heilige Salbung helfe dir der Herr in seinem reichen Erbarmen, er stehe dir bei mit der Kraft des Heiligen Geistes.*

Alle: *Amen*

Der Priester salbt dann die Hände des Kranken:

*Der Herr, der dich von Sünden befreit, rette dich, in seiner Gnade richte er dich auf.*

Alle: *Amen*

Priester: *Laßt uns beten:*
*Wir bitten dich, Herr unser Erlöser: durch die Kraft des Heiligen Geistes hilf diesem (dieser) Kranken in seiner (ihrer) Schwachheit. Heile seine (ihre) Wunden und verzeih ihm (ihr) die Sünden. Nimm von ihm (ihr) alle geistigen und körperlichen Schmerzen. In deinem Erbarmen richte*

*ihn (sie) auf und mache ihn (sie) gesund an Leib und Seele: Der du lebst und herrschst in alle Ewigkeit.*

Alle: *Amen*

Für die häusliche Feier der Krankensalbung stellen Sie auf einem Tisch im Zimmer des Kranken bereit:

- ❏ das Kreuz als Zeichen der Erlösung;
- ❏ ein oder mehrere Kerzen als Zeichen des auferstandenen Herrn, der das »Licht des Lebens« ist;
- ❏ Weihwasser, das an die Taufe und die Gemeinschaft mit Christus erinnert;
- ❏ etwas Watte.

Wichtig ist, daß möglichst viele Angehörige bei der Krankensalbung anwesend sind. Das gilt im übrigen auch für die Feier der Krankensalbung im Krankenhaus oder im Alters- bzw. Pflegeheim. Der Kranke weiß sich dann getragen von der Gemeinschaft seiner Mitmenschen und der Gemeinschaft mit Gott.

# Die Wegzehrung

*»Wer mein Fleisch ißt und mein Blut trinkt, hat das ewige Leben, und ich werde ihn auferwecken am Letzten Tage.«*

*Johannes 6,54*

Das eigentliche Sakrament im Angesicht des Todes – *das* »Sterbesakrament« – ist die Feier und der Empfang der heiligen Kommunion. Sie wird auch »Wegzehrung« genannt, weil sie Nahrung und Stärkung auf dem Weg von diesem Leben ins ewige Leben sein soll. Ihre Spendung erfolgt – im Gegensatz zur Krankensalbung – in unmittelbarer Todesgefahr. Wenn möglich, soll dies im Rahmen einer Eucharistiefeier am Sterbebett geschehen. Damit der Sterbende möglichst noch bei vollem Bewußtsein die Eucharistie empfangen kann, sollte der Empfang der Wegzehrung nicht unnötig hinausgeschoben werden.

Beim Empfang der Wegzehrung erneuert der Kranke noch einmal das Bekenntnis des Glaubens, das schon bei seiner Taufe gesprochen wurde und das er selber bei der Erstkommunion und Firmung erneuert hat:

*Glaubst du an Gott Vater ...*
*an Jesus Christus ...*
*an den Heiligen Geist ...*

Antwort: *Ich glaube*

Bei der Spendung der Hl. Kommunion sagt der Priester:

*Christus bewahre und führe dich zum ewigen Leben.*

Zum Schluß betet der Priester:

*Gott, dein Sohn ist für uns der Weg, die Wahrheit und das Leben. Schau gnädig her auf deinen Diener (Dienerin); er (sie) hat sich deinen Verheißungen anvertraut und ist gestärkt durch den Leib und das Blut deines Sohnes. Laß seine (ihre) Hoffnung nicht zu schanden werden.*
*Gib, daß er (sie) in Frieden das Kommen deines Reiches erwarte.*
*Durch Christus unseren Herrn.*

Alle: *Amen*


# Sterbebeistand (Abendmahl und Segen) in der evangelischen Kirche

Die Krankensalbung, die auf das Neue Testament (Jakobus 5,14) zurückgeht, und die noch Martin Luther empfohlen hat, wird in den evangelischen Gemeinden nicht mehr erteilt. Den Kranken kann jedoch als letzte Wegzehrung und Stärkung das heilige Abendmahl gespendet werden. Leider wird es in manchen Gemeinden auch noch als ein »Sterbesakrament« verstanden. Anders ist dies in Gemeinden, in denen der Gottesdienst im Krankenzimmer seinen festen Platz hat. Wo das Abendmahl regelmäßig angeboten wird, verliert es den Geruch des »Sterbesakramentes«. Selbst wenn der Sterbende nicht mehr mitbeten kann, so kann er meist noch lange zuhören. Die Angehörigen und der Pfarrer bzw. die Pfarrerin werden mit ihm beten. Hierzu eignen sich besonders Gesangbuchverse, Psalmen und andere Worte aus der Bibel sowie das Vater unser.

Wenn ich einmal soll scheiden,
so scheide nicht von mir,
wenn ich den Tod soll leiden,
so tritt du dann herfür –.
Wenn mir am allerbängsten
wird um das Herze sein,
so reiß mich aus den Ängsten
Kraft deiner Angst und Pein.

*Paul Gerhard (EKG 63,9)*

Neben Gebeten sind es aber vor allem sinnenfällige Gesten, die dem Sterbenden eine fühlbare Hilfe am Krankenbett sind. Ein Sterbenskranker wird dankbar sein, wenn seine Hand gehalten wird. So erfährt er in dieser haltenden Hand etwas von der mächtigen und haltenden Hand Gottes. Der Pfarrer oder die Pfarrerin können auch den Segen durch Handauflegung geben. Ebenso können dies andere christliche Gemeindemitglieder tun. Ein solcher Segen wird auch »Valetsegen« (Abschiedssegen) genannt. Man kann ihn auch spenden und sprechen, wenn der Tod bereits eingetreten ist.

Es segne Dich Gott, der Vater,
der Dich nach seinem Ebenbild geschaffen hat.
Es segne Dich Gott, der Sohn,
der Dich durch sein Leiden und Sterben erlöst hat.
Es segne Dich Gott, der heilige Geist,
der Dich zu seinem Tempel bereitet und geheiligt hat.
Der treue und barmherzige Gott
wolle Dich durch seine Engel geleiten in das Reich,
in dem seine Auserwählten ihn ewiglich preisen.
Unser Herr Jesus Christus sei in Dir, daß er Dich erquicke.
Der dreieinige Gott (hier machen Sie über dem Sterbenden
mit der Hand das Zeichen des Kreuzes)
sei Dir gnädig im Gericht und segne Dich zum ewigen Leben.
Amen

# GEBETE IN DER STERBESTUNDE

Gebete können dem Sterbenden, der noch bei Bewußtsein ist, helfen, die Angst vor dem Tod zu bewältigen. Sie können die Hoffnung auf die Auferstehung wachhalten. Es wäre schön, wenn Familienmitglieder oder auch das Pflegepersonal mit dem Sterbenden gemeinsam oder allein beten. Es muß also nicht unbedingt ein Geistlicher zugegen sein. Das gilt auch für die Gebete nach dem Eintritt des Todes. Wir sollten hier keine falsche Scheu voreinander haben. Das Gebet tut uns und dem Sterbenden gut. Oft ist es hilfreich, diesen Trost auch durch ein sichtbares Zeichen auszudrücken, indem man dem Sterbenden ein Kreuz auf die Stirn zeichnet, wie es zum ersten Mal bei seiner Taufe geschehen ist.

Die Gebete und Texte sollen so ausgewählt werden, daß sie immer dem geistigen und körperlichen Zustand des Sterbenden, den jeweiligen Umständen und der Verfassung der umstehenden und beteiligten Personen angepaßt sind. Sie mögen langsam vorgetragen werden, mit verhaltener Stimme und mit Pausen der Stille. Das ein oder andere kurze Stoßgebet kann auch mehrmals wiederholt werden.

> Mein himmlischer Vater, Gott und Vater unseres Herrn Jesus Christus. Du Gott allen Trostes. Ich danke dir, daß du mir deinen lieben Sohn Jesus Christus geoffenbart hast, an den ich glaube, den ich geliebt und gelobt habe. Ich bitte dich, mein Herr Jesus Christus, laß dir meine Seele befohlen sein. Himmlischer Vater, ob ich schon diesen Leib lassen und aus diesem Leben hinweggerissen werden muß, so weiß ich doch gewiß, daß ich bei dir ewig bleiben und aus deinen Händen mich niemand entreißen kann. Denn also hat Gott die Welt geliebt, daß er seinen eingeborenen Sohn dahingab, damit alle, die an ihn glauben, nicht verlorengehen, sondern das ewige Leben haben. Vater, in deine Hände befehle ich meinen Geist. Du hast mich erlöst, du treuer Gott.
>
> *Aus dem Sterbegebet Martin Luthers*

> Herr, ich lege mich ganz in deine Hände. Mache mit mir, was du willst! Ich feilsche um nichts. Ich suche nicht im voraus zu erkunden, was du mit mir vorhast. Ich will das sein, wozu

du mich haben willst, und all das, wozu du mich machen willst. Ich sage nicht: ich will dir folgen, wohin du gehst; denn ich bin schwach. Aber ich gebe mich dir, daß du mich führst, wohin du willst. Ich will dir folgen im Dunkel und bitte nur um Kraft für meinen Tag.

Mein Gott und Vater,
ich glaube, daß du da bist,
auch wenn ich dich nicht sehe;
daß du alles lenkst in Weisheit und Liebe,
auch wenn ich es nicht begreife;
daß du mich liebst,
auch wenn du hart erscheinst,
Dir vertraue ich,
auch wenn ich deine Hand nicht greifen kann.
Lenke mein Leben heute und morgen.
Lenke es Tag um Tag, Stunde um Stunde,
daß dein Name verherrlicht werde,
daß dein Reich komme,
daß dein Wille geschehe.

Seele Christi, heilige mich.
Leib Christi, rette mich.
Blut Christi, tränke mich.
Wasser der Seite Christi, wasche mich.
Leiden Christi, stärke mich.
O gütiger Jesus, erhöre mich.
Verbirg in deine Wunden mich.
Von dir laß nimmer scheiden mich.
Vor dem bösen Feind beschirme mich.
In meiner Todesstunde rufe mich,
und heiße zu dir kommen mich,
mit deinen Heiligen zu loben dich
in deinem Reiche ewiglich.

*14. Jahrhundert*

Mein Herr und mein Gott,
nimm alles von mir,
was mich trennt von dir.

Mein Herr und mein Gott,
gib alles mir,
was mich hinführt zu dir.

Mein Herr und mein Gott,
nimm mich mir,
und gib mich ganz zu eigen dir.

*Nikolaus von der Flüe*


Wir sind nur Gast auf Erden
und wandern ohne Ruh'
mit mancherlei Beschwerden
der ewigen Heimat zu.

Die Wege sind verlassen,
und oft sind wir allein.
In diesen grauen Gassen
will niemand bei uns sein.

Nur einer gibt Geleite,
das ist der liebe Christ:
Er wandert treu zur Seite,
wenn alles uns vergißt.

Gar manche Wege führen
aus dieser Welt hinaus.
Oh, daß wir nicht verlieren
den Weg zum Vaterhaus!

Und sind wir einmal müde,
dann stell ein Licht uns aus,
o Gott, in deiner Güte,
dann finden wir nach Haus.

*G. Thurmair*

Gott, zu dir rufe ich:
In mir ist es finster,
aber bei dir ist das Licht.
Ich bin einsam,
aber du verläßt mich nicht.
Ich bin kleinmütig,
aber bei dir ist die Hilfe.
Ich bin unruhig,
aber bei dir ist der Friede.
In mir ist Bitterkeit,
aber bei dir ist die Geduld.
Ich verstehe deine Wege nicht,
aber du weißt den Weg für mich.

Dietrich Bonhoeffer

# De profundis

Laß meine Hand nicht los, nie, mein Gott!
Und wenn ich versinke
und meinen Augen die Sterne entschwinden
verlaß mich nicht! Ich glaube!

Und schreite ich matt unter dem Gesetz Deiner Liebe
doch wie beschwingt in der Sünde:
Lehre mich, strafe mich, züchtige!
Sei nicht so ungnädig, mich gewähren zu lassen!

Und tu ich das Böseste, laß es zum Guten ausschlagen
wie, ach, so oft –
Ja, tue ich, was ich nicht will
oder will ich nicht, was ich soll
oder verwirren sich mir die Pfade der Sterne
und dieser allzugeliebten Erde

so bleibe bei mir, und sei es auch
in der Nacht aller Nächte
in der gewaltigen Lüge –

Denn wer mich liebt, liebt einen Andern,
nicht den, der ich bin.
Du aber erkennst mich. Sonst niemand.
Selbst ich nicht.
Und Du nur kannst helfen, sonst niemand.

Denn Du, der Du in das zerbrochene Gefäß
Deine Sterne legst
der Du Deinen Tempel
lächelnd aus Scherben errichtest:
Du bist die Gnade.

Aus der Tiefe rufe ich zu Dir:
Laß meine Hand nicht los, mein Gott!
Mög ich vergehen im Licht Deiner Sonne.
Verlaß mich nie! Ich bin nackt und stumm.
Ich glaube.

*Ernst Ginsberg*


Führe du, mildes Licht, im Dunkel, das mich umgibt,
führe du mich hinan!
Die Nacht ist finster, und ich bin fern der Heimat:
führe du mich hinan!
Leite du meinen Fuß – sehe ich auch nicht weiter:
wenn ich nur sehe jeden Schritt.
Einst war ich weit, zu beten, daß du mich führest.
Selbst wollt' ich wählen.
Selbst mir Licht, trotzend dem Abgrund,
dachte ich meinen Pfad zu bestimmen,
setzte mir stolz das eigene Ziel.
Aber jetzt – laß es vergessen sein!
Du hast so lang mich behütet – wirst mich
auch weiter führen: über sumpfiges Moor,
über Ströme und lauernde Klippen,
bis vorüber die Nacht
und im Morgenlicht Engel mir winken.
Ach, ich habe sie längst geliebt –
nur vergessen für kurze Zeit.

*Kardinal Henry Newman*

Bleibe bei uns, Herr,
denn es will Abend werden,
und der Tag hat sich geneigt.
Bleibe bei uns
und bei deiner ganzen Kirche.
Bleibe bei uns
am Abend des Tages,
am Abend unseres Lebens,
am Abend der Welt.
Bleibe bei uns
mit deiner Gnade und Güte,
mit deinem Wort und Sakrament,
mit deinem Trost und Segen.
Bleibe bei uns,
wenn über uns kommt
die Nacht der Trübsal und Angst,
die Nacht des Zweifels und der Anfechtung,
die Nacht der Armut und Flucht,
die Nacht der Einsamkeit und Verlassenheit,
die Nacht der Krankheit und Schmerzen,
die Nacht des bitteren Todes.
Bleibe bei uns
und bei all deinen Gläubigen
in Zeit und Ewigkeit. Amen.

O Herr,
in deinem Arme bin ich sicher.
Wenn du mich hältst,
habe ich nichts zu fürchten.
Wenn du mich aufgibst,
bleibt mir keine Hoffnung mehr.
Ich weiß nichts von der Zukunft,
aber ich vertraue auf dich.
Ich bete zu dir,
daß du mir gibst, was gut ist für mich.
Ich bete, daß du von mir nimmst,
was meinem Heil schaden kann.
Ich überlasse alles dir allein,
weil du es weißt und ich nicht.
Wenn du Schmerzen und Kummer über mich schickst,
gib mir die Gnade, sie recht zu tragen.
Bewahre mich vor Reizbarkeit und Selbstsucht.
Verleihe mir,
dich zu erkennen,
an dich zu glauben,
dich zu lieben,
dir zu dienen,
dir und für dich zu leben.
Und laß mich sterben zu der Zeit,
in der Weise,
wie es deinem Ruhm am höchsten dient. Amen.

*Kardinal Henry Newman*

# Adressen

Wenn Sie Fragen haben, sollten Sie sich zunächst an Einrichtungen vor Ort wenden.
Das kann Ihre Kirchengemeinde sein, die Stadt- oder Gemeindeverwaltung oder Orts-, Kreis- oder Landesverband eines Wohlfahrtsverbandes. Auch in Nachbarschaftsheimen, Begegnungsstätten und bei Selbsthilfekontaktstellen finden Sie Rat.
Sollten Sie dort wider Erwarten keine Antwort erhalten, könnten Ihnen die folgenden Adressen hilfreich sein:

Bundesarbeitsgemeinschaft der
Freien Wohlfahrtspflege e.V.
Franz-Lohe-Str. 17
53129 Bonn
Tel. 0228/226-1

Arbeiterwohlfahrt
Bundesverband e.V.
Oppelner Str. 130
53119 Bonn
Tel. 0228/66 85-0

Deutscher Caritasverband e.V.
Karlstr. 40
79104 Freiburg
Tel. 0761/200-0

Deutscher PARITÄTISCHER
Wohlfahrtsverband
Gesamtverband e.V.
Heinrich-Hoffmann-Str. 3
60528 Frankfurt/Main
Tel. 069/67 06-0

Deutsches Rotes Kreuz e.V.
Friedrich-Ebert-Allee 71

53113 Bonn
Tel. 0228/541-1

Diakonisches Werk der EKD
e.V.
Stafflenbergstr. 76
70184 Stuttgart
Tel. 0711/21 59-0

Zentralwohlfahrtsstelle der Juden in Deutschland e.V.
Hebelstr. 6
60318 Frankfurt/Main
Tel. 069/43 02 06

Bundesministerium für Familie
und Senioren
Postfach 120 609
53048 Bonn
Tel. 0228/30 60

Senioren-Schutz-Bund (SSB)
Die Grauen Panther e.V.
Rathenau Straße 2
42277 Wuppertal

Alt hilft Jung
Bundesarbeitsgemeinschaft der
Seniorexperten e.V.
Kennedyallee 62-70
53175 Bonn
Tel. 0228/88 92 36

Arbeitsgemeinschaft Wohnberatung e.V. (AGW)
Heilsbachstr. 20
53123 Bonn 1

Bundesarbeitsgemeinschaft der Senioren-Organisationen (BAGSO)
Stockenstr. 14
53113 Bonn
Tel. 0228/63 53 91

Nationale Kontakt- und Informationsstelle zur Anregung und Unterstützung von Selbsthilfegruppen –
NAKOS
Albrecht-Achilles-Str. 65
10709 Berlin
Tel. 030/89 14 01 9

Bundeszentrale für gesundheitliche
Aufklärung
Ostmerheimer Str. 200
51109 Köln
Tel. 0221/89 92-0

Informations- und Leitstelle
Wissensbörse
Deutscher Seniorenring e.V.
Graf-Recke-Str. 25
40239 Düsseldorf
Tel. 0211/66 67 57

Kuratorium Deutsche-Altershilfe
Wilhelmine-Lübke-Stiftung e.V.
Informationsabteilung

An der Pauluskirche 3
50677 Köln
Tel. 0221/31 30 71

Bundesarbeitsgemeinschaft der Beratungsstellen für ältere Menschen
und ihre Angehörigen
c/o Ingrid Müller
Angehörigenberatung e.V.
Adam-Klein-Str. 6
90429 Nürnberg
Tel. 0911/26 61 26

Neues Wohnen im Alter e.V.
Marienplatz 6
50676 Köln
Tel. 0221/21 50 86

Forum für gemeinschaftliches
Wohnen im Alter –
Bundesvereinigung
Lerchenstr. 37
22767 Hamburg
Tel. 040/43 93 26 2

BAG – Seniorenstudium
Herrn Bernd Steinhoff
Pädagogische Hochschule Freiburg
Kunzenweg 21
79117 Freiburg
Tel. 0761/68 21

Bund Deutscher Amateurtheater
(BDAT)
Steinheimer Str. 7/1
89518 Heidenheim
Tel. 07321/48 30 0

Bundesseniorenvertretung e.V.
Geschäftsstelle
Schwedenstr. 2
65239 Hochheim
Tel. 06146/48 26

Bundesarbeitsgemeinschaft
Hilfe für Behinderte e.V.
Kirchfeldstr. 149
40215 Düsseldorf
Tel. 0211/31 00 60

Bundesverband der Rentenberater
e.V.
Alfons-Kafka-Str. 4
51143 Köln
Tel. 0221/23 45 16

Bundesverband privater Alten-
und Pflegeheime
Meckenheimer Allee 145
53115 Bonn
Tel. 0228/63 16 55-56

## Österreich

Caritas-Zentrale Wien
Nibelungengasse 1
A-1010 Wien

Pro Senectute Österreich
Schedifka Platz 3/8
A-1120 Wien

Österreichischer Seniorenring
(FPOe)
Himmelpfort Gasse 7
A-1010 Wien
sowie weitere Bundesländer

Sozialamt Wien –
Sozialberatungsstelle

Gonzaga Gasse 23
A-1010 Wien
sowie weitere soziale Stützpunkte
Wien

Österreichischer Seniorenbund
(OeVP)
Kärntner Straße 51
A-1010 Wien
sowie weiterer Bundesländer

Pensionistenverband Österreichs
(SPOe)
Alserbach Straße 23
A-1090 Wien
sowie weiterer Bundesländer

Wiener Seniorenzentrum im WUK
Währinger Straße 59
A-1090 Wien

Graue Panther – Senioren-Schutz-
Gemeinschaft Amerlinghaus
Stiftgasse 8
A-1070 Wien

Bezirkshauptmannschaften der Bundesländer (Gemeindeämter)

## Schweiz

Pro Senectute Schweiz
Postfach
Lavaterstraße 60
CH-8027 Zürich
sowie Ortsvertretungen der Ge-
meinden

Caritas Schweiz
Informationsdienst
Löwenstraße 3
CH-6002 Luzern

Graue Panther Basel
Postfach 686
CH-4125 Riehen 1

Senexpert
Forchstraße 145
CH-8032 Zürich

Schweiz. Gerontologische
Gesellschaft-Sekretariat
Zieglerspital
Postfach
CH-3001 Bern

Stelle für Altersfragen
Migros Genossenschaftsbund
Postfach 266
CH-8031 Zürich

Bundesamt für Sozialversicherung
CH-3003 Bern
Merkblätter

Schweiz. Rentnerverband
Zentralsekretariat
Habsburgerstraße 2
CH-4310 Rheinfelden 2

# Quellennachweis

Der Verlag dankt den Autoren und Verlagen für die freundliche Abdruckerlaubnis. Trotz intensiven Bemühens ist es nicht bei allen Texten gelungen, Rechtsinhaber festzustellen. Die Rechtsansprüche bleiben davon jedoch unberührt. Weiterführende Hinweise bitte an den Verlag.

# Texte und Schaubilder

**9** Aus: Christine Nöstlinger, Werter Nachwuchs. Die nie geschriebenen Briefe der Emma K., 75. Dachs-Verlag GmbH, Wien 1988. Rechte bei Autorin

**Kapitel 1**

**15** Rechte beim Autor – **19** Aus: Peter Härtling, Die Gedichte 1953-1987. © Verlag Kiepenheuer & Witsch, Köln. – Dorothea Maßmann, Ich war in meinem Leben, aus: Publik-Forum 7/15.4.1994 (stark gekürzt). Rechte bei Autorin – **20** Nico Fickinger, Innerlich, aus: Frankfurter Allgemeine Zeitung, 18.2.1995 (gekürzt) – **21** Auszug aus: Roland Kirchbach, Nicht mehr nach Hause, in: DIE ZEIT 48/1994 – **23** Jürgen Boebers, Ohne Dach über dem Kopf, aus: Westdeutsche Allgemeine Zeitung, Weihnachten 1994 (leicht gekürzt) – **24** Im Altenheim, aus: Westdeutsche Allgemeine Zeitung, Weihnachten 1994 – **26** Raucherin, aus: Westdeutsche Zeitung, 19.10.1995 – **27** © Globus-Kartendienst GmbH, Hamburg – **28** Länder mit der höchsten Lebenserwartung. © Weltbank – **29** Aus: Marie Luise Kaschnitz, Dein Schweigen – Meine Stimme. © 1962 Claassen Verlag GmbH, Düsseldorf u. Hamburg (jetzt Hildesheim) – **30-32** Wie geht's?, aus: Caritas aktuell 3/August 1994. © Bernhard Seiterich – **33** Aus: Dieter Rohloff, Strukturwandel des Alters, in: neue gespräche 1/1993. Rechte beim Autor – **34** Aus: Eva Strittmatter, Ich mach ein Lied aus Stille. © Aufbau-Verlag, Berlin und Weimar 1980

**Kapitel 2**

**38** Ich bin. – Was ich meinem Sohn sage, aus: Rudolf Kaiser, Geh mit leisen Schritten. Indianische Weissagungen. Kösel-Verlag, München ²1994 – **40** Der uralte Held ... Simons, zit. nach: G. Armanski u.a., »... und schon siehst du alt aus«. Das Alter in Geschichte und Gesellschaft. Bielefeld 1990, S. 12 – **42** Birago Diop, Der Hauch der Ahnen, aus: Schwarzer Orpheus. Moderne Dichtungen afrikanischer Völker beider Hemisphären. Ausgewählt und übertr. v. Janheinz Jahn. © 1954 Carl Hanser Verlag, München Wien – **51** Albrecht Dürer,

Bildnis seiner Mutter, 1514. Kösel-Archiv

**Kapitel 4**
69 Aus: Pfarrbrief von St. Alfons, Frankfurt – 79 Aus: Martin Gutl, Der tanzende Hiob. Verlag Styria, Graz Wien Köln ⁶1992, Neuausgabe – 80 Rechte beim Autor – 81 Schatz an Bildern (Überschrift d. Autoren). Über das Alter, aus: Hermann Hesse, Gesammelte Werke, Bd. 10. © Suhrkamp Verlag, Frankfurt am Main 1967 – 83 Karl Rahner, Warum sollten die Alten, aus: Schriften zur Theologie, Bd. XV. Zürich 1983 – 84 Das Pferd, aus: Johannes Tauler, Predigten, Bd. 1. Einl. v. Alois M. Haas, übertr. v. G. Hofmann (Sammlung Christl. Meister 2/3). Johannes Verlag Einsiedeln, Freiburg – 86 Quelle unbekannt – 88 Quelle unbekannt – 93 Aus: Charles Péguy, Das Mysterium der Hoffnung. Darmstadt 1951 – 94 Albert Schweitzer, Schafft euch. Quelle unbekannt – 95 Aus: Hilde Domin, Gesammelte Gedichte. © S. Fischer Verlag, Frankfurt am Main 1987 – 96 Aus: Huub Oosterhuis, Auf halben Weg. Verlag Herder, Wien – 97 Elise Maclay, Unser Geheimnis, in: Der weite Raum 2/April 1978 – 98 Aus: Max Hofer (Hrsg.), Anton Hänggi – Bischof in Rufweite. Leben und Wirken, Wegweisende Worte, Anekdoten. Kanisius Verlag, Freiburg 1985 – 101 Ich wollte gern. Quelle wie S. 97. – Aus: Rainer Maria Rilke, Sämtliche Werke. © Insel Verlag, Frankfurt am Main 1955 – 102 Rechte beim Autor – 103 Sören Kierkegaard, Als mein Gebet. Quelle unbekannt – 104 Zehn Gebetsregeln, aus: Evangelischer Erwachsenenkatechismus. Gütersloh 1975, 1260. Dort als Zitat von Theodor Bovet

**Kapitel 5**
109 Aus: ALTERnative, Blätter für die Arbeit mit der älteren Generation. Verlag Kirche und Mann. Frankfurt 1/1989 – 112 Die Deutschen, aus: Frankfurter Allgemeine Zeitung 42/1995 – 113 Am Leben vorbeigelebt? © Presse-Büro Gayda, Günzburg/Donau – 117 Quelle unbekannt – 119 Produktivität im Alter, aus: psychologie heute 3/1995. – Ich bin. Quelle unbekannt – 121 Ausländer in Deutschland. Quelle wie S. 21. – Aus: Elmar Fischer, Ich lebe hier und ich lebe dort. Aus Gastarbeiter werden Renter, in: Martina Sulner (Hrsg.), Von wegen Stillstand. Alte in Deutschland. Verlag J.H.W. Dietz Nachfolger, Bonn – 124 Rechte beim Autor – 126 Ernst Jandl, paar, aus: Die Bearbeitung der Mütze. © 1978 Hermann Luchterhand Verlag GmbH & Co.KG, Darmstadt und Neuwied, jetzt: Luchterhand Literaturverlag, München – 127 Mein Mann und ich, aus: ferment 11/1979 – 128 Sagen Sie einmal. Quelle wie S. 127. – Pensionierung – 10 Tips, aus: Pro Senectute Informations-Set »Im Laufe der Zeit ... Nachdenken über das eigene Älterwerden«, hrsg. v. Pro Senectute Schweiz, Zentralsekretariat, Postfach, CH-8027 Zürich (gekürzt)

**Kapitel 6**
**136** Wenn sie einen Tango hört. Text: Hartmut Engler/Ingo Reidl, Musik: Christof Burgmann/Hartmut Engler/Ingo Reidl. © 1988 Blue Box Publishing & Promotion, München. Assigned to Arabella Musikverlag GmbH (BMG UFA Musikverlage), München – **138** Aus: Kursordner »Älter werden«, hrsg. v. Altenwerk der Erzdiözese Freiburg 1994, in: Alter-native 5, S. 23 (Brigitte Fahrenberg) – **140** © Globus Kartendienst GmbH, Hamburg – **143** Aus: Rita Reiners, Einsame Fährte. Boss Verlag, Kleve – **144** Aus: Ezzelino von Wedel, Immer noch ein toller Typ. Satirische Notizen für den Mann in den besten Jahren. Kreuz Verlag, Stuttgart ²1994 – **146** Rechte: Walter Dirks Nachlaß – **148** Aus: Bertolt Brecht, Gesammelte Werke. © Suhrkamp Verlag, Frankfurt am Main 1967

**Kapitel 7**
**156** Aus: Frankfurter Allgemeine Zeitung, 30.10.1985 – **158** Christine Nöstlinger, Liebe Nachkommen. Quelle wie S. 9 – **160** Rudolf Gerhardt, Kampf ums Geweih, aus: Frankfurter Allgemeine Zeitung, 29.1.1994 – **162** Aus: Ernst Bloch, Das Prinzip Hoffnung. © Suhrkamp Verlag, Frankfurt am Main 1959 – **164** Wir werden zusammen alt werden. Quelle unbekannt – **166** Damit die Seele nicht friert, aus: Schweizer Senioren-Magazin Zeitlupe, zit. nach: neue gespräche 3/1995 – **168** Aus: Hilde Domin, Gesammelte Gedichte. S. Fischer Verlag, Frankfurt am Main 1987 – **169** Ein lieber Blick. Quelle wie S. 166 – **170** Quelle unbekannt – **171** Aus: Gabriel Carcia Márquez, Die Liebe in den Zeiten der Cholera. © 1987 Verlag Kiepenheuer & Witsch, Köln – **172** Aus: Anton Rotzetter, Gott, der mich atmen läßt. Verlag Herder, Freiburg ²1995 – **174** In fünfzigjähriger Ehe. Rechte beim Autor – **178** Aus: Peter Härtling, Die Gedichte 1953-1987. © Verlag Kiepenheuer & Witsch, Köln – **179** Stolz wie ein Pennäler, aus: Westdeutsche Allgemeine Zeitung (gekürzt) – **183** Aus: Christine Busta, Inmitten aller Vergänglichkeit. Otto Müller Verlag, Salzburg 1985 – **185** Aus: Jan Hans (Hrsg.), Aber besoffen bin ich von dir. rororo-Panther, Reinbek 1979. Rechte bei Autorin

**Kapitel 8**
**189** Aus: Erich Kästner, Als ich ein kleiner Junge war, 1. Kapitel. © Atrium Verlag, Zürich 1957. – Der närrische alte Mann. Quelle unbekannt – **191** Heinrich Böll, Für Samay. Abdruck erfolgt mit Genehmigung des Verlages Kiepenheuer & Witsch, Köln – **192** Beate Fuhl, Das gehört sich so, aus: Kontraste 3/1994 (leicht gekürzt). Rechte bei Autorin – **194** Aus: Ursula Richter, Das Großmutterbild vergangener Zeiten, in: psychologie heute 12/1993. Rechte bei Autorin – **197** Quelle unbekannt – **200** Aus: Ursula Richter, Was heißt hier Oma? Kreuz Verlag, Stuttgart 1994 – **202** Für Paris jung genug, aus: Ina Mauritz/Hanne Narr, Wohnen im Alter. Eine Arbeitshilfe der Evangelischen Erwachsenenbildung Niedersachsen, Hannover

1992. – Anna Six, Großeltern als Miterzieher (gekürzt). Rechte bei Autorin – **204** © Gayda-Presse-Büro, Günzburg/Donau – **205** Aus: Elisabeth Moltmann-Wedel, Hatte Jesus eine Oma?, in: Publik-Forum 6/1995 (gekürzt). Rechte bei Autorin – **207** Aus: Focus/Nov. 1995. Nachdruck mit frdl. Genehmigung

**Kapitel 9**
**211** Aus: Josef Ohliger, Erwachsenenbildung 1984, in: Dauer-Verne, Freiheit zum Lernen. rororo 69, Reinbek – **212** Aus: Bertolt Brecht, Gesammelte Werke. © Suhrkamp Verlag, Frankfurt am Main 1967 – **214-216** Lernen – mit Veränderungen fertigwerden. In Anlehnung an »Zielgruppen der Freizeit-Arbeit: Ältere Menschen« des Fernkurses »Freizeit« des EKD Fernstudiums, Hannover 1987, S. 240 f. – **219** Im Alter, frei zit. nach: Leopold Rosenmayr, Die Kräfte des Alters. Edition Atelier, Wiener Journal Zeitschriftenverlag GmbH 1990, S. 85 – **225** Wissens- und Erfahrungsbörse, nach einer Vorlage des Paderborner Seniorenbüros – **227** Spätes Lernen, Westfälische Zeitung, 1.7.1995 – **232** 10 Tips, aus: Bernhard Kraus, Meine Hoffnung von Jugend auf. Verlag Herder, Freiburg 1993

**Kapitel 10**
**237** Aus: Rose Ausländer, Ich höre das Herz des Oleanders. Gedichte 1977-1979. © S. Fischer Verlag, Frankfurt am Main 1984 – **238** Wohungsausstattung. Quelle unbekannt – **239** Grafik, aus: DIE ZEIT (Gisela Breuer) – **240** Aus: Hilde Domin, Gesammelte Gedichte. © S. Fischer Verlag, Frankfurt am Main 1987 – **242** Aus: Walter Helmut Fritz, Aus der Nähe. Gedichte 1967-1971. © Hoffmann und Campe Verlag, Hamburg 1972 – **244** Aus: C.G. Jung, Erinnerungen, Träume, Gedanken. © Walter Verlag, Zürich 1971 – **246** Rechte beim Autor – **247** Aus: Süddeutsche Zeitung, 10.4.1995. Rechte bei Autorin – **248** Ein Haustier, aus: Neue Westfälische Zeitung, 23.2.1994 – **250-254**, **257 u.-258 m.**, **260** Aus: Gemeinsam statt einsam. Politik mit älteren Menschen, hrsg. v. Presse- und Informationsamt der Bundesregierung, Bonn $^4$1991 – **261** Leben im Alten- und Pflegeheim. Quelle wie S. 202 (Teilnehmermaterial)

**Kapitel 11**
**268** Aus: Arnold Ehlers, Leben im Alter, Bd. 1: Sinn und Gewinn des dritten Lebensabschnitts. Arbeitshilfen der Evangelischen Erwachsenenbildung Niedersachsen. Hannover 1993 – **269** Kochen mit Pfiff. Quelle wie S. 128 (aus: Pro Senectute...) – **274** Der Körper als Grundlage. Quelle wie S. 219 – **276** Wow!, aus: Süddeutsche Zeitung, 15.4.1995 – **277** Da sie erst, aus: Süddeutsche Zeitung, 15.4.1995 – **279** Alte Mode. Quelle unbekannt. – Aus: Hanns Dieter Hüsch, Wir sehen uns wieder. Geschichten zwischen Himmel und Erde. © 1995 Kindler Verlag, München

**Kapitel 12**
**285** Udo Perina, Reiche Rentner,

aus: DIE ZEIT 13/1993 – **286** Grafik: Das Gesamteinkommen im Alter. © Forschungsbericht »Alterssicherung«. – Grafiken: Einkommensverteilung/Vermögen, aus: DIE ZEIT 13/1993 (Gisela Breuer) – **290** Aus: Martin Buber, Die Erzählungen der Chassidim. Manesse-Verlag, Zürich 1949

**Kapitel 13**
**299** Aus: Süddeutsche Zeitung, 5.10.1993 – **301** Man bat einen Rabbi. Quelle unbekannt. – Mit körperlichen Veränderungen im Alter rechnen, aus: R.F. Herranz, Biomedizinische Aspekte des Alterns, in: Concilium 3/1991, S. 179f. (leicht stilistisch bearbeitet) – **302** Ein interessanter Vergleich, aus: Lilo Berg, Alt werden und dabei doch die alten bleiben, in: Süddeutsche Zeitung, 5.10.1993 – **304-306** o. Aus: Späte Plagen, Süddeutsche Zeitung, 5.10.1993 – **308** Aus: Arnold Ehlers, Leben im Alter, Bd. 2: Worauf es im Alter ankommt. Arbeitshilfen der Evangelischen Erwachsenenbildung Niedersachen. Hannover 1993 – **309** Zwei ältere Frauen, aus: Gerhard-Helmut Sitzmann (Hrsg.), Informationen über das dritte Lebensalter. Dokumentation zur Tagung des Bayerischen Volkshochschulverbandes in der Weltenburger Akademie, 1972. – Verwandlung. Rechte beim Autor – **310** Manchmal hätte ich gerne gewußt. Rechte bei den Autorinnen – **311** Grafik, aus: Focus-Magazin/Infratest – **313** Aus: Hilfe und Pflege im Alter. Kuratorium Deutsche Altershilfe. Köln 1994 – **315** Kahlil Gibran, Die Schlafwandler. Quelle unbekannt – **317** Grafik, aus: Neue Westfälische Zeitung – **318** Aus: Josef Dirnbeck, Ich weiß, wem ich glaube. Verlag Styria, Graz Wien Köln 1995

**Kapitel 14**
**321** Rechte: Walter Dirks Nachlaß – **324** Aus: Norbert Elias, Los der Menschen. Gedichte. © Suhrkamp Verlag, Frankfurt am Main 1987 – **324** Kürzlich fragte mich, aus: Ida Lamp, So alt wie ihr auch werdet. Biblische Perspektiven fürs Älterwerden. Verlag Butzon & Bercker, Kevelaer 1994 – **325** Aus: Michael Quoist, Herr, da bin ich. Verlag Styria, Graz Wien Köln $^{61}$1986, Neuausgabe – **332** Aus: Ernst Ginsberg, Abschied. © 1965, 1991 Arche Verlag AG, Raabe + Vitali, Zürich – **339** Auf die Frage »Was wäre für Sie das größte Unglück?«, Auszug aus dem Autorenporträt Hilde Domin von Ilka Scheidgen, in: Publik-Forum 15/14.8.1992 – **340** Aus: Karl Rahner, Gebete des Lebens (hrsg. v. A. Raffelt. Herder Verlag, Freiburg Basel Wien 1984, S. 73 – **346** Meine Mutter setzte sich mühsam auf, aus: Brian Moore, Es gibt kein anderes Leben. Copyright © 1994 by Diogenes Verlag AG, Zürich – **349** Herr, aus: Das gemeinsame Gebet für die Verstorbenen – Wortgottesdienste, hrsg. v. Erzbischöflichen Ordinariat Bamberg, Hauptabtlg. Seelsorge – **350** Rochus Spieker, »... und über den armen Rochus nachzugrübeln ...«. Auszug aus einem Brief, in: Christ in der Gegenwart, 1986, S. 202 – **353**

Karl Rahner, So sind wir Alte, aus: Zum theologischen und anthropologischen Grundverständnis des Alters, in: Schriften zur Theologie, Bd. XV, Zürich 1983, S. 315-325.

**Kapitel 15**
Viele Anregungen zu diesem Kapitel wurden entnommen aus: W. Thissen, Der Augenblick ist mein. Freiburg 1984 – **360** Woran man das Leben mißt, aus: Evangelische Zeitung, Hannover 11/1981

**Anhang**
**374** Aus: Josef Müller/Ulrich Moser, Neue Lebensdimensionen entdecken. Religiosität und Glaube. Don Bosco Verlag, München 1994 – **379** Meditatives Christusgebet, aus: Johannes Bours, Der Mensch wird des Weges geführt, den er wählt. Geistliches Lesebuch. Verlag Herder, Freiburg 1986, $^7$1996 – **381** Marienlob. Quelle unbekannt – **383** Ich hoffe auf Dich. Quelle unbekannt – **383** Dankgebet, aus: Bernhard Kraus, Meine Hoffnung von Jugend auf. Verlag Herder, Freiburg 1993 – **384** Großmutters Gebet. Rechte beim Autor – **386** Jesus. Rechte beim Autor – **386** Gebet einer Schnecke. Rechte beim Autor – **399** Wir sind nur Gast auf Erden. Quelle unbekannt – **400** © Chr. Kaiser/Gütersloher Verlagshaus, Gütersloh – **401** Aus: Ernst Ginsberg, Abschied. © 1965, 1991 Arche Verlag AG, Raabe + Vitali, Zürich

# Abbildungen

Die Illustrationen auf den Seiten 13, 35, 55, 67, 107, 133, 153, 187, 209, 235, 265, 283, 297, 319, 355 sind von Eva Amode, München.

# Farbtafeln

Die Farbtafeln geben Aquarelle von Walter Habdank, Berg, wieder:

 64 a  Sommerfarben, 1987, Aquarell, 78 x 57 cm
124 a  Rote Blumen für Marie, 1987, Aquarell, 77 x 57 cm
168 a  Trauernde Blumen, 1991, Aquarell, 77 x 58 cm
212 a  Roter Mohn, 1986, Aquarell, 78 x 58 cm
240 a  Geburtstagsgruß für Jonas, 1993, Aquarell, 76 x 57 cm
280 a  Glückwunsch für Raffael, 1996, Aquarell, 77 x 58 cm
340 a  Herbststrauß, 1992, Aquarell, 78 x 57 cm
400 a  Osterblume, 1991, Aquarell, 77 x 57 cm

# BEGLEITER DURCHS LEBEN

336 Seiten. durchgehend
farbig. Gebunden mit SU
ISBN 3-466-36343-8

447 Seiten. Durchgehend
farbig illustriert. Mit
2 Lesebändchen. Gebunden
ISBN 3-466-36422-1

375 Seiten. Zahlreiche z. T.
farbige Abb. Gebunden
ISBN 3-466-36395-0

# DEN JAHRESKREIS ENTDECKEN

270 Seiten. Zahlreiche
z. T. farbige Abb.
Gebunden
ISBN 3-466-36425-6

264 Seiten. Zahlreiche z. T.
farbige Abb., Lesebändchen.
Gebunden
ISBN 3-466-36416-7